仗剑放歌李太白

程韬光 著

商务印书馆国际有限公司

图书在版编目（CIP）数据

仗剑放歌李太白 / 程韬光著 . —北京：商务印书馆国际有限公司，2016.10（2017.6 重印）

ISBN 978-7-5176-0285-9

Ⅰ . ①仗…　Ⅱ . ①程…　Ⅲ . ①传记小说 - 中国 - 当代
Ⅳ . ① I247.5

中国版本图书馆 CIP 数据核字 (2016) 第 201395 号

仗剑放歌李太白

作　　者　程韬光

责任编辑　李东晓

出版发行　商务印书馆国际有限公司

（地址　北京市东城区史家胡同甲 24 号　邮编 100010）

（总编室电话　010-65592876　编辑部电话　010-65227580　市场营销部电话　010-65598498）

网　　址　www.cpi1993.com

经　　销　全国新华书店

印　　刷　三河紫恒印装有限公司

开　　本　710mm×1000mm　1/16

字　　数　234 千字

印　　张　16.5

版　　次　2017 年 6 月第 1 版第 2 次印刷

书　　号　ISBN 978-7-5176-0285-9

定　　价　32.80 元

目录

前言

在中国文学史上，唐诗创造了前无古人、后无来者的诗歌高峰。在诗山的峰巅之上，比肩而立着风格迥异的两位巨匠——诗仙李白、诗圣杜甫。二人的诗歌和人格操守，无疑是自由和正义的象征！

李白（701—762 年），字太白，是中国唐代最杰出的浪漫主义诗人，也是世界诗坛璀璨的明珠，享有“诗仙”盛名。“床前明月光，疑是地上霜。举头望明月，低头思故乡。”“长风破浪会有时，直挂云帆济沧海。”“飞流直下三千尺，疑是银河落九天”等，语言明畅，情感执着，唤醒了我们对祖国、亲人、朋友，对自然山川的深情厚意，感动着一代又一代中国人！

李白以超常的想象力、出众的精力、恒定的意志，以内心的孤独、彷徨和爱为内核，以“济沧生”、“安黎元”为理想，打造出了阔大的精神和艺术境界：使高贵者平息，使贫贱者奋起；追求个性自由，张扬创新创造；倡导爱国恤民，实践奋斗不息……他以昂扬向上、傲岸不羁、独立自由、不懈求索的性格魅力，诠释了人性中最光辉、最珍贵的品质。李白及唐诗所代表的文化精神，为民族精神再造提供了土壤。李白不仅是唐朝、唐诗的象征，也是中华民族的重要象征！为使广大读者和热爱唐诗的朋友了解李白和他的诗章，弘扬民族文化精粹，打造民族时代精神，本书以已在热爱唐诗的阅读者中产生强烈反响的长篇历史小说《太白醉剑》为基础，将唐诗与李白的生平事迹相结合，并保留了原著的故事性与可读性，让广大朋友们在享受小说阅读的愉悦中，轻松学习唐诗。

推荐序

对李白及唐诗新的解读

韬光在写大唐诗人三部曲，要将中国文化最精粹的部分以另类的解读方式展现出来，与广大读者共享。我个人认为，作者此举是很有价值的尝试，并且其较强的历史和现实意义必将产生一定的积极的社会反响。唯一使我感到不安的是：李白、杜甫是中国乃至世界诗坛之璀璨明珠，每一个中华儿女都能随口背诵几句他们的诗歌，譬如：“床前明月光，疑是地上霜。举头望明月，低头思故乡。”（李白）“好雨知时节，当春乃发生。随风潜入夜，润物细无声。”（杜甫）大家耳熟能详，对作者的期望值不由很高，作者创作作品时压力之大，可想而知。当我拿到作者样书，认真读取之后，很快为作者阔大的文风、洗练的文字及深厚的古文功力所震动，为作品精妙的构思布局、生动感人的故事情节所吸引，不由和大家一起舒口长气，庆幸作者尚未辜负期望。本人掩卷之后，顿生感慨：

一、此书语言优美，文笔洗练。纵观全书，可见作者在文字上的造诣已达到相当高的水准，辞藻之精美，文言与白话味之浓，在近现代文学史上也是不多见的，这与通俗小说形成鲜明的对比。从美学角度来看，文言式的语句有一种难以名状的“浓缩美”，它将中国文字的魅力发挥到了极致。而在《仗剑放歌李太白》中，字与字、句与句间的巧妙搭配，宛如一幅幅流动的山水画，让人拍案叫绝。

中国文字的特点，造就了中国诗歌的特点，而中国诗歌的辉煌成就也展现了中国文字的博大神奇，两者相互依存，交相辉映，构成了具有中国特点的文学艺术。《仗剑放歌李太白》将中国诗与方块字巧妙地融入作品，同时文言语式和口语在一段话或一句话中交替反复，有一种脱俗复古的味道，充分展现了中国文学独特的魅力。

二、气势恢弘，构思精巧。李白，字太白，生于唐代西域，长于蜀地青莲。历经大唐盛世，遭逢安史之乱，一生彷徨流离，传奇悲烈。他出生于一个家财殷实却非显族的家庭，这迫使他为了得到权势，而想方设法地去追逐功名，却又因为文人的傲气而不能摧眉折腰。李白的家庭背景也让他带有一定的平民性，能够站在老百姓的立场痛斥当权者的暴行。李白既庸俗又洒脱，既重情又多情，既喜山好水，又不愿碌碌无为，矛盾贯穿一生，这便是真正的李白。虽然有华人的地方，就有李白的诗歌，就流传着李白传奇的故事，譬如：草书退敌、力士脱靴等，但是，真正把李白作为一个普通人进行解读，甚至把他的诗歌进行另类解读的作品并不多。我想原因就在于：李白人生过于丰富，经历过于繁杂，性格矛盾重重，没有认真的构思、巧妙的布局，作者很容易陷入难圆其说的境地。

作者煞费苦心，将李白的诗文进行归类，并将其恰如其分地融入作品之中；将其游历路线、人生轨迹及出世入世思想进行认真梳理，巧妙地将李白的诗歌、行踪串起，形成水晶珠链。非大家不能为也！此书设置一明一暗两条线索：明线以李白与安禄山之间的矛盾斗争贯穿始终；暗线以李白与一个邪教组织巫教的矛盾斗争为辅助，同时，以李白三十六式太白醉剑剑法修炼过程为点睛之笔，以传奇手法将李白人生及其诗歌较为完美地叙述下来，相信大家在阅读的过程中，会深切地感受和享受这些内容。

三、文化源远方能流长，精神亦然。为弘扬民族文化精粹，打造民族时代精神，本书以翔实的历史资料为基础，源于史料又不拘泥史料，注重诗章而不沉湎于诗章，以“大文化、大思想、大传承”为要质，究其一生，将诗仙回归人间。此书以李白一生游历为主要内容，纠结着国难家仇，个人情爱；穿插着人文趣事，宫廷纷争；辉映着名山大川，秀丽风光……以恢弘浪漫的大唐盛世为时代背景，以新力量和旧结构间的冲突为文化背景，以传奇故事为线索，全面揭示李白孤独浪漫、彷徨流离、传奇悲烈、辉煌奋斗的一生。情景交融，波澜跌宕，大气磅礴，荡气回肠。

这是一部非常特殊的作品，它既不像通俗小说，又迥别于传记文学。纵观全文，我把它看作一部诗情并茂、气势恢宏的“传奇纪实类文学”。对于一个在新旧唐书中只有寥寥数百字的人物，要将他写活写全，其难度有多大，就可想而知了，作者的勇气与探索精神，也是令人敬佩的。此书的作者博识多通，书中集中了为数不少的原创诗歌，情景交融，意境幽远，使环境气氛既饱满又厚实，给人以身临其境之感。在当前的长篇作品中，类似于此书这样集诗词歌赋与古白话为一体的作品非常稀少，不但要求作者文学功底扎实，它的读者也必须是博览群书的中华古文化爱好者，唯有如此才能捕捉到此书的精髓所在。从这一点来看，此书的外在格调较高，也极为另类，非“高层文化”者不可碰也，这是此书有别于同类题材作品的最大的地方。从文中所表达的意象而言，作者重点要表现的并不是人人能写的“李白故事”，而是借助李白的一生抒发人生，即作为文人之感慨。所谓“质胜文则野”，从阅读效果上看，对情节的削弱，恰恰更有效地使读者关注到了作者所要表达的东西。

但愿此书能让国人体会到中华文学独有的魅力，为古文学爱好者带去一道精致的文字大餐，也为读者身临其境进一步解读李白和唐诗。同时我也相信，在洋文与洋文化入侵中国文坛之际，《仗剑放歌李太白》的出现，有助于提升中国文学在人们心中的地位和全世界所有华人的爱国精神，这恐怕也是作者的愿望。

是为序。

二月河

一·长庚落尘

秦时明月汉时关，万里长征人未还。

但使龙城飞将在，不教胡马度阴山。

诗中的飞将军是指汉代名将李广，他擅开大弓，箭术超群。曾任陇西、雁门、云中太守，身经百战，匈奴闻之丧胆。然生不逢时，又性情憨直，多遭小人构陷，故史书上有“冯唐易老，李广难封”之说。李广死后，汉武帝再令其孙李陵为将。李陵率兵五千，于塞外荒漠遭遇匈奴十万大军围堵，往来数十战，歼敌数万。无奈朝廷不援，李陵所部粮草断绝，人马皆乏，无力再战，困苦而降。后匈奴与汉和亲，化干戈为玉帛，征西将士卸甲止戈，屯田于陇上，李姓一支自此繁衍，生生不息……

西晋末年，群雄并起。李氏后人自陇上一呼，万众齐应，开疆拓土，立国西凉；至隋时，被封太原之主，赐号唐王。隋末炀帝荒淫残暴，致使天怒人怨，烽烟四起。唐主李渊闻讯，提陇上之兵，出太原、夺洛阳、下潼关、入长安，势如破竹，形似卷席，服四方豪杰，息八路烟尘，拯民于水火，顺天而立大唐基业。

李渊正宫窦氏所生四子一女——建成、世民、元吉、元霸、平阳公主，皆有才能。元霸早夭，建成、世民、元吉三子由各自属下大军怂恿，为皇位血争又起，终酿玄武之变：秦王李世民麾下猛将杀太子建成与齐王元吉，秦王登上皇位，是为太宗。他励精图治，政治清明，开创一代盛世。

太子建成早年统兵驻扎在西域的楚河，联姻突厥部落，生个儿子叫李相。太子入关，儿子就留在碎叶城。他自幼随母亲生活在大漠部落，性情奔放，不愿随父入朝。及至玄武之变，得以幸免。遂隐名于草民之中，游牧四野……

斗转星移。自大唐开国已历五帝，诸多人间恩怨已作流水。至李客一代，天下大治，五谷丰登，诸多流民纷纷返乡。李客也非常向往中原，毕竟在他的身体里，流淌着大唐皇家的血脉。正因如此，仗义任侠的李客对来自大唐内地的客商倾慕而热情，并与蜀地绵州盐商赵东岩、陈立，游方道人东岩子、史怀一为友，交情甚厚。应蜀地友人的劝邀，李客遂变卖碎叶的居舍，着长子携家人先回蜀地选址，并不惜重金于蜀地的青莲乡购置田产、庭院。而李客急急却不得回，实因一位突厥女子漂氏牵动着他的心。

数年前，李客去楚河边上的突厥部落收购毛皮，遇到突厥人的扎巴大会。扎巴大会正中设擂，擂台之后设有利物，红布遮掩。擂台上，两位武士你来我往，拳脚相向，数番易手，不见输赢。李客见二人顶牛之状，不由大笑。笑声惊起台前的突厥老者，他对李客道：“壮士何不登台一展技能？”李客应声而出，飞身上台，一招“烘云托月”，早将二人分开，台下欢声如雷。未待李客转身，就见四位突厥武士已于台上列好阵势，分持斧、钺、钩、叉，来势凶猛，宛如虎狼。李客见状，便自身后抽出宝剑。此剑出鞘，宛如闪电，一道雪光，耀花人眼，众人惊慕不已。原来此剑乃是上承先祖的名剑，名曰“龙泉”。

李客持剑在手，诸武士急忙散开，复又合拢，将李客围在中间。他自幼习剑，剑法卓绝。突厥武士虽有蛮力，却无攻守技法，片刻便阵形大乱，互相叠撞，不由筋疲力尽，仰跌台上。台下众人欢呼如雷。

李客收剑入鞘，双手拱拳，口称“得罪”，正欲下擂，就听羯鼓齐响，号角连天。突厥老者满面霞光，手持系着利物的素练，绾于李客胸前。众人齐声叫好，原来利物却是一位面如皎月的妙龄女子！李客来得匆忙，哪知此擂竟是长者为女择婿而设！李客喜不自禁，拨开人群，携女子一同上马，马蹄翻飞，消失在远处金黄的密林中……

时光荏苒，漂氏即将成为母亲，她于幸福和不安之中等待着。听到呼唤，李客快步来到内室卧榻，漂氏依其怀中，轻声道：“适才迷梦之中，见一斗星，华光四溢，拖着长尾，破窗而入，扑入怀中，将我惊起。”

“夫人勿惊，应是喜事。中原常说人星对应，人生于地，天上总有一颗星星与他照应。人有魂魄，方能处世立命。魂在体内，魄在天上。你所梦之星，乃我儿之魄也！”李客笑道，“可记得那星来自何处？”

“自东而生，其大如斗，光华四射，夺人双目。名曰长庚。”

“我儿来日定是文采飞扬。”李客大笑道，“此星又名文曲，乃上天主掌富贵与文章之星，必主我儿才华出众！”

翌日，漂氏生下儿子。李客喜不自胜，大宴宾朋，因此子于兄弟姐妹中排行十二，故取小名“李十二”。

突厥人重母而轻父，母以子贵。待小儿初成，漂氏部落华贵的牛车便载着母子吱呀远去……李十二从此就像草原上的雏鹰，在西域广漠之中，自由自在，快乐成长。李十二少有勇力，颇有自信，常与西域部落里的孩童相斗，鲜有败绩。父亲也经常到部落里来，教他读书识字，小儿伶俐，过目不忘。一日，他随舅父远行，适逢大雨，回家途中，天色渐晚。舅父走在前面，点起了“气死风灯”，小儿见状，脱口而出：

幼年赋诗惊众人

雨打灯难灭，风吹色更明。

若飞天上去，定作月边星。

李客闻小儿之作，惊喜不已。聪明灵巧、颇富勇力的李十二，也因此为漂氏部落所熟知。

游方道人东岩子自蜀地万里跋涉而来，此次再会好友李客，并带来了开元盛世的大赦文告。李客了然，决心迁蜀。见日将落，迫不及待携友人向漂氏部落催马而去……

部落大帐生着火堆，温暖如春。小儿已经五岁，此刻就倚在李客怀里。漂氏向隅微泣，难舍此处蓝天白云、山水密林、草原风光，还有年迈的父亲及莽撞的兄弟。

“回中土去，那里五谷丰登，人文教化，天下太平。”东岩子劝道，“楚河、碎叶虽有茂盛的水草，却无太平。况中原文化博大精深，小儿初成，文思敏捷，治学求仕，必有所成。”

“突厥男人无家，家在马背之上。小女已为妻母，自当宜家而居。”老人站起身来，对漂氏道，“我闻中原蜀地，物阜人丰，山川形胜，风调雨顺，太平安宁。怎能不随夫携子而去？”

老人又牵过李十二，自腰间解下一柄短刀，递给李十二，手抚着他的肩膀，道：“孩子，诗乃人之魂，剑乃人之魄！我期待孙儿文武两样，成为栋梁。”李十二接过短刀，不由细视：赤金短柄，精嵌三星；锋刃如烟，白芒若现。鱼皮刀鞘上，刻着小篆“秋水若寒”。他面对老人，重重点头。

公元706年，李客举家自碎叶穿越风雪、大漠、草原，涉过高山、峡谷、雄关，历经艰辛，迁居蜀地彰明青莲乡。

匡山像一把黛色团扇，横置在墨溪的岸边，遥对着李客的云闲庄园。正值三月时节，春光无限，庭院两株高大的李子树分外引人：李花似雪，压满枝头。李白的名字竟出于此：一日李客闲步李子树下，触景生情，随口吟出“春风送暖百花开，迎春绽金它先来”，怎奈苦吟半晌，对不上下面的句子。李白的母亲漂氏接道“火烧杏林红霞落”，不想李十二立马于身后接道：“李花怒放一树白。”李客异其才智，遂呼十二郎为“白儿”，并取字“太白”。

一条溪水发自匡山的山顶，流经李客的云闲庄园门前，汇入涪江。春天的墨溪水畔，卵石上站着一个个浣衣的女子。李白追随着母亲，与妹妹月圆在溪畔上玩耍。

活泼可爱的李白望着身旁的婆婆手中的捶衣铁棒，问道：“它作何用？”婆婆嘻笑：“做针。”“能做针吗？”李白摇头不信。婆婆接道：“孩子，你看我将它在石块上打磨，铁棒就越来越细，终有一天能成细针。”

婆婆本来说笑，李白闻听，以为有理，良久不语。返回家中，径入书房，摆开典籍，秉烛夜读。李客惊异，李白答道：“铁杵尚可成针，读书何难？为儿五岁诵六甲，今日方知书中滋味。我喜我忧，皆可写成诗歌；我思我梦，皆可著为文章。”李客闻言大喜：“十二郎既爱读诗书，我请先生教你。”李白摇头，却道：“先生所教，不如自修。我不愿读死书，唯喜天马行空，扬我思绪，激我壮志。”

转眼之间，李白年满十六，满腹经纶，出口成章；昆仑剑法，愈加娴熟。东岩子道：“李白如此悟性，可请名师指点，来日定可大有作为。”

李客叹道：“小儿不喜举业，不喜先生说教。性格执拗，未曾请师。平日里无需督促，自爱读书。我授其剑法，已倾囊相授，心智皆穷。不知何处能有名师，替我教诲太白。”

“离此百里，匡山顶上有一座道观，观主妙虚真人是我的道兄，此人四海览胜，文武兼修，其弟子众多，皆是龙凤才俊。待明日我去引荐，以不负太白才学。”李客欣喜道：“我早闻真人因材施教，多方历练弟子，是故人才辈出。今日有缘，真太白之福也！”

翌日，天刚放亮，家人已为李白整好行囊。诸人骑着快马，不消一个时辰，已至匡山脚下。入山中数里后，路径已为荒草淹没。东岩子道：“我与太白择路前去，你们折返吧。”李客止马，卸下行囊，一番叮嘱后，与东岩子拱手作别。李白随东岩子翻过几道山梁，日暮时分，远远看见一座宏大的道观依山势而建，绵延数里，若隐若现。

“小心！”李白闻东岩子叫声，猛然回神，不由心中一惊：就见数尺外，一条大蟒昂首吐芯，腥气扑面。“好孽障！”李白灵巧躲过，身后一棵参天翠竹已被蟒尾扫折。见李白东躲西藏，险象环生，东岩子不由叫道：“贤侄何不出手？”

李白躲在大树后面，高声应道：“此蟒颇具灵性，游历世间恐非止百年，不忍心将它杀死。”话音刚落，就听一声闷响，大蟒瞬时逃匿于密林不见。

又走数里，转至山口，忽见几束幽暗的绿光如锥射来。山口的路中，竟蹲着几只巨狼。人狼相峙，天地无声。

山风微起，隐约传来观内经声。李白举头探望，观中灯火正明，一念顿生，豁然开朗：想起儿时于西域大漠中随舅父远行，每遇狼群，必以火光驱赶。李白想到此处，悄悄摸出火种，对着身边携带的帛书卷轴，尽力吹去。卷轴以竹片做成，见火即燃。火光突起，兼有爆竹般的声音，狼群惊起，略作迟疑，急急折身奔入山中。

待狼群远遁，东岩子手抚李白肩膀笑道：“贤侄聪慧，以火驱狼，可惜所学典籍俱成灰烬！”

“所学典籍不能救身，学它何用？况天下典籍数不胜数，今去拜师，再学不迟。”李白接道，“撇下这箱典籍，顿觉轻便许多。”

东岩子暗自嘉许，携着李白快步疾走，顷刻间，已到妙虚观前。

李白与东岩子随道童进入道观，在草堂跪拜妙虚真人。妙虚真人见李白少年英气，峻拔飘逸，已是欢喜，对二人道：“来的路上一定是坎坷很多，然而，学路无尽，学海无涯。很多弟子都是在路上遭遇坎坷，中途而返。

太白至此，已是天缘。”

“亦是人缘。”东岩子揖手道，“道兄道术高妙，善养百兽，常以此试弟子胆略。我携太白前来，路遇巨蟒与群狼，性命犹存，全赖道兄之福。”

“那巨蟒是我养的，很有灵性，代我前去迎你们。而群狼野性难驯，不是我能遣派的。”真人惊诧道，“二人如何避得群狼？”

“真是侥幸！”东岩子闻言惊起，于是将李白以火驱狼的经过告诉妙虚真人，最后叹道，“可惜所带的典籍都被焚毁！”

“典籍不能救身，要它学它何用？焚去书匣，反自轻松。”李白接道，“今前来拜师，身外无一物，只剩下一颗诚心！”

妙虚真人闻言，心中默自嘉许，沉吟良久，又道：“世间百兽怎及人患？百兽依自然生性而存，自有定数；而人欲壑难弥，匪夷所思。我开观收徒，就是为了天下太平！”

妙虚真人寥寥数语，如同拨云见日，李白不由心中一亮，脱口吟道：

洗心得真情，洗耳徒买名。
谢公终一起，相与济苍生。

闻听此诗，真人笑道：“李白聪慧，风骨初成。与世间学问相比，诗文不过是沧海一粟。太白就于此歇下，还望勤勉上进。”

妙虚真人授徒数十人，以其秉性天赋，各有千秋：严庄攻于计谋，张凤在于纵横；吴浩醉于道术，云清迷于阵法；陈东擅于驯兽……还有弟子学酿酒、起屋、绘画、骑术等等，不一而足。唯李白既习诗剑，又兼学多样，触类旁通，为观中学子翘楚。

转眼之间，李白已于此学艺数年。他的很多诗文于匡山深处写成，诵于江湖，传于天下。绵州刺史偶读李白《访戴天山道士不遇》：“犬吠水声中，桃花带露浓。树深时见鹿，溪午不闻钟。野竹分青霭，飞泉挂碧峰。

无人知所去，愁倚两三松。”感慨此诗无一句说不遇，无一字说道士，却句句谓不遇，句句谓访道士不遇！感情随势流转，久久不绝。不由惊道：“李白诗赋之作，高妙无穷。”后绵州刺史引着随从，车马一行数日，来到匡山脚下，和李白相见。见李白峻拔如玉，神情飘逸，不由感叹；又见李白驯百兽如同弄笔，愈发惊异。顿觉李白已得大道，将来必列仙班。遂亲书荐文，荐举李白、陈东赴长安应试道科，取得道箓。不料李白却道：“晚生不才，窃以为大丈夫志在经国济世。虽隐居东山，笑傲林泉，起而安天下！独享清静无为，非我所愿。”

一日，妙虚真人对东岩子道：“数日前，我携太白于观中高楼夜观星象，太白脱口而出：‘危楼高百尺，手可摘星辰。不敢高声语，恐惊天上人。’此诗瑰丽，令我惊奇不已。太白的剑法也是长进很快。他自创太白醉剑十二式，剑法源自昆仑，杂糅太极，自成一体。我已倾囊相授，没有什么再可以教他的了。我担心的是太白性情过于赤诚、孤傲，恐怕他的一生难脱情伤之厄、人言之祸。”

二人闲话良久，都感觉到应早日遣李白出山入世。于是，真人对李白道：“今天下文斗苏颋大人寄来书信，以期相见。为师已将平生所学倾囊传授，没有什么可以再教你的了。你已诗剑初成，风骨乍现，自此遨游天下，展平生大志，安民辅国，正当其时。”

李白虽不愿下山，但见妙虚真人心意已决，只好收拾行囊返乡。途经百里，皆有虎狼、鸟虫相送，猿啼鸟鸣，李白难以释怀，回望匡山，吟下《别匡山》一诗：

晓峰如画碧参差，藤影摇风拂槛垂。
野径来多将犬伴，人间归晚带樵随。
看云客倚啼猿树，洗钵僧临失鹤池。
莫怪无心恋清境，已将书剑许明时。

墨溪依旧，庭院依旧。青莲乡一派自然风光。李白学艺数年归来，父母见他学有所成，非常高兴。

“数日前，益州来官持十二郎诗文登门，言益州都督苏大人盛赞我儿大才，前来相邀。我告知其匡山妙虚观所在，不知去否？”父亲李客道，“苏颋大人位列国公，是天朝的柱石，真是我儿的造化！”

李白接道：“为此，恩师才着儿下山。苏颋大人诗文亦负盛名，与当朝张宰相共有‘燕许大手笔’之说。”

“你可去益州干谒苏大人，以求报国出路。若时运不济，就回转家乡，我已与彰明县令约定，可着你为县上主簿。”见李白点头，李客欣慰道：“今日先不谈别的事情，你学艺数年归来，全家人等着见识你的本领。就以门前‘若牛石’为题，请白儿赋诗。”

李白略一思索，脱口而出：

此石巍巍活像牛，埋藏是地数千秋。
风吹遍体无毛动，雨打浑身似汗流。
芳草齐眉弗入口，牧童扳角不回头。
自来鼻上无绳索，天地为栏夜不收。

“好一个‘天地为栏夜不收’，活脱脱就是白儿！”李客饮尽杯中冷酒，霍然起身，“我闻白儿剑术已成，舞之我看。”

梨花树下，李白出剑。一招“举首望月”，剑去如电；再以“月挂中天”，神龙探海；“烘云托月”，剑芒飘雪；“月上西楼”，千回百折；“流星赶月”，剑脉绵绵；“月光满地”，杀气腾空；“张弓待月”，斜刺如索；“月明风清”，剑声幽幽；“飞鸿惊月”，风波陡起；“月下东山”，张弛相宜；“仙子奔月”，人剑合一；“月中落桂”，剑影渐息……

不知何时，李白舞剑已毕，垂手而立。天地无声，唯有头顶的梨花如雪，纷纷飘落……

见兄长归来，妹妹月圆欢喜不已。月圆生于中秋之夜，比李白小两岁。儿时，月圆随李白一起读书，也好吟诗作对。数年前的一个中秋夜，家人团聚在庭院的桂花树下，饮酒赏月，共享天伦。李客兴致盎然，便欲测试儿女的才华，笑道："我出上联，你兄妹二人应对。"

李白、月圆欣然答应。李客拈须良久，方道："山清水秀。"

"花好月圆。"李白随口应对。

月圆闻兄长以自己的名字作对，嘴角一翘，脱口而出："李白桃红。"此句竟成谶语！李白后来竟真的与两个名叫桃红的女子，情困一生。这是后话。

益州都督苏大人再来书相邀，李白不便推搪，便应允。闻兄长即将赴益州求仕，月圆叹道："益州常在小妹的梦中。数年前，兄长离家学艺，我也随着大姐远去益州的蜀锦苑学做绣红，倏忽三载。常忆同窗吴姬兄妹，恨不得相见，更恨我非男儿之身，不能随兄长仗剑天涯。"

见月圆黯然落泪，李白急忙道："家中双亲已迈，全仗小妹照顾。人生一世，无非忠孝二字。你代兄长于家尽孝，我代小妹前去探望益州吴姬，如何？"

月圆浅笑道："兄长倒是轻巧，吴姬天生丽质，我恐兄长无福相见，她早回金陵故里去了。兄长若去益州，可代为探望她的兄长。他豪侠仗义，品性高洁，可为师为友。"

李白见月圆面带羞涩，已明白几分。只是月圆自小与父亲好友绵州盐商赵东岩的儿子缔结了婚约，只好避重就轻道："难得小妹如此重情。可否告知兄长此人在益州做什么？"

月圆略整思绪，方道："此人照看着益州一家玉店。"

李白笑问："店名、人名何称？方位何在？"

月圆却道："益州虽阔，我在益州时，却常感叹天下之小。人若有缘，远隔千山万水可以相见；人若无缘，对面也不相识。兄长是一个灵秀的人，还需要知道很多吗？"

"小妹不言，我自会打听。"二人又闲话家事，待书童丹砂寻来，李白方与月圆辞行。

"月圆徽音不远，谪仙何时归来。"月圆望兄长背影轻吟，李白回首应声："金秋凉风起，明月送人归。"

李白携灵巧的书童丹砂紧赶数日，来到了益州（成都）。

李白心急，自东阳门入城，风尘未洗，便投少城而去。天色渐晚，李白二人选下一个驿馆歇息，就近吃下酒食，由丹砂照料马匹，李白惦记月圆离别时的嘱托，便独自找寻玉店。他沿着少城繁华处走了数里，拐入旁侧的一条幽静小巷，猛然瞥见路边有一家玉店，便踱步而入。

店主见李白峻拔飘逸，气度不凡，主动上前道："我叫吴南，守着这间小店，专营古物玉器、名人书画，不知客官需要哪样？"此人三旬左右，身材适中，面相俊朗，暗含英气。李白心中一怔："真是有缘！"遂施礼道："彰明青莲乡人李白，字太白。"

闻听此言，店主慌忙起身，上前问道："可是写下《别匡山》《大猎赋》的李白？"

"正是。你怎知我名？"

"蜀地千里，何人不知李白的诗名？"吴南亲自为李白看茶。"我有一妹吴姬，曾在益州蜀锦苑学做绣红，恰与青莲才女月圆同窗，月圆常论李白诗剑，令人仰慕。"

李白揖手道："小妹月圆曾讲，她在益州时多蒙兄长照料，李白代她谢过。"李白又将苏颋大人邀见之事相告，最后道："我想备份薄礼，兄长有何高见？"

“玉店虽小，然承自三代，店中也不乏贵重之物，精雅之作。”知李白识剑，吴南顺手摘下中堂上悬挂的宝剑，交李白玩味。李白缓缓抽出剑来，一缕光芒颤过，冷气扑面。剑刃薄似雪片，剑锋一条雪线；赤金剑脊坚硬异常；一点剑尖宛如钢锥，慑人目光。果然好剑！

“如此宝物，我恐倾囊难买！”李白笑道，“不想益州偏僻小店竟有此等宝剑！看来益州真是物华天宝之地！”

“此剑虽好，却无人识！”吴南道，“开元盛世，干戈久息。平日达贵盈门，所索皆是古画玉玩。此剑悬于店中近十年，鲜有问津。”

李白起身踱步，“此剑必有亮剑之日！我闻天朝近些时日，边庭很不安宁。南诏、吐蕃、契丹时有兵乱，只是不知道确切的消息。”

“南诏与我朝正在泸江交战，前方军事不利，常有将官溃逃到这里，变卖随身携带的宝物，顺便闲话战事。内卫护送苏颋大人出任益州都督，多为平叛而来。只是益州离泸江尚远，战事未及于此。”

“看来此剑离亮剑之时，已不远矣！”李白言毕，拱手告辞。

翌日，李白精细装束，手持誊好的行卷，快步向不远处的益州都督府而去。

苏颋端坐在中堂上，见李白峻拔飘逸，举止有度，不由起身道：“我刚到蜀地，便已闻听李白的诗名。当今我朝天下大治，皇上英明，太白何不赴京科考，以期报效国家。”

李白见苏颋庄而可亲，识人惜才，起身道：“晚生于深山学艺经年，常怀经国济世之心，又恐不谙世事，学艺不精，所以未能赴考。今谒大人，还望擢拔。”言毕，恭恭敬敬地递上誊有《明堂》《大猎》两赋的行卷。

苏颋看后，暗自赞叹李白的才华，不由称赞道：“文中见志：以苍生为念，以社稷为重。令我动容。你且于益州置下，待我闲暇，便向朝廷荐举你，你也好早日为社稷建功。”

李白闻言惊喜，以为报国求仕之路就在眼前，待走出益州府衙的时候，仍恍若梦中。

光阴荏苒，李白已在益州停留月余，日日与吴南对饮把欢，却不见苏大人再来邀见，更不见荐文。自己连去多次，每次皆因身无通文被拒于府门外，不觉心中烦闷。

一日，李白正与吴南闲坐，就听店里的伙计秦豹喊叫。二人快步自后堂进入玉店，见一群乌衣人正在店中胡乱翻弄。吴南怒喝："住手！何处强盗敢在此胡为？"

乌衣众人闻声止手，其中一人挺身上前，道："在下川西人韩凤。听说玉店存有一个宝物，我家主人想重金购买。不想你店中的伙计不卖给我，并说绝无此物。所以，我让下人动手寻找，多有得罪！"

吴南手按腰刀，冷冷接道："要取什么宝物？"

"一张图，写满蜀地地名的图！"

"肯定此图在我的店中？"

"肯定！否则，韩某不敢乱登宝店！"韩凤忽然目视李白，冷笑道，"此人李白，好诗文，好剑法。苏大人要荐举他，不想李白醉酒违禁，为少城守备缉拿住，他只好贿赂少备，才得以走出牢房，令苏大人大失所望。今苏大人已经返回京师长安，恐才高八斗的李白也只能做一个闲云野鹤！"韩凤言毕，又向李白拱手道，"得罪，得罪，我只是借此提醒主人，山河社稷图就在店中。"

吴南细视李白表情，已知韩凤之言不虚。他略一沉思，淡然道："容我想想，仔细寻寻，再来商量，如何？"

"宝隆老店能立于益州数十年不倒，也不简单。十日后我再来买货。"言毕，韩凤率众乌衣人从容而出，行至门口，又回首道，"十日买货！分量自忖！"上马之际，抬手一瞬，就听一声铮响，一枚毒镖穿过秦豹的发髻，擦灭烛火。

一行急促马蹄声渐远。

李白初次经历这等变故，不由心惊。吴南见李白面窘，轻松笑道：“数日前，我四处寻你不见，原来你却在牢屋里享受清静，何不早说？贻误了太白出仕为官，罪过，罪过！”

李白低声应道：“久居山野之地，我委实不知宵禁的法度。白性好杯中之物，实因报国无门。苏大人言我风骨未成，尚需历练，合情合理。刚才兄长突遇变故，方寸不乱，举重若轻，真乃大丈夫！”

“太白诗剑卓越，必有大鹏冲天之日。吴南与太白相比，好比萤火与星月！”吴南一边说话，一边起身掩上窗门。“此店乃朝廷内卫府所开，由卫使程智矫大人管辖，是朝廷在益州的眼线。店中的伙计全是卫府的甲士，武功不弱。此店存有二宝：一者乃中堂所悬的宝剑，二者是一张画满蜀地地名的社稷图。卫府程大人有交代，前者赠送，只赠识剑之人，获赠者，异日必为国家的栋梁；后者不卖，只引上钩之人，觊觎社稷图者，日后必为国家的祸首。上钩之人今日显相，不知何人。”

二人正说话，益州卫使程智矫已走进店内。李白上前见礼，程智矫笑道：“于苏大人处见李白的华美文章，疑为相如复生、扬雄转世。今日得见，甚慰平生。” 三人重整酒宴，轮流把盏。

“我已使人查清，来者是巫教鬼坛坛主韩风。巫教是胡天祆教的一支，在蜀地数年蔓延，已成气候。其教众云集，耳目众多，与南诏、吐蕃、边庭要将甚至朝中达贵勾连，图谋不轨。今日，其好手数人前来索图，背后必定有人指使。我不知道巫教教主是何人，猜想此人必为显贵，当朝政事，无不在他的执掌之中。”程智矫忧心道，“太白有所不知，江山社稷形势图是我朝动辄万众考量蜀地，历经数年方绘制而成，一卷在手，悉知天下。企求此图的人，必欲图天下。所以，卫府放风，言此图存于宝隆玉店，诱贼人上钩，好借机除去谋逆之人。不想今日祸起。”

吴南道：“今日开店时，恰有少城尉杨钊也前来弄玉，得耆老翡翠，喜请卫士出外宴饮。店中只留二人，是故难防。”

“莫非此人也与巫教有些瓜葛？”程智娇不由沉下心来。“杨钊虽见恶于张节度使，不为重用，可是，他的堂妹新封贵妃，日益得宠，裙带舞风，杨钊日后必入京师为官。若他与巫教有牵连，恐事态就更难把持。”

李白已知实情，起身道：“今日之事，无非是巫教投石问路，必不相强。可严加防范，以防诈谋。杨钊羽毛未丰，其妹新封贵妃，他本人又急图富贵，必忠心于朝廷。我以为他与巫教无大的关联。大人不必多虑。”

“太白言之有理。”程智娇长舒一口气，道：“我明日上书都督府，添加卫士严护玉店。再去拜望张节度使，告巫教意图谋逆，缉拿巫教韩凤。”

三人浅饮把话，思谋对策。不知何时，窗外乌云四合，一道闪电扯过，雷霆万钧，顷刻大雨如注……

天气放晴，李白携书童丹砂走出驿馆，游览益州的名胜。先游武侯祠，再览散花楼。登楼远眺，思绪万千，忧思纷纷，不由即兴放歌：

日照锦城头，朝光散花楼。
金窗夹绣户，珠箔悬银钩。
飞梯绿云中，极目散我忧。
暮雨向三峡，春江绕双流。
今来一登望，如上九天游。

回想入益州来，蹉跎时日，干谒无果；误违宵禁，落入囹圄；小吏奚落，施贿得出；又逢巫教索图，无以相助友人，不由心意飘摇，倍感落寞。李白在高楼上眺望四方，不知何去何从。

“有何颜面返家？不若折转峨眉大山，开拓视野，以求大观。”李白对书童丹砂道，“此去峨眉山恐怕有数百里路程，可选良马而去。”

丹砂道：“离散花楼不远处，即是剑南马市。”

剑南马市因茶马古道而兴，加之大唐与南诏、吐蕃数年时战时和，遂兴为西南大市。马市方圆五里，人海如潮；数千马匹，待价而沽。李白沿马市中道徐徐前行，忽听不远处有妇人轻啜的声音。二人寻声而去，见一妇人和小儿依身而哭。她手中牵着一匹高大的瘦马，正寻买主。李白细视此马：身高七尺，长约丈余；眼似铜铃，耳如刀削；头脑方正，蹄大如碗。见到生人，一声长嘶，恰似裂帛。“好马！”李白叹道，“如此骏马竟无人识！”

妇人闻声抬起头来：“客官既然识马，随便开价，我便与你。”

李白道：“此乃骏马，夫人尽管开价。”

不料妇人起身，手抚马背，边哭边道：“此马乃我戍边的丈夫生前所乘，助他屡立战功。数月前，大唐再征南诏，我夫从征，引兵在泸江战败身死。他的亲随以此马驮回了他的行囊。我本想朝廷必会厚恤我和家人，不料数日前，卫府登门，言我夫违纪，擅兵而败。家产充公，我母子无依，只好卖马筹资，以好回归故里。望客官垂悯！”言毕，泪落如雨。

李白长叹一声，着丹砂取百金买马。那妇人感动异常，携小儿跪拜李白道：“恩人留下姓名，以求异日图报。”李白连忙扶起，“青莲布衣李白，字太白。夫人不必挂心。就此别过，一路保重！”

回至驿馆，丹砂精心料理此马。三日后再看此马，洁白如雪，通体放光，神态欲飞，宛如蛟龙。李白高声道：“得此良驹，何惧蜀道之难！”丹砂接道：“主人可为此马正名。”李白笑道：“呼之夜明雪龙驹，以期建功！”

二人早有离开益州的打算，得此良马，更是心切。李白趁天色尚早，催马前去玉店，与吴南辞别。

玉店情景如故，只是添多了卫士。见李白前来，吴南笑道：“我知太白必至，亦知太白辞行。”二人直入后堂，促膝相谈。“巫教相约之日已到，却不见动静。城中到处张贴着韩凤的画像，看来此人害怕官府缉拿，恐已逃离益州了。”

李白略一思索，摇手道：“此人必藏匿在城中，伺机而动，万不可大意。”二人正说话，程智娇进来，示意李白继续说下去。“巫教必受人所托。韩凤若无把握，岂敢狂言？我以为可将此图转往府衙珍存，以求安全为上。”

“太白言之有理，然府衙不愿担责。朗朗乾坤之下，卫府上下齐力，无忧也！”

三人浅饮慢酌，不觉已是午后，李白与程智娇、吴南再次辞行。程智娇拱手送道：“前程万里，太白珍重！”吴南执意送李白一程，他心中有话，却不愿吐露。李白早知吴南的心声，无奈妹妹月圆的婚事由父母做主，兄长怎可妄言？吴南直送李白出了少城，不得不与李白作别。吴南幽然叹道：“若见月圆，可将此诗烦转。”李白见诗只有两句：思君如满月，夜夜减清辉。李白心中酸楚，点头应下。

李白出益州少城，上马前行数里，忽然前面一个人影飘过，似曾相识。再一细看，竟是韩凤！不由催马追去。韩凤故意于李白前面晃动，向城西狂奔，直入远处密林。李白紧追不舍，韩凤至鳌山山顶倏然不见。

李白正欲转身下山，就听一阵大笑，韩凤立于不远处，高声叫道：“我今欲以李白为饵，引出宝图。”言毕，就见数个乌衣人手持锁链，袭向李白。李白也不答话，抽出腰间短刀，一招“举首望月”，迎链而上。李白初次对敌，惧而兴奋，刀法虽妙，实战稍逊。然乌衣人武艺不精，竟于李白刀下，险象环生。见战李白不下，韩凤手舞长剑，荡开剑法，如乌云压顶，直袭李白。李白不惧，旋起宝刀，以十二式太白醉剑迎敌。无奈李白无剑，手中的短刀气势稍弱，一个时辰后，便只有招架之功。不知何时，李白左臂已被划伤，血溅玉裳。

危急时刻，就听一声大喝：“韩凤快来受死！” 程智娇、吴南二人手托金刀，如风而至。韩凤急忙分身，以剑格开一击，与来者战作一处。此时天落大幕，星月渐起，三人大战，如同鬼魅。韩凤见战程智娇、吴南不过，仓皇逃匿。吴南也不追赶，急忙扶起受伤的李白，蹒跚下山。

回到城中玉店后，吴南仔细查看李白的伤情，见无大碍，心中宽慰。“昨日太白走出玉店，程大人放心不下，着人跟随。”吴南道，“果不其然，巫教乱党暗施诈谋，欲图害太白。”

李白感叹道：“承蒙大人解救，不胜感恩。白学艺不精，辞别益州，必遍访名师，以求进取。”

“太白剑法洗练，威力无穷，来日必誉天下，何言不精？只是太白心存善念，不忍杀戮，故而剑法多有守势，少有杀招。”程智矫又道：“我有恩师赵蕤，人称剑阁仙人，好纵横之术，天下流士所学的典籍《长短经》为其所著；又好剑法，浣花剑法为其先师所创，分上浣、中浣、下浣三节，三十六式剑法，精妙无穷。昨日巫教韩凤所学，即为中浣剑法，你已见识。”

“今日方知苏大人所言风骨之意，李白必潜心历练。”李白闻言，起身向程智矫施以大礼，“我欲拜见剑阁仙人，望大人成全。”

“太白若有此意，我焉能不成全？只是担心恩师性傲不受，是以踌躇。恩师昔日为官，纵横疆场无敌，战功赫赫。然则性情至傲，常为同僚陷害，故而辞官归隐。且归隐之处，竟在其多年前最后征战之地——剑门峡谷。虽有朝廷数次征召，恩师拒不出山，只与山林野兽为伍，不问世事。去年我去拜望，见他精神矍铄，又生黑发，不禁赞叹不已。太白若去，我必荐书，能否如愿，只好看太白的造化了。”

“太白此去，定能如愿。”吴南接话，旋即转过话题，“昨日挫败巫教，太白首功。太白以短刀施以剑法，尚且有如此威力，若以宝剑试之，未必不抵韩凤。”

“只顾闲话，险些忘记了正事。”程智矫道，“太白若识前堂所悬之剑，卫府便以剑相赠，壮你远行，以期建功。”

片刻，秦豹已将那柄宝剑取来。李白按捺住心中的喜悦，细视此剑，徐徐言道：“蜀国刚立，有剑祖欧冶子的后人丹玉拜见先主。因先主仁德，愿意为他铸剑。于是，寻来上古玄铁，辅以赤金，于峨眉山巅设下高炉，以三百个童男童女合力鼓风；再取河南西平龙渊之水，以来淬火。历时三年，铸成利器。出炉之时，杀白马白牛祭天，以期阴阳同光。然日出不现五彩，云开不见霓虹。丹玉只好沐浴净身，自投炉中。刹那间，一声霹雳，祥云顿现，宝剑铸成。剑成十数，又称蜀国十剑，名字分别叫：英华、翳日、若寒、龙彩、太善、摄魄、惊魂、常胜、镇边、秋水。英华剑先主自己配带，其余的宝剑分赐太子刘禅、鲁王刘永、梁王刘理、军师孔明，及五虎上将关羽、张飞、赵云、马超、黄忠。

“细观此剑，我以为‘龙彩’。此剑上隐龙形，暗嵌其名。若置泉水之中，隐约可见龙形浮动。”

待下人献上泉水，程智矫拔剑置于水中，顿见龙形，又现“龙彩”字样，遂大笑道：“真是太白之福！初入益州，天授骏马、宝剑，助你纵横天下，可喜可贺！”

天将放亮，就听前面厅堂有卫士喧哗，言店中秦豹昨夜引数名乌衣人入店劫掠，殴伤卫士，将数卷画图劫走。吴南闻言，大叫道：“火速备马，还不快追？”

“所失之物乃江山社稷形势图！其余珠宝玉器无恙，看来贼人果真存有谋逆之心！”程智矫高声道，“传信内卫府衙各处，严加盘查，一定要查出幕后之主！”众卫士各自领命而去，程智矫又对李白、吴南道，“随我到后堂。”

“从此玉店安宁！”程智矫待二人坐定，舒口长气，“我早知秦豹是巫教的眼线：巫教初登此店，秦豹当值，不放信鸽传信；昨夜我扮醉假寐之时，见他来去诡秘，我只装作不知。店中所存的社稷图是一张假图，江山社稷图实由长安的大内看管。吴南可带人跟踪巫教的盗图者，必能揭开幕后之主！”

程智矫又对李白道：“我已荐书恩师，看太白的造化。你已与巫教结怨，益州非久留之地！我亦将远行，后会有期！”程智矫言毕，三人拱手，依依作别。

离开益州，李白和丹砂快马加鞭奔剑阁而去，数日便抵剑山。剑山陡峭，二人下马，小心沿着远古栈道而行。行走数日，已至大山深处。夜幕低垂，朗月升起；山风幽幽，林木萋萋。正行之间，前方忽传刀枪剑器之声，伴随着人喊马嘶。李白闻声望去，只见一伙山中盗贼围着一女子厮杀。那素衣女子武艺高强，手中秀剑翻飞，剑光如雪，力敌群贼。李白见状，一声大喝，龙彩剑早已出手，直逼匪首。那匪首与女子正斗在关键处，分身无术，被龙彩剑划过臂膀，手中宝刀落地。丹砂正欲上前补上一剑结果贼首性命，却被那女子止住。见首领被执，其余山贼亦只好放下刀枪。就听那女子道："你们受何人指使，行刺于我？"

贼首不屈道："你父口蜜腹剑，杀人无数，焉来问我？"

女子冷笑道："我一心向道，朝中之事，与我无干。今日放过尔等，还不快滚？"

李白闻言惊诧，已知其中必有蹊跷，却不便插言。那伙贼人见状，惶惶而去，片刻消失无影。

李白上前问道："姑娘缘何月夜独行？"

素衣女子以手拭汗，答谢道："在下李腾空，京都人士。自幼好神仙之术，专往深山访道，不想路遇蟊贼，幸得二位相助，不胜感激。"

李白见其言语闪烁，亦不追问刚才之事，接道："不想一个弱女子，武艺了得！然山中多有虎狼，还望小心为是。"

李腾空笑道："先生貌似书生，亦剑法不弱。文武两样，来日必为国家栋梁。敢问姓名？"

"路见不平，拔刀相助，乃常人之所为，不足挂齿。"李白唯恐报上姓名，有意图回报之嫌。

李腾空笑道："真侠士也！你我必有相见之日，就此别过！"李白已见前方岔道口处，有数人皆着锦衣，立马相待李腾空，遂与她作别，各奔前程。

丹砂见李腾空远去，不解问道：“主人何不报上姓名？”

李白笑道：“此女非寻常人家女子，不求所报，未必不报。况今日之事，事发突然，你我不明缘由。就当你我为侠客。”言及此处，李白又想起刚才情景，慷慨而歌《侠客行》：

赵客缦胡缨，吴钩霜雪明。
银鞍照白马，飒沓如流星。
十步杀一人，千里不留行。
事了拂衣去，深藏身与名。
…………

二·剑阁磨砺

翌日，李白和丹砂在鸟鸣声中起身，丹砂拿出罗盘，校定方向，对李白道："仙人所居，离此不远。"李白抬头，见高峰入云，古木苍藤；听子规啼叫，高猿长啸，不由叹道："深山藏幽，修道福地！"二人正欲动身前往峡谷，就听不远处有砍樵的声音。

"坎坎伐檀兮，置之河之干兮。河水清且涟漪……伐木丁丁，鸟鸣嘤嘤……"有人歌着，叮当伐木。片刻，又听脚步声传来。一老翁满面霞光，精神矍铄，肩挑樵担，快步转过山脚……莫不是赵仙人？李白急追，自身后叫道："晚生李白，拜见仙人。"见老翁不答，便和丹砂紧跟不舍。又走数里山径，见山坳里一座草舍，朴素幽静。老人坐在舍前李树下，笑看李白道："来者莫非真是李白？怎知此处风光无限？"

李白施以大礼，接道："李白，字太白，蒙程智矫大人举荐，历经坎坷至此。望仙人教我纵横之术、浣花剑法，以展平生之志！"

"听口气之狂傲，有太白之风！"老者又道，"李白诗文盛名，不知盛名之下，其实……"老者话音未落，李白截话："还望仙人出题查试。"老人抬望南山，手指一根突兀的石笋："以此为诗。"

李白仰望石笋，脱口而出：

石笋如卓笔，悬之山之巅。

谁为不平者，与之书青天。

"想象瑰丽，诗意高远！果然李白至矣！"老者着人看茶，却见一只白猿一爪置于额前，托山中的鲜果；一爪置于身后，提煮沸的泉水。见李白二人，吱叫一声，将山果、泉水放在石桌上。

"老翁赵蕤于数日前接徒儿传信，于此等候太白。"赵蕤笑道，"太白愿忍耐寂寞，就留在这里陪伴老夫吧。"李白闻言，急忙伏地行下拜师大礼。李白随后安排丹砂回青莲家中报平安，暗将吴南所托的诗句代转月圆，自己则跟随赵蕤学道。

剑阁仙人赵蕤学识丰厚，学贯古今，不仅知今博古，更是黑白杂糅：采药炼丹、麻衣相术、驯鸟遛猴、制造酿酒，无不通达。李白得遇名师，如逢甘露，焚膏继晷，求学不倦。

赵蕤授徒开讲常以反其道而行之、而思之，逆反推理，时时告诫李白："王道重教化，霸道重威猛，强国重胁迫。""不知人之长短、事之长短、战之长短、国之长短"，何以"齐家、治国、平天下"。他历时数年，呕心沥血所著的《长短经》一书，分九卷六十四篇，以历史为经，以谋略为纬，以权谋机变、知人善任为内核，详述朝代更替，国家兴亡；权变计谋，宏才大略；延揽人才，安国定邦；人间善恶，因果报应四大内容。《长短经》集法家、兵家、道家、儒家、阴阳家、纵横家、杂家思想之大成。黑白之道、王霸之学使李白迷恋不已，心中暗生大志。

赵蕤剑术精妙，传授李白浣花剑法。一日李白砍樵归来，身体累乏，趁月明风清，与白猿对饮。不知白猿何处弄来的琼浆，鲜美异常，不觉大醉。李白舒意，剑舞生风。十二式剑法练完，兀自难住，遂边歌边舞：“月光回照”，剑花铺地；“玲珑秋月”，抱朴守真；“月临大江”，光华隐隐；“银河悬月”，霹雳万钧；“月依柳梢”，绵里藏针；“风光霁月”，烟云四散……一声叫“好”，李白住剑，不知何时赵蕤已立树下。“再来试剑！”赵蕤一招“白鹤振翅”，与李白斗在一处。浣花剑法与太白醉剑各施精要，只见剑光四溅，人如鬼魅。二人相斗多时，李白不落下风。听白猿一声长啼，二人止剑。

“太白已得醉剑之法，不惧浣花剑法矣！”赵蕤感慨道，“太白之醉，实乃报国无门，才智难展所致！此乃困厄出英雄，苦难出诗人也！浣花剑法为我门祖师青阳真人所创，自真人黄河力斩二蛟以来，浣花剑法自成一体，与少林、峨眉、武夷剑法齐名，名噪天下。今观太白醉剑，气与天通，何等神秘！此剑法前无古人，后无来者，自你之后，必失传矣！”

“剑道应取大道！窃以大丈夫志在天下，出为帝王之师，若之管仲、谢安！”李白豪言道，“诗剑无他，怡情而已！”

“然则何得大道？”

“行万里路，读万卷书，遍干诸侯，历抵卿相！”

“好个大道之学！令人动容。‘苟无济代心，独善亦何益！’”

“‘苟无济代心，独善亦何益！’实乃震耳发聩之语。”李白面带疑惑道，“师父既有此念，为何隐居深山不出？”

赵蕤长叹一声，缓缓叙道：“武皇之时，我为边塞中郎将，与突厥长年征战，立下不少功勋。武皇驾崩后，我等便成为朝廷政权更替的牺牲品。”赵蕤言及此处，目中已现泪光。“中宗年间，我随飞虎将军武江引兵千人，换兵戍边。自雁门入关，取道山陕，去剑南道驻扎。行至剑阁，却不想峭壁之上林立甲士，张弓搭箭，方知陷入困境。剑南节度使宣皇上圣谕：‘言武江俯从叛逆，就地正法。’千名将士，哭天无泪！武江有恩于我，道出实情：‘宫中有变，叔父武丞相被诛，女相上官婉儿自缢，李氏已夺权柄。覆巢之下，安有完卵？只怪自己轻信皇诏，引亲随至此！’此时，火光顿起，前后栈道被火烧毁，千名将士，危在旦夕。飞虎将军武江见状，向天呼道：‘武江之罪，不累及将士，万望皇上开恩！’遂拔剑自刎。我为中郎将，引千名将士放下刀枪……随所谓的平叛大军，进入益州。已经放下刀枪的将士，充军为奴，城头高悬武江的首级。”

“我却因功晋爵，位列武功将军。上皇隆恩于我，却遭兵士唾骂，我不知对错，彷徨苦闷。后来，我便择剑阁幽谷隐居，不问世事。又是数年过去，当今皇上翻阅旧史，言武江无罪，着使远赴剑阁，为其昭雪。皇上念我忠义，屡屡征召，固辞不应。人送我‘赵征士’之雅号！”

“历来皇廷更替，俱是刀光剑影。子杀父、兄戮弟，伴随着宦官弄权、外戚跋扈，朝纲不举、有令不行，征戈不息、黎民苦难……我原以为自己身负绝学，一刀一枪挣下功名，封妻荫子，却不料……”赵蕤哽咽片刻，继而又破涕笑道：“都是陈年往事，不提也罢。我闻今日圣上英明贤达，励精图治，望太白早成学业，以求闻达，为社稷建功，为黎民造福。”

李白闻听，良久不语，感慨于赵蕤的际遇，垂首低吟：

生者为过客，死者为归人。
天地一逆旅，同悲万古尘。
月兔空捣药，扶桑已成薪。
白骨寂无言，青松岂知春。
前后更叹息，浮荣何足珍？

不觉一年过去。一日，李白正与赵蕤在草堂闲话，接到信鸽传信，赵蕤读之色变。李白接过短信：“巫教之众赴剑门，不利太白。已知韩凤出川，速与我丰都会面！”落款吴南。

赵蕤起身道：“数月前，有乌衣人于草堂逡巡，竟为白猿自李树摇下，跌地而毙。近日更是鬼魅频现，白猿夜夜惊啼。巫教开教之主必是浣花剑法传人，只是不知其人所练上浣、中浣、下浣何种剑法，抑或三浣皆修。一日砍樵，有诡异人于我身后突袭，见我一记上浣剑法，愕然而去，此后数月不见。今太白醉剑已成，巫教之众非你敌手。今有好友相邀，也正是太白为国效力之机，你可速去。”

李白不舍赵蕤，又恐连累恩师，只好携剑挟囊，牵着夜明雪龙驹，离草堂，出剑阁。

“剑阁横断，倚青天而中开。上则松风萧飒瑟，有巴猿兮相哀；旁则飞湍走壑，洒石喷阁，汹涌而惊雷。”李白于感慨之中，再上栈道，已不惊怵。栈道乃古人自绝壁之巅，缒索而下，于绝壁当腰，凿石为洞，插以横木，上铺木板，绕峭壁而成。李白不由感叹：开辟栈道，耗费多少人力，甚至生命。李白正在游思中，忽然一阵凄厉冥乐泠泠传来，使人闻之心惊。李白急忙执剑，小心探看，就见对面栈道之上，一行五七人，打扮怪异：头顶高耸白帽，身着玄色长袍；腰系宽边青带，坠着鬼头；手持蜡杆，周扎雪纸；行站僵硬，如同死尸。领头一人身形高大，面目狰狞。猛然瞥见对面栈道上的李白，冷言森森：“闻冥乐而不避，惊扰亡人魂魄，必有恶报！”然山山相峙，中有峡谷，虽近而不能越。李白见这群赶尸人腰间所坠的鬼头与巫教韩风所配一致，心中豁然，对面必是巫教之人！不由心忖：“巫教教众不知何以至此？何不投石问路？”于是，李白笑道：“尔等装扮成湘川赶尸人，不知又要贩弄些什么黑货？”见对面乌衣人举杖不语，李白干脆放声叫道：“我乃李白，转告你主韩风，来日再决！”声音高亢，于山中宛转不绝。对面人群略作停顿，遂转过山腰不见。李白索性自语：“今夜于此生火歇息，看奈我何？”一夜无事，唯有山风浩荡，声声不息。

翌日醒来，李白走下栈道，又行一日，已至江边。耳畔只闻江水咆哮之声，却不见江水奔流。再往前走，怪石嵯峨，树木荫翳，虽白日里，却似进入春夜时分。耳边忽闻一阵冥乐，李白急忙执剑，小心前行。

火光突起，有打斗剑器之声！李白系好良马，手握龙彩宝剑，潜身而近。一群“僵尸”正围着一对母女厮杀。一高大丑人冷声道：“听冥乐而不避，惊扰亡灵，群尸乍起，该当何罪？”

却不料这对母女并不惊慌，妇人厉声斥道：“巫教以赶尸为名，贩卖黑货，以牟暴利，世人不知，焉能骗我？”旋即目视四周，幽幽一叹，手持鬼魅双环刀，猛然跃起，恰似大鸟，疾扑丑人。丑人高叫一声“婆娘寻死！让你见识铁面判官白英笔法”，手持精钢锥刺，扑面相迎。

那妇人身形疾快，手中刀铁环交错，杀气阵阵，迫得白英顾此失彼，手脚慌乱。正于此时，就听一声鬼嚎，数名“僵尸”齐动，手持蜡杆蜡剑，围攻红衣少女。那女子亦有武功，手持峨眉秀剑，左推右挡。见“僵尸”助战，妇人担心女儿安危，稍一分心，便被白英一阵猛攻，形势陡转。

李白正欲出剑解围，顿觉身后有冷气骤至。李白一记“月光回照”，反手一剑，身后黑影扑地。李白不顾身后已经受伤的乌衣人，大喝一声，一招“月临大江”，剑气扬风，直逼白英。妇人见有人相帮，撇下白英，跳入“僵尸”之围，与红衣女子联手抗敌。白英岂是李白敌手，未及数合，钢锥已被震飞，龙彩剑直抵他的咽喉。李白喝道：“还不住手？”众“僵尸”见白英被执，皆伏地求饶。李白见母女无恙，挥手放了巫教之众一条生路。白英亦不捡钢锥，仓皇而逃。回首适才偷袭之人，也早不见踪影，草地之上只遗下数点鲜血。远处传来：“巫教与你势不两立，李白小儿，早晚取你性命。”回声很远，渐渐平息。

待巫教之众远去，红衣少女自古藤飘然而下，立于妇人身边。二人面向李白施礼，妇人道：“秦娥感谢英雄解围。”

李白见妇人武功非凡，不由心生敬重：“晚辈李白，路见不平，拔刀相助，理应如此。”话音刚落，红衣女子却笑道：“可是诗文传唱蜀地的李白？”李白见那女子婀娜多姿，美丽万方，不由看得呆痴，忘记作答。那女子又笑道：“想来绝非是吟诵《巴山词》《侠客行》的李白！我母女明明帮他，他却不知！”

巫教已知李白剑术精进，明攻难料，故而截住秦娥母女，以僵尸阵引住李白目光，以便背后偷袭。施袭之人是巫教三大护法之一：乌金剑客石林。石林研习下浣浣花剑法，已是剑中高手，以为背后偷袭李白，必能成功。剑出一瞬，不料被一白猿扯住身子，反被李白反手一剑，刺成重伤，险些送命。李白离开剑阁幽谷后，恩师赵蕤暗着白猿护送。李白不知这些，却知女子所言非虚，不由面带窘色，向母女施礼道：“晚辈李白，承蒙相助，不胜感恩，请受一拜！”少女嫣然笑道：“于桃红面前，还敢妄称晚辈！”秦娥亦笑。

李白心旌摇曳，道：“晚辈确是曾写下《拟恨赋》《妾薄命》的李白。数日前，辞别恩师，今出剑阁，正欲回乡。”女子接道：“背与我听，方能信你。”李白不知何故，在此女面前，尽失平日孤傲，应命而诵《妾薄命》：

汉帝重阿娇，贮之黄金屋。咳唾落九天，随风生珠玉。
宠极爱还歇，妒深情却疏。长门一步地，不肯暂回车。
雨落不上天，水覆难再收。君情与妾意，各自东西流。
昔日芙蓉花，今成断根草。以色事他人，能得几时好？

李白常年于深山学艺，不曾接近女子，当其背至“君情与妾意，各自东西流”时，不觉脸红。

桃红闻听，轻声附诵：“‘以色事他人，能得几时好？’果然好诗，果然好李白！”话音未落，已是满面羞涩。

见二人相答甚契，秦娥道：“此地离长江还有数天路径，道途坎坷，不如结伴而行。不知太白意下如何？”李白闻言心中大喜，“我有夜明雪龙驹，

离剑阁初逢桃红

此马受力，刚好用来驮运行囊。”实际上，李白与秦娥母女所去的方向相反：李白出剑阁向南，去嘉州；秦娥母女向北，走渝州。李白有桃红为伴，不觉神清气爽，故意拣幽静之地，绕道而行。桃红心知，亦乐意相随。

李白渐知秦娥母女来自长安，回剑阁故里省亲。不想多年未回，家人已散。秦娥少时入京，随公孙大娘习剑，后入大唐梨园舞剑。成人之后，与一边将为妾。数年后，丈夫战死边关，秦娥再入梨园。桃红初成，秦娥不愿女儿再入梨园，乃万里寻亲，一路艰辛，只为桃红归宿。却不想家人已散，倍添哀伤。秦娥路途之中，无意获知巫教阴谋；又知李白面目俊朗，诗剑无双，故而设法自入僵尸阵中。如此，剑阁巧遇李白。秦娥见李白、桃红琴瑟和谐，不由心中欢喜。

白日里，李白、桃红诗文呼答，抑或李白授剑法于桃红，或桃红弄箫起舞，为李白诗剑助兴。黑夜里，桃红母女入帐，李白就于帐外，为她守梦。

一日，李白见桃红困乏，于帐中小憩，便独自背弓携剑，入苍苍古林寻猎。半晌方回，却不见了桃红。李白寻到一山洞之侧，只觉洞中幽然清凉，不由伸首向洞里观望，岂料洞中突现木棍，直袭李白。李白猝不及防，向后便倒，跌下洞外深谷之中……

原来洞中有泉，清澈甘洌。桃红见李白出猎，便来到泉边，入水沐浴。女儿怕羞，于野外偏僻处常备木棍，以防不测。李白不知，贸然探首，洞中无光，桃红未及细想，一棍掷出……

李白一声惊呼，身体下坠，摔于谷底，昏迷过去……

眼前雾霭蒙蒙。忽然间，一道金光掠过，雾散瘴消，复现碧空。李白觉得有白鹿奔来，驮着自己，腾空而起，扶摇直上。转眼之间，已至陌生之地。

远处青山如黛，祥云缭绕；近处，龙飞凤舞，鹤啼鸟鸣。李白身披彩虹霓裳，长袖飘舞，乘着祥云，飞向天宫。

忽听仙乐齐奏，一队仙姬迎面而来。紫衣仙姬遥见李白，欢声叫道：“长庚星主，多日不见！”李白愕然相顾，唯觉似曾相识。

“天凡相隔，星人对应。”紫衣仙姬又道，“人间李白，字太白，天上之长庚星主。”李白听其名，熟悉又陌生。

“我于天庭演练一舞，名曰《霓裳羽衣曲》，观之动容。星主大才，可为此曲填词。”紫衣仙姬言毕，就听仙乐顿起：白虎鼓瑟，青鸾回车；玉佩叮当，花坞春晓。紫衣仙姬舒袖而舞，美不胜收，素手揽彩云，意兴展歌喉：

酒仙不在天，飘落在人间。
咳唾吐天风，挥洒舞群山。
荡舟银河渡，骑鲸白云边。
再会是何日，待诏天宝年。

闻紫衣仙姬乐舞，李白心底澄明。自乘鹿升天时萦绕于心的困惑，豁然开朗：我是李白，长庚星主！紫衣仙姬让我观乐舞，以求填词。心中大喜，高声应道：“无言描绘此舞之美，此乐之妙！”

众仙姬相视一笑，挥手李白，乘彩云而去。云雾散去，眼前耸立奇门玉廊，上书斗大“南天门”字样。

李白见紫衣仙姬于门内含笑而视，不由向前，却被力士拦住。“时辰未到，不得入内！”

李白豪气顿生，挺胸欲闯。力士大怒，手举紫金锤，厉声斥道：“惧此锤否？”

李白道：“何惧之有！”

紫衣仙姬亦道：“有何惧也！”

力士喝道：“太真仙子，不得造次！”

李白心中一动，已知紫衣仙姬名叫太真。

太真仙子接道：“偏要造次，能奈我何？”

“快撒手去，坠入红尘！”力士高叫一声，“咄！”紫金锤劈头落下，顿见雷霆万钧，霹雳交加，山崩地摧，日月无光。李白和太真双双直坠……

李白大叫一声，兀自醒来。梦中分明听见仙姬呼“长庚星主”，亦清楚记得“太真”、“力士”、“仙姬”，自己亦觉神奇。曾闻母亲言，梦见长庚星入怀，感应而生自己，莫非真乃天上星宿？天生我材必有用！吉人自有天相！李白心念至此，不由提起精神，于涧谷底沿溪流前行。至溪流拐弯处，一阵香气自溪旁的洞中飘出。

李白俯身洞中，顿觉冷气扑面，酒香袭人。洞中有一石窟，杂花缤纷，鲜果罗陈，酒香自石窑升腾而起。李白饥不择食，餐花食果。一顿狼吞虎咽之后，又见花果下酿成一池好酒，汲而饮之，芳醇甘洌。心想荒野之中，竟有如此天地造化之功！心中欣喜，豪气顿生。不由连连汲饮，将一池果酒罄尽。片刻，李白酒意翻腾，昏昏欲睡。醉眼蒙胧之际，不经意间，却见一双绿眼闪动，正朝洞中打量。

李白顿觉身上寒意陡生。洞口亮处，一张似人非人之面向他逼视而来。李白喝道：“何人于此？”却听“吱——”一声尖叫，怪面之物迅速退出洞口，匿于苍林。李白以剑护首，爬出洞口。洞外杳无一人，只有远处高猿长鸣，哀啭久绝。李白按剑而立，举目四顾，但见谷中隐隐透着杀机。

李白凝神远望，一只苍头大猿居于凌空古柏之上，纵声长啸。数十只猿猴从四面奔来。李白方悟：适才所饮，乃花果猿酒。数月前，自己在剑阁草舍与白猿对饮的，即是此酒。据《六朝志怪》记载：黄山老猿能以花果酿酒，酒极甘洌，醇厚无比。故常有山人寻此佳酿饮之。老猿若见池酒枯竭，必聚殴伤人。李白心道，黄山老猿能酿酒，剑阁白猿亦能酿酒。自己重伤之余，对付数只苍猿尚可支持，对付群猿则难。看来今日在劫难逃。李白急提精神，仗剑而立，以静制动。

一只苍猿自树梢飞身扑来，李白举剑相迎，那猿急忙闪身，躲过剑锋，退入林中；又一只苍猿扑来，李白一招“推窗望月”，苍猿已被剑气所伤，哀号而退……李白连续击退数只苍猿，已是气喘吁吁，大汗淋漓，头晕目眩，体力不支，不由得叹道：“今日贪杯之过也！”

忽然，就听一声长啼，古柏之上，白猿若一道光芒闪现。猿群呆立不动，啼声不绝。李白见到白猿，长剑叮当落地，热泪盈眶。白猿依着李白身边苍藤，哀唏久绝，声彻空谷。啼声刚止，树枝攒动，猿群怏怏退去。谷中又复静寂。李白体力难支，仆然倒地……

不知过去多久，李白醒来，桃红抢入眼中。“太白醒来！皆是桃红不好。”李白见桃红将自己拥于怀中，声声哭诉，反而闭上眼睛，任其轻摇不动。“我于泉中洗濯，想让你见干干净净的桃红，不想误伤于你。”桃红泪落如雨，打湿李白胸襟，“太白醒来，我无意伤你。你若死去，桃红断不独生！”桃红哀绝，李白不忍，不由眯眼笑道：“桃红若有意伤我，李白愿死于桃红怀中！”桃红听李白接话，已知李白早醒，不由责怒，将李白自怀中推出，“欺负于我，不知羞臊！”李白不顾身上疼痛，反手将桃红揽入怀中，道：“君名桃红，我名李白。桃红李白，俱为佳木，次第绽放于东风，相望结实于仲夏。‘投我以桃，报之以李，投我以木瓜，报之以琼琚。’”李白双目生辉，爱意荡漾，已将桃红融化。

“我于泉中，听你坠崖呼叫，衣裙不整就和母亲寻你。”桃红梨花带雨，轻轻啜泣道，“我绕道谷底救你，山道崎岖，竟行三日。好不容易见你，群猿却将你我分围，多亏白猿相救。三日里，我知道爱你入骨，牵肠挂肚，痛彻心扉！”言毕大哭。“从此之后，切莫弃我！我若死去，就化作一枚相思红豆，种你心里！”桃红边哭边道，竟然昏厥。李白连忙生起火来，怀抱桃红，泪流满面。

秦娥见到火起，片刻已至。三人吃下热食，支起帐篷，深深睡去。李白紧搂桃红，生怕梦中飞走。是夜，宿鸟几度惊飞。

江水滔滔，船工号子时断时续传来。李白三人已离长江不远。李白、桃红已经醒来，二人相拥，脉脉相望，偶尔抬眼看着东方：长庚星愈升愈高，光芒如水。“那是天上的李白，那是你天上的家。”桃红幽幽道，“不知天上我的家何在？”

李白忽然想起昨日大梦：紫衣仙姬、太真、五彩葡萄架下的大河……轻声接道：“长庚星就是你天上的家！”太阳升起，霞光万道。少有的晴天使李白诗思盎然。桃红见状，不由得笑道：“此情此景，佳人佳木，太白岂无诗情画意？莫非必得美酒方可？”

“我已饮醉！”李白长吻桃红，高声歌道：

佳木下成蹊，东园桃和李。
祥云吹羽燕，次第擎花枝。
五月南风起，甘甜成果实。
谁知甘果里，孕育几多诗?

桃红低头静听，面含羞涩。秦娥亦于远处浅笑，并招呼李白、桃红莫被早露打湿。太阳升起，阳光穿过苍藤古木，照着李白、桃红，映出一方幸福之地。

忽然，空谷之中飘来一阵悦耳的琴声。秦娥闻之色变，望琴声处叹道：“知道你来，只是不知来得如此之快！”

话音刚落，远处树梢人影一闪，转瞬已至眼前。此人鬓须苍然，面容消瘦，向李白施礼道：“在下大唐梨园之主李龟年，久仰李白才名！长安市井常有歌女吟唱《长干行》《妾薄命》。今日老夫为梨园清理门户，幸勿见怪！”于是，转向秦娥，厉声道：“岐王府第，毁琴罢演；崔九堂上，纵火焚屋。你可知罪？”

秦娥垂首应道：“自是相逼而起。达官贵人视民如草芥，更视女子为玩物。秦娥不允，不得已而为之。望班主垂悯。”

“我亦知梨园弟子守规，做出破格之事，必有原委。”李龟年叹道，“自你逃走之后，岐王风霜刀逼，梨园不宁！我作《忆秦娥》《调寄忆秦娥》曲牌，传遍大江南北，让你知晓曲中之意，迷途知返，以正视听，还梨园以清净。何以不回？”

秦娥手指山涧清溪，哽咽道：“你见这山中之泉，在山水清，出山水浊！”

“话虽如此，然今日必随我回京！梨园不宁，皇上震怒。龟年无奈，千里苦寻！”李龟年叹道，“梨园善才曹英，一日无绪，竟唱：‘弹不尽悲伤感叹，唱不尽兴亡梦幻，凄凉满眼对江山！’被大内侍卫当场杖毙！”

秦娥无奈，收拾眼泪，向李龟年跪求道：“我随班主回京，任罚任杀，只求放过桃红！”

“梨园规矩，唐律所定。梨园之后，仍入梨园之谱，龟年怎敢擅法？”

秦娥闻言，泣道：“求班主看我师父穆、曹二善才的薄面上，放过桃红！”见李龟年执意，秦娥暗中突施杀招，袭向李龟年。“好生无礼！”李龟年一声大喝，手中胡琴翻飞，如雨如瀑，迎秦娥而去。李白、桃红正在踌躇，李龟年已将秦娥伏住。

李白知秦娥曾受天大委屈，不由上前言道：“一人做事，一人担当。求前辈放过桃红！”

李龟年道：“梨园之规，不可擅破，除非能为梨园做一件大事。”

李白接道：“莫说一件，尽管讲来！”

“李白才华，名动京城。若能为梨园填两首新词，便留下桃红。”秦娥见李龟年有意施恩，不由止泪，“班主，就出题目，别太难为李白。”

李龟年道：“《忆秦娥》乃我旧曲，想必听过；《菩萨蛮》乃是西域传来的曲调，适才琴声中奏过。以此二曲为谱，请填新词。”

李白略一思索，已成新词。

忆秦娥

箫声咽，秦娥梦断秦楼月。

秦楼月，年年柳色，灞陵伤别。

乐游原上清秋节，咸阳古道音尘绝。

音尘绝，西风残照，汉家陵阙。

菩萨蛮

平林漠漠烟如织，

寒山一带伤心碧。

暝色入高楼，有人楼上愁。

玉阶空伫立，宿鸟归飞急。

何处是归程，长亭更短亭。

“果然好词！”李龟年叹道，“两阕好词救下二人，是李白的恩情！桃红留下，秦娥随我回京复命。龟年自当与大内说项，从轻发落秦娥。”桃红眼见母亲离去，不由垂泪。

李龟年又拱手李白道：“桃红托付与你，好生照看。青山不老，绿水长流，后会有期！”言毕，携秦娥飘然而去，转眼已消失在林海之中。

桃红望着母亲远去，扑身李白，泪雨缤纷。“母亲已去，人间就你一个亲人。”李白望着远方苍茫，幽幽言道：“欢愉时短，惆怅时多。苍天为证，李白终身不负与桃红百年之约！”

桃红闻言羞道：“我于即日起，插高钗，挽发髻，为君妇。”

李白轻轻言道：“我辞别恩师，出剑阁返故里，再应友人之邀，前去江陵。途中相遇，改变路径。苍天佑我，李白桃红。”

桃红笑道，“再去何处，全随夫君。”李白道：“我欲回乡辞亲，再去远游。顺便将我终身大事，禀告双亲。”二人边走边谈，片刻已至江边。

二人就近登船，沿江直下，出剑门关登岸，一路快马，数日已至嘉州。李白安置桃红居于驿馆，好生安抚，自己催动夜明雪龙驹，回到青莲乡。

三·仗剑去国

庭院依旧。

李白拜见双亲，将益州拜谒、剑阁学艺等事项，一一道来，最后又道："出剑阁，识女子桃红，人面桃花，知书达理，儿已倾心，全凭父母做主。"

李客笑道："《诗经》有云：'桃之夭夭，灼灼其华。之子于归，宜其室家。'李白桃红，对仗工整，莫非天缘？"李白闻言，欣喜不已。李客又道："我与彰明县令交厚，白儿可回家完婚，再去县里任主簿，勤勉上进，以求功名。"

李白却道："我善养浩然正气。父母养儿二十余载，居家所与交往者，不过邻里乡党之人；我所游历之地，不过千里。不见名山大川，怎能登临送目，豁我视野，拓我胸襟？诸子百家之书，虽无有不读，然书皆古人陈迹，何足以激发志气？士生则桑弧蓬矢，射乎四方，大丈夫必有四方之志！我意仗剑去国，辞亲远游，以求奇闻大观，以知天地之大！以期进为管、葛，退亦鲁、连！”

李客点头道：“人之所学，若无大志，多而何用？我儿大才，诗剑已成。今番出川，我便由你，登高望远，养胸中大志，以不负双亲养育之恩！然而，你已年过二十，既已有意中人，何不婚后出川？如此，也可安慰你母亲的心。”

母亲漂氏闻言接道：“何日我儿成家，让为母欢心？”

李白正色道：“儿虽不才，然家乃天下！大丈夫于天地之间，尚无一事利天下，尚无一功于社稷，何以家为？”

李白一句“家乃天下”之语，足使父亲震撼。李氏一族毕竟流淌着皇族的血脉，李白的豪气再次唤起父亲内心沉睡的梦。李客不由朗声道：“白儿所言极是。待我儿挣下功名，成家不迟。只是出川路途坎坷，世间之路、功名之路更是荆棘密布，望我儿一路好走。”言语之中，不由流下热泪……

闻兄长归来又将远去，妹妹月圆心中酸楚。李白将益州所见一一道来，亦将吴南近况告知月圆，月圆垂泪不语。李白安抚小妹道：“去岁丹砂回青莲，吴南转诗‘思君如满月，夜夜减清辉’，为兄亦是感动。无奈赵家乃世交，恐父亲不便推托。”

月圆闻言收泪道：“兄长既知吴南，可将此诗烦转。月圆不管父辈之事，亦不愿父辈过于为我劳心。”李白读月圆回赠吴南之诗。诗云：

燕草如碧丝，秦桑低绿枝。
当君怀归日，是妾断肠时。
春风不相识，何事入罗帷？

诗中所言，春思绵绵，使人动容。李白默读一遍，竟感同身受，不由怜惜小妹道：“我去与父母言。”

李客闻听李白所言，初始震怒，继而叹息道：“赵家与我家交契甚厚，不忍背约。况如今赵家破落，安能予人以嫌贫爱富的口实？此事从长计议，我不逼月圆出嫁就是。”

得兄长回话，月圆破涕为笑，欢欣道：“兄长放心远去，我于家中代你尽孝。只是兄长归来之日，莫要只带回桃红一人。”

李白笑道：“我不忍妹妹断肠相思，必携吴南同归。”

言及桃红，李白心中惦记万分，遂于家中稍作停留，便欲登程。

闻李白将出川，漂氏扯其衣襟，流泪叮嘱一番，亦不再阻。李客是夜密语李白，告知身世。又托出祖传龙泉宝剑交于李白，嘱咐道：“为父年迈，已至残年。此剑托付与你，以期我儿建功立业，光耀门庭！我有好友史真人，居于峨眉。出川之时，可绕道代我拜望，必有教于你！”又派管家李毕乘船于水路接应；着丹砂与李白同行。李白自旱路经绵州向西至峨眉，再折东而进；李毕携童仆田承光、武飏、杨宪乘船，自嘉州而下，相约于渝州相会。

李白催动夜明雪龙驹匆匆而行，日暮已抵嘉州，见桃红不遏一腔相思，欢喜涕泪。知李白双亲愿纳自己为媳，桃红一夜好梦。

千里峨眉，巍峨高耸。李白叩开山门，却言史怀一法师云游未归。“峨眉风光无限，何不趁此秋光怡情？”接待道士见李白风采似仙，盛情挽留。李白亦不推辞，卸下行囊，与桃红、丹砂沿山路向上攀爬。行至山腰，忽听对面山顶飘来歌声：

茫茫大梦中，惟我独先觉……

清风生虚空，明月见谈笑……

闻声望去，就见云中一人，头戴草帽，身披葛衣，手持药锄，于山顶采药。李白闻其歌声，认定必是仙人，欣喜叫道：“仙人何为？”

"山中采蒲。"一阵云烟升起，人影不见。

李白放眼四处，见山崖上，菖蒲高不盈尺，叶似巨剑，中开青花，圆润丰厚。丹砂登崖，取数根菖蒲掷下，清香四溢。一阵风过，云烟过去，仙人复现。

"菖蒲何用？"

"服之益寿延年。"仙人又道。白云突起，山顶雾罩，仙人已隐于云中。

李白神思向往，久久不去。日暮，月出东山，甘露降临，李白怅望对面山顶，仙人已无影踪，只好怏怏而回。

怀一法师云游方归，知故人之子前来，就于禅房抚琴等待。琴声清幽，如涓涓细流，如春雨无声。李白在禅堂之外，心有所动，不由吟道：

客心洗流水，余响入霜钟。

不觉碧山暮，秋云暗几重。

琴声闻歌而止。禅门轻轻打开，怀一法师面容慈祥，邀李白入内。李白施礼道："晚辈今欲出川，家父遣我前来，言法师必有所教。"

"已老矣！诗剑皆废，无以言教。我存有两卷书，不知有益否？"怀一法师转身，自皮匣取出布包，小心展开，竟是《陈拾遗诗文集》及《峨眉剑谱》。怀一手托包裹，郑重道："前无古人，今有来者。开盛唐文风，千古垂训，必太白也！"

"前不见古人，后不见来者。念天地之悠悠，独怆然而涕下！"李白言道，"可是写下此诗之人？"

怀一接道："正是此人！天生大才，诗剑双绝，仗义敢言，言之必切时弊，故而常遭小人构陷，大志难展。居丧期间，为射洪县令段简罗织罪名，加以迫害，冤死狱中。此人乃我师兄。师弟乃峨眉剑法传人，闻之悲凉，手刃段简，远投突厥。其弟子众多，良莠不齐。闻听江湖上，巫教仙坛之主峨眉剑侠丁孟，即为其徒。若遇此人，可代我转言，万望其重返峨眉。太白仗剑去国，江湖游历，莫与江湖教派纷争，教派少至千人，多者数万众，耳目众多，诡计迭出，防不胜防，务必于心！”李白闻听此言，醍醐灌顶。

怀一起身焚香，面容肃穆，再语李白道：“我亦知贤侄视诗文为余事，谬也！”怀一手持布包交与李白道：“文章光芒千古，断非余事！此乃子昂遗卷，交付于你，开一代苍凉沉郁、激烈昂扬之文风，摒六朝浮艳轻佻之藻饰，回归风雅，非你莫属！文章千古，断非余事！”

陈子昂诗，一扫六朝诗文萎靡浮华之风，颇富英豪被抑之气，令人喟然生叹。李白不由心中暗道：“将复古道，舍我其谁？自当尽力，力鼎大唐文坛不衰！”李白余暇遍读陈子昂遗卷，又将昔日华丽不实之作弃之。再做诗文，心中必暗合陈子昂为文“骨气端翔，音情顿挫，光英朗练”之要，有感而发，言之有物，回归风雅，以求大观。

再研《峨眉剑谱》，剑法空灵飘逸，招数变化无穷，心中默默记下。李白方知父亲所言不虚：怀一法师所教，受益终生。

李白与桃红、丹砂在峨眉山盘桓数日后下山，至清衣江边登船。月光下，忽见山巅上仙人再现，身背药匣，手持药镬，月下采蒲。李白不由高声呼道：“仙人何名？”

“道中之人，元丹丘。”仙人挥手道，“岭上白云，松间明月，无往而不相逢！”

“莫不是白云子的高足、道中才俊元丹丘？李白之幸！”仰山而言，船已划出。李白立于船头，望月而歌：

峨眉山月半轮秋，影入平羌江水流。
夜发清溪向三峡，思君不见下渝州。

李白一行乘船，自岷江顺流而下。有桃红相伴，盎然情趣，不觉已抵泸州。

刚刚弃船上岸，便接到卫使程智娇的飞鸽传书，言其已至渝州，邀李白有要事相商。未及停歇，李白便飞马直趋渝州。

见李白前来，程智娇道："飞鸽传书，事关重大。太白出剑阁时，重伤了巫教护法石林。巫教传谕各处，纠集好手，要在太白出川的途中以报前怨。又知巫教韩凤携图经丰都、荆门、江陵折向洞庭，交给买主。我意太白可与吴南同行，携卫府兵士缉拿谋逆，一者建功于朝廷；二者铲除巫教余孽，还自身以清净。不知太白意下如何？"

"江湖骤急，树欲静而风不止！"李白叹道，"我无意于江湖，却与巫教结怨，欲罢不能！今日之势，李白焉有不从卫使之理？"

"巫教之人，虽行为诡秘，多鼠窃狗盗之徒，不必惊惧。"程智娇又道，"朝廷新任渝州刺史李邕，与我交厚，不知可否愿与之一见？"

"莫非是名动天下的'三绝'李邕？"李白惊喜。

正是诗文、书法、篆刻皆佳的李邕！李白闻李邕大名久矣！益州曾见其所书的云麾将军碑，取势纵长，凛然有势；书法苍健，剑拔弩张。骨力存于风神之中，形胜寓于笔画之间。李白听程智娇愿为引荐，当即摘新作数篇，誊为行卷，前去刺史府衙拜谒渝州刺史李邕。

李邕自巴南查巡刚回，争求书碑的人络绎不绝，皆手持黄金珠玉，仗势而来。李邕疲于应付，困倦不堪。当李白持行卷见礼时，李邕心不在焉，随手翻览：

妾发初覆额，折花门前剧。
郎骑竹马来，绕床弄青梅。
同居长干里，两小无嫌猜。
…………

李邕读着，不由皱眉，对李白面带讥屑道："闻你诗名久矣！然读书作诗，为天下人明大道，而非拘于私情，嘤嘤而歌。”

李白却道：“‘老吾老以及人之老，幼吾幼以及人之幼’，诗必有情有感而发。”

李邕道：“乡里小曲，难登大雅。”

李白知其未读完行卷，就一首短诗而论，不便争辩，缓和口气道：“刺史大人是书碑大家。我听说当朝书法家欧阳询，一次骑马郊游，偶然遇见晋代书法家索靖的手迹碑刻，他在马上观看，觉得平常；离碑而去，他又复返再看，渐得其味；下马再看，竟得其妙，细观三日不去。大人何不再读拙作数篇，以得全观？”李白初入世途，不谙“谒大官、见长者、待师儒”的礼仪，又兼少年气盛，故与李邕话不投机。

李邕面带愠色不语。旁侧小吏插言道：“大人公务繁忙，无暇诗情余事。李白大才，何不呈诗长安翰林，以得拔萃而出？”李白闻言，俯身草就一诗，呈于李邕书案，长笑而去。李邕观看：

大鹏一日同风起，扶摇直上九万里。
假令风歇时下来，犹能簸却沧溟水。
世人见我恒殊调，闻余大言皆冷笑。
宣父犹能畏后生，丈夫未可轻年少。

诗中李白自喻鲲鹏，自信自负；又言孔子尚知后生可畏，李大人更不能轻视于人。李邕读毕，又急忙展开李白的行卷，细细读来，心中惊叹：“李白文采斐然，豪情冲天，老夫不及也！”遂迁怒小吏，急忙派小吏去寻回李白，不想李白已经走远。李邕只好叹道：“李白再来，必亲迎之。今日我之过也！李白风华绝代，狂傲不羁，必犯小人，人生坎坷！”

李白略带失望之色离开渝州刺史府，骑马直抵嘉陵江口。他的管家李毕，家仆武飏、杨宪、田承光，早已在此相候。管家李毕随李客自碎叶归蜀，是李白至亲；杨宪、武飏幼时即入李家庄园，随李客学艺多年，与李白至交。唯有田承光数月前流落青莲乡，李客听其“家中蝗灾，父母皆死，只好乞讨为生”之说，心中存恤，又见其聪明，便收为家仆。田承光巧言伶俐，很得李客欢心。只是李白见他心存奇巧，目光游离，心中对他略有不喜。

李白和他们相见，也不多话，携桃红、丹砂登船，大船驶入长江，扬帆直下。

听船桨咿呀之声，看船尾鸥鸟翻飞，李白笑对桃红：“可知江鸥如何化成？”桃红摇头，李白述道：“古时，巴东船夫欧伊与妻甚相爱，每次出船打渔，他的妻子江鸥必立于巴山顶上，日夜望归。一次欧伊出船，突遭风暴，船触礁沉没，江鸥立于巴山数日，不见夫归，知其不归，就泣血三日，自山顶纵身跳江。她跳江的一瞬，风雷顿起，一道白光闪过，江鸥化作飞鸟，翱翔大江之上。故而，江鸥追逐行船，声声‘欧伊’……有诗歌道：‘巴水急如箭，巴船去欲飞。十月三千里，郎行几岁归。’”

桃红明知这是李白信口拈来的故事，闻之仍不免动情，目光润湿。李白连忙安慰道：“江中行船数日，恐你烦闷。”桃红接道：“夫君若觉烦闷，我为你歌。”桃红手持银钗，轻点船舷，然后嫣然一笑，“此歌为我幼时所学，歌名《杨叛儿》，唱不好时，请勿见笑。”然后，启丹唇，亮皓齿，轻声唱道：

暂出白门外，杨柳可藏乌。
君作沉水香，奴作博山炉！

江风浩荡，江水滔滔，山形浮动，鸥鸟翔起。李白与桃红相携，早将在渝州遭遇李邕冷面的不快置于脑后，不知不觉中，已至丰都。

江北丰都因汉代的方士阴长生、王方平在此悟道，白日升仙，被世人称为“阴王之地”。传言，人亡而魂魄不散，需入丰都领取阴司路牌，方能前往冥界。故而，古时巴国别都又称“鬼都”。于此泊船，诸人略带惧色。

“下笑世上士，沉魂非丰都。昔日万乘坟，今成一科蓬。”李白道，“船上生火，你们在此等候，我上岸走上一遭。”

李白又安慰桃红数句，便独自登岸，依照书信的约定，来到好友吴南订下的临江酒馆。李白刚刚叩开房门，便听到数声鬼嗥，二人知道巫教已尾随而来。吴南喜见李白，低语道：“此地乃巫教巢穴，莫贪杯误事！”李白笑道：“龙彩宝剑，久未出鞘！”大敌当前，李白、吴南皆不提私事，只是临窗闲话，不觉日暮。

风声突起，顿闻呜咽之声！

酒馆正要关门，就见一群乌衣人携带利器，匆匆而来。白英为首，手持乌亮的判官锥，迎面裹风而来。李白跃身而起，一招“推窗望月”，早将面前酒桌掀起。钢锥力猛，酒桌应声而碎，木屑横飞。李白抵住白英，吴南与数个乌衣人相斗。李白连让白英三招，高声道：“李白断非江湖中人，也不屑为之，无意间得罪巫教，其中缘由各有对错。我今日已让出三招，以期干戈平息。”白英竟不答话，手中的判官锥兀自划个不停。

旁侧一乌衣人叫道：“在益州鳌山上杀我教众，又在剑阁伤我教护法，怎可轻易放过你！”李白见白英的判官锥攻势凌厉，招招夺命，只好出剑，龙彩剑施出数招，势如奔雷，迫得白英连连后退。吴南见状，精神抖擞，长剑如银蛇狂舞。伴随接连的哀号之声，三名乌衣人已中剑倒地。怎奈巫教人多，李白、吴南虽武艺卓群，无性命之忧，却也难突出重围。酒馆伙计见酒桌杂物皆已被毁，抱头狂号。店主早已夺门而出，号叫着前去府衙报官。

见白英一招“饿虎扑食”奔袭而来，李白凝神定气，突施一招“月上东山”，白英躲避不及，右臂中剑，钢锥叮当落地。巫教诸人见他中剑，皆已惊慌，正想退去，忽听一声暴喝，斜刺里一人手舞乌铁剑，势大力沉，如轮而来。吴南急提长剑相迎，两剑相交，霹雳火闪。吴南久战力乏，顿觉双臂发麻，长剑险些格飞。

来人狞笑道：“卫府高手，不过如此！”正是巫教护法石林。

见吴南危急，李白奔下白英，挺剑直刺石林。石林返身回剑，两剑相交，一声霹雳，银光四溅，方知正是敌手。二人各施平生功夫，石林剑沉，如乌云压顶；李白剑妙，四两拨千斤。只见剑花飞溅，尘土荡扬。吴南已被巫教教众围困，只有招架之功。

危急之时，就听呐喊声此起彼伏，如雷滚滚，远处灯笼火把拥来，卫府甲士与官府衙役蜂拥而至。

“石林已见李白剑法！今日就此别过，后会有期！”言毕，一手持剑，一手拎起白英，飞奔而去。巫教教众闻听一声鬼嚎，仓皇夺路遁逃。卫府甲士呐喊着四处缉拿余孽。

见官兵已至，巫教教众已去，李白忽然心中惦记桃红，便与吴南匆匆作别，惆怅满腹，急忙返回江边的大船。

未及船边，李白大呼“桃红”，连叫数声，不听人应。李白的心瞬时如置冰窟。

丹砂见李白浑身血迹，踉跄返船，不由惊道：“主人安好？”

李白道：“无恙！主母何在？”

丹砂大哭：“主母不知何去，四寻不着！”李白顿觉晕眩，料想必有变故！稍一定神，手拽丹砂胸襟，用力摇道：“发生何事？”丹砂哭道：“今日主人登岸后，见主母忧戚，田承光便戏言主人于家早有妻室，并背诵主人《长干行》为证。‘十四为君妇，羞颜未尝开。低头向暗壁，千唤不一回……’”

“后来怎样？”李白打断丹砂，“到底如何？”

丹砂连忙接道：“田承光一句句深情诵出，主母闻听，羞愤交加。加之，杨宪随声附和田承光，又风言风语，说主人不知从何处寻一梨园女子，声音好听。我力阻不住。主母闻言，冷笑一声，面目痴呆，冲出船舱。小人慌忙而出，拼命解释，怎奈主母对你情深至专，竟迷心窍，执意登岸。小人与武飏合计，主母聪慧，清静片刻，必解其中的蹊跷。却不想主母一去两个时辰，仍旧未归。管家不安，令我守船，他与武飏、田承光、杨宪上岸，正在四处寻找。”

李白长叹一声：“可知主母去向？”

“主母沿江向下走去。”

李白不语，急忙换掉血衣，飞步登岸，沿江寻去。

李白沿长江堤岸走有片刻，忽见一条偏僻小径，径通大山。那山高约千仞，怪石林立。山中丛林密布，风声呜咽。时有磷火幽现，望之心惊。莫非桃红走进了平都山？李白仗剑而行，独自来到大山深处。正想回身，就听不远处有人叫道：“何人胆敢擅入仙地？”

“我乃李白，寻人至此。若有冒犯，还望恕罪！”

不想那人闻听，厉声叫道：“来得正好！”托地一声，高高跃起，剑光突闪，杀气顿至。李白侧身腾挪，躲过一击，施出太白醉剑，与那人战在一处。二人各施绝技，数番往来。李白见其剑法精妙，空灵至臻，已得峨眉剑法精要，不由抽身问道：“英雄何人？”

“仙坛之主，峨眉剑侠丁孟！”

“可识怀一法师？”

丁孟闻言惊诧，止下长剑：“你何以知恩师？”

李白接道：“我于峨眉辞别法师之时，他有语：‘若见丁孟，让其速回峨眉！’”

丁孟知其见过真人，不由低叹：“峨眉常在梦中！”

李白冰清之心，已知丁孟必有苦衷，便道：“君有侠士之风，决非歹人，焉何跌入巫教淤泥之中？”

丁孟苦笑：“李白旷世之才，焉何又与巫教纷争？”

忽听山后风声突起，人影攒动，丁孟高喝：“诸仙散去，我一人必擒李白！”丁孟示意，李白回神，双剑并举，又战在一处。待风声渐停，人影渐息，二人止剑。丁孟叹道：“误入江湖，悔之恨之！今与太白交剑，势不得已。教主之命，焉敢不从？去岁自韩凤携众落败鳌山后，巫教上下皆知李白，故而剑阁设伏，护法亲临，不想反被太白重伤，险些丧命。我虽知太白决非卫府之人，然卫府之众，名不经传，唯有李白名声鼓噪，若为巫教所杀，必扬名于江湖！护法令我在此率仙坛之众，专待太白入瓮。今放太白，丁孟必死！”

言语虽轻，李白已闻弦外之音，不由叹道：“怀一法师知你我生死相搏，必痛心不已！不若合力一处，脱身漩涡，岂不为上？”

丁孟自幼随怀一法师峨眉习剑，情同父子，闻李白之言，不由踌躇。丁孟为师叔巫教副主“人鬼将军”诱入教中，去岁，丁孟携仙坛之众血洗川南巨富欧阳家，名噪江湖，为官府缉拿……

李白见状，又道：“法师必知丁侠困厄。其言让你速回峨眉，必有缘由。况此去峨眉，快马只需数日。”

丁孟默思良久，拱手李白谢道：“多谢太白传信，大恩无言！丁孟今日离教后，将隐于峨眉不出。”

“我寻爱妻至此，恐其为巫教所害，还望相告太白巫教内情，便我行事。”

丁孟闻言，徐徐道来……

“三年前，巫教于丰都立教。此教乃自胡天祆教化出。太白必知西域传来的祆教，又称为拜火教、火祆教。祆教源于波斯，以世上唯有光明与黑暗之分，教众崇尚光明。五胡乱华之时传入中土。我朝仁厚，今于长安设立专官‘萨宝’大祭司引领信仰祆教的胡人。

“祆祠有叹明界文，道其教义，设七天使，对应光明、服从、智能、天则、虔敬、权威、完美之美德；又设日月星三大护法，以传教义。

“巫教自胡天祆教化出，以汉人为主，崇奉神灵，倡导‘千精万灵，一切神祇皆所废弃，以西方光明为最高之神，呼为光明之神’。神像是一个粗壮汉子，腹大如斗，脚下七星；发髻散乱，胡须周扎；面目为光晕所照，恍惚不清。其身后一妪，苍发碧眼，被称为太上大道圣母。教规森严，教义简单。言天下将乱，大难将至，唯有光明之神方能拯救黑暗世界，引领众生至遍地金沙之极乐彼岸。隐有与当今朝廷对抗之意。然各级官府以为此教乃皮癣之疾，遂使巫教渐成蔓延之势。此教分三坛：鬼坛、人坛、仙坛；教众分叫：鬼卒、人者、仙众。鬼坛之主玉面判官韩凤，浣花剑法了得；人坛之主乌衣游神黄伦，八棱铜锤力猛；我为仙坛之主。鬼坛专司赶尸走脚，走私官府禁运之物，获取黑金；人坛专司施蛊驱鬼，迷惑人心，博得利物；仙众多方士游侠，专司劫杀复仇，以索酬金。三坛各有数百之众，耳目众多，声势浩大。巫教擅于灭迹隐形，故而世上只闻其声，不见其踪。三坛之上，为鬼、人、仙护法。鬼护法乌铁剑客石林，巨剑力沉，势不可当；仙护法了然道人许纪，手持金刚拂尘，武功卓绝，又善妖术；人护法不知何人，想来亦是了得。巫教副主只知其来自突厥，久居长安。虽未见其人，我却总有似曾相识之感，闻名'人鬼将军'。巫教之主，不知何人，必尊贵至极。天下大势，无不于其掌控之中。三坛坛主、护法武艺如此，可想二教主之功，必出神入化矣！”

李白闻言，如梦方醒。巫教之势，远非自己所想。黯然道：“太白无意江湖，亦不屑江湖。无奈今陷泥沼，何日可出？”

峨眉剑侠宽慰李白：“今日一战，鬼卒为官府缉拿百余，其余鬼卒，皆三五成群散于各地，不足为虑。只是鬼坛之主下落不明，须多存戒心。仙众为我所募，自我离去，必作鸟兽而散。人坛之主黄伦，亦正亦邪：正时为正人君子，凛然可人；邪时为愚蠢小人，可笑滑稽。此人若见太白，说不定会化敌为友。唯鬼、人、仙三大护法，皆负盖世武功，实乃劲敌，不可小觑。此有巫教独门解蛊之药，赠与太白，必有所用。”

丁孟最后道：“未闻巫教拿获什么女子，想来你的爱妻必是迷路。太白可去郊外找寻，应是无虞。”李白闻言，心中略感宽慰，接过解蛊药囊，小心揣入怀中，与丁孟依依作别。

此时，天已放亮，李白困乏不堪，寻思桃红是否回船，提起最后力气，向泊船之处急步而去……

四·结义云隐

太阳初升，霞光万道。平都山风声已息，数声鸟鸣，更显天地静寂。李白一夜未眠，踉跄踏上江岸。远远望去，却见自己的大船已经开拔，至江心处回旋。正疑惑中，却见丹砂飞奔而来，口中哭诉："田承光劫船而去！"

管家李毕携武飏、杨宪慌忙皆至，对李白搓手顿足道："主母未回，我与田承光、杨宪上岸，四处寻觅，不见踪影。夜深返船，不由责罚田承光，并言主人若回，必不放过他。不想这厮见你未在，突施杀招，击伤杨宪，急欲劫船而去。丹砂、武飏联手与其争斗，无奈田承光力大，武艺不凡，皆不能敌。见势不妙，我只好趁其打斗之际，将马匹行囊移至岸边，以待主人。"言毕大哭。

田承光独自驾船，已行至江心。见李白已回，停船高声叫道："我乃平州卢龙人氏，巫教人者！本欲携你人头晋礼，四寻不着，遂至青莲。出川以来，几次杀机被你觉察，令我无功而返！早晚叫你必死我手！”一声长笑，扬帆而去。

李白大怒，本欲觅船追赶，又恐桃红回来失之交臂，不由气血攻心，加之困乏不堪，一阵眩晕，仆然倒地。

一晌大梦……

待李白醒来，已是午后。丹砂端来饭菜，李白草草几口，高呼：“将酒来！”连饮数碗，已略复往日神态。“主母可回？”诸人摇头。李白叹道：“必有变故！”看武飏、杨宪伤势无碍，遂着李毕、杨宪就地等待桃红，李白携丹砂、武飏沿江再去寻找桃红。

三人沿着江岸直下，行走数里，已出丰都。至一片芦花荡中，远远就听见激烈打斗之声。李白心中一紧，仗剑而入。不是桃红，而是吴南正与一群突厥武士生死相搏。吴南见李白仿佛从天而降，惊喜叫道：“太白来得正好，快来助我！”

李白正值盛怒，龙彩剑一招“飞鸿惊月”，剑芒飘雪。太白醉剑荡开，势如波涛。丹砂、武飏亦拔剑相助。突厥武士眼见吴南乏力，却不想增兵骤至，形势突变。只听一声羌笛，突厥武士如风而去。吴南收剑，向李白拱手谢道：“多亏太白来得及时，吴南险些丧命！昨日一别，我率卫府甲士缉拿巫教余孽，已缉百余之众。适才见白英踪迹，一路追来至此，不料陷入突厥武士包围之中。突厥远在千里之外，何以至此？”

李白心知定是巫教教主得知卫府至丰都缉拿教众，暗中所派。然此时李白心系桃红，无心与吴南细述，只好敷衍道：“定有缘由，亦有水落石出之时！”吴南急于回丰都搬兵，二人只好匆匆作别。

李白三人继续沿江找寻。脚步声惊起沙鸥，沙鸥振翅而飞，李白心中只道沙鸥引路，急急追去；沙鸥鸣叫着，飞向天空……江中帆船驶来，李白唯恐船载桃红而去，急呼“停船、停船”，船夫见李白三人手中持剑，驶帆船如飞而去……

落日熔金，暮云合璧。一只失伴鸿鹄于江上飞啼，对面高山时有野狼长嚎。李白口中喃道：“高山、大江，可知桃红身在何处？飞鸟、落日，可知桃红是否饥寒？”

李白累乏，此时静静躺在荻花丛中，桃红昔日一颦一笑，历历在目。想桃红之面容、背影，想桃红之话语、歌声，李白惆怅百结，面对星月，轻声放歌：

日色欲尽花含烟，月明欲素愁不眠。
赵瑟初停凤凰柱，蜀琴欲奏鸳鸯弦。
此曲有意无人传，忆君迢迢隔青天。
昔日横波目，今作流泪泉。
长相思，摧心肝！
我卧荒丘空长叹，桃花如面隔云端！

月光清辉洒在江面，盈盈缺缺，明明灭灭，月亮照过多少悲欢离合！江风微微，涛声阵阵，李白累了、倦了……

桃红对李白情深至专，闻听田承光、杨宪闲话，联想李白上次独自回乡，置自己于嘉州驿舍不顾，莫非李白真有妻小于家不便？桃红自幼于幽谷长成，不历人世风情，哪知世间尚有“父母之命，媒妁之言”之规？梨园女子之说，更使自己悲从心来，不由泪流满面，踉跄而去，不辨方向，不觉走去数里。待太阳落山，月亮升起，桃红方止脚步。

舒口长气，静下心来，回想与李白在一起的时光，李白对自己情深意笃，没有半点矫情，聪慧的桃红马上回过味来：定是小厮胡闹！桃红不由惦念起李白，急忙返回。刚才只顾哀伤，竟忘了路径，桃红只好跟着感觉赶路，却不知方向已反，又至天暗，愈走离丰都愈远。待其行至一个村庄禾场时，已知路途走错。无奈夜已更深，桃红困乏至极，心系李白，依着草垛本欲稍作歇息，却不觉睡去……

阳光照着禾场，照着桃红梨花带雨之面，有人惊叹：“天降仙女于此！”

桃红闻声而起，见一膀大腰圆之人，目若鹰枭，明亮狡黠。其身后数名突厥武士也正望着桃红大笑。桃红心中惊惧，双手按紧腰间护身峨眉刺。那人笑道：“仙女勿惊！我乃大唐边关平卢将军安禄山也。奉旨江南游春，于此得遇仙女，莫非天作地合之缘？”

桃红听其言语轻佻，语音滞重，又是边关重将，冷冷应道：“我非仙女，乃一民妇。还望将军放我回去，丈夫必定心急！”

安禄山放声纵笑，“上天欲将你予我，安能不取？”遂跨步前来。

桃红惊怒，手中峨眉秀剑接连刺出。安禄山虽身体胖大，却灵活至极，左右腾挪，一一化解桃红攻势。片刻，桃红已是香汗涔涔，气喘吁吁。见势不妙，桃红连刺数剑，抽空脱身，飞奔而去。突厥武士停下笑声，意欲催马直追，安禄山挥手不允。

望着桃红奔向山林的背影，安禄山笑道：“天空轻捷百灵，躲不过雄劲苍鹰；林间善跑小兔，脱不掉虎狼之口！”言毕，一个箭步蹿出，向桃红追来。

半个时辰之后，二人距离愈来愈近，桃红情势危急。猛听见安禄山自身后狂叫：“何人施袭？快现身来！”桃红侧目一看，不知何时，一蒙面黑衣人手持梅花金刀，截住安禄山厮杀。那人亦不答话，刀刀不离安禄山要害。安禄山未携兵刃，只好左右招架。桃红借机远去……

又走数里路径，一片如霞杏花林展于眼前。林子边缘，青草如铺，散着几头悠闲水牛。一身材修长的少年，脸上覆着几片花瓣，躺在草地吹笛。笛声清幽，婉转悠扬。听到脚步声，少年停止笛声，站起身来，面庞英俊之中透着稚气，正朝桃红微笑。

少年一笑，桃红放心。神经略已松弛，顿感饥肠辘辘。遂面带窘色，低声言道："我自远方来，小弟能否给点饭吃？"少年道："姐姐，请随我来！" 少年遥指一片花海遮掩的小村，"前面杏花村！"桃红道："杏花村，此名好听！"少年道："庄人更好，放心随我去！"

花树环绕村庄，垂柳依依，鹅浮清塘。在一道竹篱墙边，一位妇人正于院中晒杏。所晒之杏皆去年之物，霜打日晒，个个透着紫红。见儿子和一位女子回来，她急忙放下手中筛子，欢喜起身，打开荆扉，让二人进来。

妇人道："适儿，这姑娘真美，到咱家门之时，顿觉眼前一亮，莫非远方贵客？"少年道："姐姐不知打何处来，只是腹中饥饿。"桃红道："自江上来，到远处去。我名桃红，冒昧打扰婶子！"妇人道："快请吃几枚晒熟的杏子，我这就去烧汤做饭！"遂冲桃红一笑，折身厨房忙乎。桃红手拈一枚紫杏放入口中，甘甜滑腻，一时间忘却种种烦恼，笑生双颊。待用过汤食，桃红不觉深深睡去……

不知何时，天降细雨，高适不再放牛，坐于院中草棚下，吹起笛子。远处响起数声鸠啼，近处又闻庄中犬吠，桃红不自觉走出屋来，用心听笛。一曲《陌上桑》，热烈欢快；一曲《菩萨蛮》，缠绵清丽。这些曲子桃红甚是熟悉，昔日于巫峡深谷之中，母女终日寂寞，秦娥就无数遍吹奏这些曲子，以解幽怨。桃红听着，恍惚回到往昔，不觉以歌和韵。

待雨渐歇，天已将暮。桃红心系李白，难以安心，遂向高适母子辞别，桃红动情道："小女终生不忘恩德！今有急事要去丰都，不知路途怎走？"

妇人道："此去丰都尚有数十里路程。天已将暮，还望歇息一晚。"见桃红面带焦灼之色，执拗要走，妇人叹道："你来时有贼人追赶，恐未远离此处。"

桃红惊道："婶子怎知？"

见不好隐瞒，妇人只好道："我即是今早行刺安贼之人。姑娘有所不知，我夫乃平卢参将高云逸，其秉性耿直，忠心报国。去岁安禄山屠杀边民邀功，我夫条陈安贼于朝廷，为其忌恨。遂构陷其私通契丹之罪，将我夫杖毙狱中。

我母子避祸至此，只想高适成人，为父报仇。”妇人起身，略抚情绪，又道，“近闻丰都巫教起事，亦闻巫教与安贼勾连已久，恰安贼奉旨游春此地，天赐良机！今日清早，我出村寻贼复仇，至山林处见你危机，急忙出手相助。不想安贼武功甚高，虽伤其臂，难取其命。待突厥武士赶来，我只好弃贼回村。”

桃红闻言，不由泪流满面，遂将李白与巫教纷争，自己何以至此一一道来。最后桃红泣道：“我恐李白心急如焚。”高适母子闻听此言，不便再阻，桃红趁着月光，独自上路。

桃红轻轻走出村庄，顺着村边小路默默前行。四周静寂，村庄于睡梦之中，偶尔一两声犬吠，使天地愈发寂静。唯有自己脚步之声，沙沙轻响。

“天赐美人，今无路矣！”声如惊雷！黑暗之中，自路边杂林深处，突然蹿出数条黑影，挡住桃红去路。“我已等待多时！”安禄山挺腹大笑。

桃红大惊，手持峨眉短刺，反手对着自己胸口：“是你！恶贼为何不死？”寻思安贼肯定放自己不过，若逃不掉魔爪，当场自刎，决不受辱。

安禄山大笑道：“我于千军万马之中，纵横无敌。一个小小蟊贼，能奈我何？”中气十足，一脸得意。于此夜深人静之时，引起远处村庄一阵犬吠。

“安大帅乃光明之神，洪福无边；更兼文韬武略，武艺高强。若非大帅慈悲，那贼人已做鬼魂。”一个声音连忙附和。桃红闻声顿觉熟悉。

“田承光！无耻小人，叛主之贼！”桃红怒道。

“我是巫教人者，吾兄是安大帅帐下猛将田承嗣，俱为安大人驱使，何谓背主？可惜未能取下李白首级。”

“背主之贼，不知廉耻！”桃红羞愤，正不知所措，就听安禄山一声顿喝“有贼！”身法快若鬼魅，将张木梁一把推开，早有一束梅花针打在地上，闪着幽光。

安禄山叫道：“高云逸乃尔何人？快现身为其报仇，莫失良机！否则，我等去矣！”

“安贼，速拿命来！”两条黑影飞纵而出，手中刀剑直逼安禄山。“果然是你，‘梅花妙手’陈杏梅！今早我已见你手段！”安禄山瞬间避过刀剑数击。

来人喝道：“安禄山奸贼！不思皇恩，暗控邪教，图谋社稷，罪该万死！今朝与你新仇旧账一齐了结！”

桃红听见声音，叫声“婶子！”正是杏花村高适母子！桃红手持峨眉秀剑，怒向安禄山刺去，忽觉身后有冷风袭来，急忙回身相迎。田承光欲在安禄山面前邀功，使出平生本领，与桃红战在一处。陈杏梅手舞梅花金刀，如影随形贴着安禄山，刀刀不离要害。安禄山不时以双肘相接，金刚护肘铮然有声。虽无兵刃，安禄山仍以怪异迅捷步法，躲避攻击。那边，高适荡开塞外八式剑法，与张木梁及三名突厥武士搅作一团。

天色微明，人形依稀可辨。桃红峨眉剑法不弱，已迫田承光下风。见安禄山背对自己，桃红顿觉杀贼良机，抽身一剑，奋力直刺过去！安禄山等剑刺将近，将粗胖身体霎时一闪，桃红收剑不住，竟刺向陈杏梅！于此电光火石瞬间，陈杏梅硬收脚步，强回刀路，虽未伤及桃红，却将破绽露出。安禄山见状，趁势飞起一脚，正中陈杏梅！田承光见状，急忙挺剑来刺，桃红跃身而起，峨眉秀剑刺出，正中田承光右臂。

陈杏梅受伤倒地，形势突变。安禄山大叫一声：“尔等还不乖乖受缚！”高适眼见母亲受伤，飞身相救，背后张木梁长剑袭来，高适头亦不回，一招反剑凝平生之功，正中张木梁前胸。

“快跑！”陈杏梅受伤倒地，其临敌经验极丰，知桃红、高适二人斗安禄山不过，于是大声喝道：“休要管我！快跑！方能为母报仇！”桃红与高适闻之大哭，分路而去。

安禄山于桃红身后，紧紧追赶。

桃红已至大江之岸，前有茫茫大江，后有凶残虎狼，桃红一咬牙关，从江岸崖壁上，纵身跳入滔滔江水之中……

桃红负气出走未归，田承光卧底又脱逃，使李白身心憔悴。酒醒之时，暗自垂泪。夜幕降临，小船划至一个回水湾，岸边萤火飞舞；江水拍打岩石，嗒嗒之声，如同锣鼓。乌云遮月，风声已起。船夫道：“只好在此泊船，等天明再行。”李白执意上岸，众人只好跟随。丹砂小声道：“雷雨就要来临，主人还是等天明再找寻主母。”

李白斥道：“如此电闪雷鸣之暗夜，主母孤身于外，我岂心安？”遂大踏步向前走去。顷刻间，倾盆大雨从天而降。李白独行大雨之中，狂呼：“桃红、桃红……”

“有鬼！”一童仆惊呼。

又一道闪电划过，借着电闪，李白、丹砂探头相望。

大雨如注，桃红醒来，见人狂歌，闪电之中认出竟是李白，遂不多想，飞身踉跄而至，叫声：“冤家！”两泓清泪便夺眶而出。此刻她多想告诉爱人数日来离别之苦，却无力诉说。众人急忙回船，丹砂趁机调些流食，李白扶着桃红，一口口亲手喂送。桃红口中着食，目光盯着李白不动。自那清澈眸子里，李白已读出桃红的一片痴心和委屈，不由泪流满面。

天色微明，桃红已略显精神。她偎依在李白胸膛，向李白低诉着数日离别之凶险。最后，桃红调皮一笑：“若不是自幼在江边长大，恐早已被江水卷走。”李白静静听着，紧搂桃红不放，唯恐松一下手，会再次失去她。闻听桃红担心高适母子安危时，李白高叫着：“回船，回船！”

船夫不情愿地拨转船头，扯起风帆，溯江而上。约行数里，忽见江岸上有人向小船招手狂呼：“救人！救命！”此人身上皆是血污，竟是杏花村牧童高适！

李白忙着小船靠岸。未待小船泊稳，桃红已纵身跳下，飞奔过去。高适叫声“桃红姐”便放声大哭。

“快说其中是何缘故？你二人又怎逃至此地？”桃红急切问道。

高适哽咽道："姐姐逃走时，安贼紧追你不舍，我娘则由田承光及三个兵士看守，形势又有转机！"

丹砂抬头问道："什么？田承光投靠安禄山？"

李白道："你休多言，救高大娘要紧！"

高适继续道："趁贼人不备，我起身背娘而逃！田贼追来，亦被娘用梅花针击退。我二人逃回村子，刚为娘疗伤敷药，贼人复至！安贼亦至！只好再次奔逃。安贼点燃我家房舍，恐怕正在后面追赶。"

李白道："切莫悲伤，料那安贼不久便至，我等于此相候！"

高适向李白拜道："若能杀死安贼，便是我重生至亲！"

"你我同心协力，誓杀安贼。"李白言毕，和桃红、丹砂一起，连忙上前查看陈杏梅伤势。

丹砂一声憾哭，众人知陈杏梅已逝。高适扑向母亲，放声恸哭，桃红亦呜咽不止。于一片伤感声中，忽然有种声音窸窣传来，李白听出玄机，悄悄吩咐众人："拿出兵器，准备迎敌！"

话音刚落，沿江灌木丛中钻出二十余名大汉，为首者正是安禄山。

安禄山此次又调二十亲兵，原计划是将高适母子赶尽杀绝，不留后患，没想到遭遇李白等人，遂着手下人埋伏，突然袭击。眼见偷袭不成，准备强攻。

正欲厮杀，忽听江边一株粗大的槐树上传来笑声。安禄山兵士应声发弦，一片"嗖嗖"箭响。但见树枝攒动，落叶纷飞，却不见树上动静。弓箭手劲射一阵，不见有人，疑惑望着安禄山，等待指令。安禄山大喝一声："再射！"但闻鸣桑弓，不见有人来。安禄山久经沙场，不曾见过如此武功卓绝之人物，能挨住弓箭攒射。

高适抽出长剑，急欲上前厮杀，却被李白拉住："你且去照料婶子后事。"遂右手拔出龙彩剑，左手拾起酒壶，口中道："烈士击玉壶。"

树上有人应声：

“壮心惜暮年！”

“临故须重酒。”

“上阵须半酣。”

“三杯拂剑舞。”

“直为斩楼兰！”

树下、树上的二人一问一答，作诗联句，根本未把大敌放在眼中。朝廷命官、沙场骁将几曾这样受人奚落？安禄山怒火冲天，以怪异身法，大喝一声，直向李白扑来。

李白虽在饮酒，却早有防范，举剑相迎。李白不知安禄山手段，略有轻敌之心，只挡住胸前飞舞刀光，却不曾防范安禄山收刀时的白蛇吐芯之连击，幸亏手中还拿着酒壶，向前一拦，避其刀锋，躲过致命一击。李白心中暗叫“好险！”方知安禄山确非凡人！安禄山一击之后，抢占上风，后招连绵不断，如风似浪，招招阴毒，更兼其身法环生，太白醉剑只能勉强抵挡。

忽然，安禄山大叫一声，止刀扯身便逃。众人看时，安贼背上已插进一根槐枝！他刚逃出数步，背上又多一根槐枝！此时众人方看清楚：树上的老者力道奇大，树枝如流星赶月一般。安禄山身法奇快，惨叫几声，便消失在灌木丛中。其手下兵士亦仓皇而逃。远处传来安禄山一声长啸：“安某不报此仇，决不回平卢边关！”中气十足，回音久长……

桃红仰头问道：“为何不杀他们？”

树上之人答道：“我只管救人，从不杀人。”

丹砂向树上拱手道：“感谢前辈相助，敢问高姓大名？”

树上之人道：“不须言谢。姓名却要你们去猜！猜对便有相见之缘；猜错，就此别过。”李白道：“请前辈出题。”老者吟道：

北山白云里，隐者自怡悦。

姓及圣人第，名随江风烈。
相望始登高，心与雁飞灭。
曾载轩圃酒，题诗重阳节。

众人苦思冥想之际，李白以手弹击长剑，朗声应道：

吾爱孟夫子，风流天下闻。
红颜弃轩冕，白首卧松云！

李白话音刚落，老者大叫一声："好！吾正是孟浩然。"只见一长者从树上飘然而下，身材适中，体格雄健，满面霞光，气度不凡。

李白款步上前施礼："多谢相救！"

孟浩然笑道："吾见你才思敏捷，有屈、宋之才，故而出手相救。你何以知我？"

李白道："师旷闻弦歌而知雅意。我闻诗首联、颔联而知隐者是'白云四隐'之一。大隐隐于酒，乃四明狂客贺知章；二隐隐于剑，乃是纶巾剑圣裴旻；三隐隐于林，乃是诗药无影孟浩然；四隐隐于肆，乃是霓中仙子公孙大娘。诗中颈联，符合云隐性格；尾联是先生曾作之诗。故知先生乃诗药无影孟浩然也！"

孟浩然叹道："妙哉！锦心绣口，作诗不须七步，满腹经纶，行文倚马可待。实乃奇才！"

李白道："晚生李白，承蒙抬爱。"

孟浩然挥手叫道："休要自称晚生。《大明赋》《峨眉月》诸般文章早已随行云流水，遍播荆楚大地。神仙之语，何人能及？风闻太白诗，已自欣欣然；与太白谋面，更是飘飘然。适才与你诗词酬唱，大慰平生！"他一边说着，竟然手舞足蹈，长髯舞动，"我要与太白结为兄弟，不知太白愿否？”

李白见状，笑道：“既然‘云隐’不弃，李白愿与‘云隐’结为兄弟！江畔逢云隐，鹤发好容颜。”

孟浩然接道：“联诗成妙趣，结义为金兰。”

“片语苟会心，拊掌喜投缘。”

“相约骑白鹿，共游河汉间。”

两人联诗已毕，相视抚掌大笑。

诸人于沿江高丘处葬下高适之母。高适痛哭不止，继而与诸人相辞。高适向众人拱手道：“奉家母之命，将去冀州投奔舅父，来日再会。”又见李白、孟浩然以诗酒为乐，未曾顾及自己此时此刻悲凉、郁愤之心，遂毅然独自仗剑而去，口中吟道：

> 我本渔樵孟诸野，一生自是悠悠者。
> 乍可放歌草泽中，宁堪相伴食言客。
> …………

诗中隐有不屑之气。李白与孟浩然闻听，亦为刚才作诗戏答，全然不顾高适的感受而心生愧意。望着高适渐去的背影，李白对孟浩然道：“此乃俊才，日后必将成名！”

丹砂见主人与孟浩然相谈甚欢，早已忘却时间，不由插言：“管家若知主母无恙，又知主人认一兄长，不知如何高兴才是。”李白忽然想起管家李毕、家仆杨宪还在丰都江边等待桃红，一连数日，不知怎样，只好笑道：“我与兄长只顾谈诗论古，竟忘春秋矣！不知兄长何以至此？”

“我拟去荆门山寻剑圣裴旻。他近日又创一路剑法，呼作‘雪剑飞花’！共有八式，分别叫‘一支独放’、‘疏影横斜’、‘满天星雨’、‘春花秋实’、‘仙子散花’、‘乱花迷眼’、‘万花齐放’、‘落英缤纷’。八式之中，又各有八招，共六十四剑式，凝其毕生心智，想必可瞻。又听‘雪剑飞花’名字有趣，我意寻他饮酒练剑。”

孟浩然言及此处，李白起身郑重道：“我闻剑圣金吾将军裴旻，临阵摧锋，勇冠三军；剑法卓绝，天下独步。太白若随此人学剑，今日安贼必无命矣！”

孟浩然接道：“裴旻性格孤傲，隐退不出，非我荐引不可。天下武学精深，剑法多样。若有剑圣指点，太白醉剑必上层楼！”

李白道：“适才闻剑圣剑法之名，心驰神往。太白欲赋诗与他，还望兄长周全。”李白当即赋诗，将其交与孟浩然，遂与之依依而别。

李白、桃红与诸人乘船溯水而上，日暮，已抵丰都。管家李毕见李白、桃红归来，欢喜不已，急忙于驿馆置下酒宴，欢饮达旦。

李白一场大梦醒来，已是午后，早见桃红手捧鱼汤而入。此时李白已复往日神情，双目如电，气若虹霓。桃红笑道：“我之太白已经归来！”

管家李毕门前探首，李白见其有话，遂道：“可有话说？”李毕应道：“卫使程智矫大人来过，见你酣睡之中，不忍叫醒。走时让我转告主人，他于府衙等你，有要事相商。”

李白闻听，急忙起身装束，携龙彩剑，飞马直抵府衙。吴南引着李白入府衙与益州卫使程智矫相见。寒暄后，程智矫将李白荐于一人：此人精干利落，面容俊美，只是目光游离，魂不守舍。见李白笑道：“太白乃我蜀地之俊才！异日必成大器！我乃蜀地之杨钊！今日有幸结识太白。”

今日杨钊已非昔日！闻杨钊堂妹杨玉环封为贵妃，日见其宠，益州巨富鲜于仲通屡荐杨钊于剑南节度使。杨钊为人机巧，善于奉迎，未及时日，便出任剑南道贡使之职，专将蜀锦运往长安。杨钊顺便以贡物为名，搜罗西南名花异草、翡翠珠宝，源源不断送往长安，遍贿达官显贵、内臣外戚。玄宗知杨钊之名，内外一片赞颂之声。贵妃见时机已到，方告知玄宗，杨钊乃其兄也！玄宗惊喜，于含元殿召见杨钊。见其堂堂一表，应答自如，尤擅理财之道，玄宗意欲封赐，为贵妃假意婉绝，杨钊暂留宫中。一日，玄宗与贵妃姊妹后宫掷壶，杨钊立于旁侧，口算筹码，又快又准，玄宗不由大喜，谓之“皇家之财神！”玄宗见其名“钊”字，暗含“金刀”，以为过刚，钦赐其名“国忠”；再封剑南转运使，赐紫金鱼袋。受皇上如此大恩，杨国忠无日不思立功于朝廷。

益州卫使程智矫知巫教势大，恐卫府难治，密告杨国忠。杨国忠闻听，顿觉天赐大功，遂引亲随百人，乘官船至丰都。

程智矫将李白如何与巫教相斗，如何相救吴南等事项，仔细告于杨国忠。杨国忠不由另眼相看李白。“提三尺剑，立不世功！果然文武两样，蜀地之大鹏也！我必荐于皇上，以展太白之才！”

杨国忠本欲闻听李白感恩赞颂之辞，不料李白却道：“若得为辅弼，必奋其智能，以期寰宇大定，海县清一！”

杨国忠本来起自小贩，家境破落，历经沧桑，裙带舞风，方有今日。虽有狼子野心，行事却如履薄冰，闻听李白狂言，不由心道：“狂妄至极！此人入朝，我等何为？”口中却道：“太白豪气如虹，令我震动。今随程大人力平巫教乱党，有功于朝廷，可喜可贺！”李白哪知官场奉迎之辞，不由欣然，于府衙酒宴之中，聊陪末座。

酒宴散去，李白于僻静处，向程智矫详告巫教内幕。程智矫闻之心惊！再闻当今皇上宠将、大唐边塞要将安禄山已至此地，恐与巫教牵连，更是不安。遂连夜面见杨国忠，如实禀报。

杨国忠闻听此事，不由言道：“我于长安之时，尝闻朝廷所议安禄山其人。谓其母乃突厥将军安波注之嫂，鬼灵机诈，为突厥法师，崇信祆教。其数年不育，乃于战神之山——晕扎山祈求，应而怀孕；生安禄山之时，霹雳交加，狂风大作，若猛虎出山之状。其母以神应而生此子，又谓之光明之神。安禄山成人之后，勇冠三军，屡立功勋，为幽州节度使张守珪所喜，收为义子。后有犯过，引军惨败高丽，张九龄丞相欲以严惩，曾谓：‘乱天下者，必此胡也！’本欲杀之，却为皇上以‘其心若忠，可戴罪立功’所赦。安禄山貌似憨直，其实为人机巧，通晓九国六蕃之语，熟识大唐各地地理、山川形势。近年来，因安禄山带兵征讨奚里、契丹有功，故深为皇上器重，谓之大唐屏障，安边长城。

“‘人鬼将军’乃刘骆谷也，系安禄山心腹之人。此人剑法卓绝，亦有韬略，原为大唐中土之人，后为突厥将军安波注之偏将，代突厥将军居于长安，现任长安‘萨宝’大祭司，专司胡天祆教事宜。自突厥往长安连年车马不绝之贡物，皆由其转送朝廷各处，故而与达官贵人多有交往。我恐其为突厥将军长安之耳目！此人外憨而内秀，行事亦正亦邪，故称‘人鬼将军’。虽说如此，然安禄山、刘骆谷其人，如今备受皇上恩宠、朝廷显贵呵护，你我无能为力。明日，还要丰都府衙官吏出城迎接安禄山。你我陪宴，亦不失朝廷礼仪！”

“属下明白，就去安排。”

见程智矫懂其意，杨国忠继续道：“今知安禄山何以熟识大唐地理、山川形势，原来以巫教教众为各地耳目！若异日为乱，恐难治矣！”

程智矫接道：“蜀地巫教乃由祆教化出，教众多为汉人，尊崇光明之神。今知光明之神乃安禄山也！久之，安禄山必怀异心！”

杨国忠起身踱步，沉思片刻，手擂玉案，冷冷又道：“今日不管巫教是否与安禄山牵连，巫教之众，必速速处死，以绝后患！再派出精干之人，务必拿回山河社稷形势图！”

“程大人，你可知蜀地之要？”不待程智矫回话，杨国忠又道，“蜀中之地，号为四川：以成都为西川，潼关为东川，利州为北川，夔州为南川。中有六座大山：峨眉、青城、锦屏、赤甲、白盐、巫山。其间有金沙江、白龙江、汉阳江，为江之险阻。蜀地地理复杂，有六关可拒：瞿塘、剑阁、阳平、葭萌、石头、百牢，皆用兵之要地，易守难攻，故有‘秦资其富，汉用其财’之说。若有兵起，蜀地乃最后守业之地！蜀地地图万不可落入任何人之手！切记！

切记！”

程智矫插话道：“巫教所盗之图，乃假图也！”

杨国忠却道：“假图亦要全力夺回！只有如此，方能使罪魁信以为真，使蜀地真图更为安全！”

程智矫闻听杨国忠之说，不得不服此人见地。连夜派卫府甲士提出巫教百余教众，于丰都双桂山中，刀砍剑刺，鲜血尽染双桂山下……

李白回至驿馆，正欲歇息，吴南来访。吴南忧心道：“今夜处死巫教教众百人，巫教必然复仇！程大人着我速率精干卫士连夜乘船出丰都，尾追韩凤，务必夺回山河社稷形势图！吴南担心太白安危：巫教复仇，安禄山不肯罢休，突厥武士又不知置身何处，太白又无卫士相护，吴南不忍离去！听我之言，明日天亮，太白务必乘船离开丰都，以免灾祸。我与你相约荆门峡谷处汇合，不知太白意下如何？”

李白道：“今日杨大人之语，令太白感激于心。为大唐安宁，太白不惜此身！若是安贼与巫教牵连，我必舍命刺杀于他！”李白双目如电，大气凛然。

吴南不由苦笑，李白单纯如斯，竟不知官场虚赞实损之辞！杨国忠乃是何人？他若不管轻重呵斥于你，心中不定予以帮扶；若是满口奉迎之辞，心中定存间隙。况李白与巫教相斗，势单力薄；与安禄山相斗，更是以卵击石。

“李白，太白，你不明白！安禄山乃朝廷命官，为皇上所宠；你为草民，与之相斗，唐律亦不赦你！太白，你若知明日丰都城张灯结彩，专迎安禄山；府衙上下设宴，为安禄山接风洗尘；杨大人、程大人和丰都官员满面堆笑，四处奉迎安禄山，你该如何接受？”吴南心中暗道，却不敢相告李白。

吴南只好再次垂泪，泣求李白道：“你我皆为月圆兄长，益州相识，患难与共，已为生死之交！我今日追杀巫教余孽，前途未卜。韩凤、白英、石林皆武艺非凡，加之突厥武士暗中相助。吴南此去，恐难与太白再相见

丰都驿馆吴南泣别

矣！”

桃红亦不由垂泪，闻吴南之语，实为李白着想，不由接话：“太白断不会视将军安危于不顾！我等于此，亦无他事，不若明日一早，相携出丰都若何？”

李白执意道：“若此，巫教找谁复仇？必加罪于杨、程二大人！”其憨性如此，令人唏嘘。

吴南止泪，忙慰李白：“我等乘船离开丰都，实为二大人之安全！虽巫教之众为官府所害，然其所恨者，唯你我也。明早我等离开此地，巫教必追我等而去。你我合力缉拿巫教罪魁，既解二大人之危，又建功于世，不亦快哉？！”

李白闻听，如梦方醒：“太白鲁莽，兄长所言极是！我即着丹砂寻下快船，今夜安睡，明日扬帆，顺水而去！”

五·长江失魂

朝霞东方涌起，太阳照着大江，江面滟滟，江水悠悠。李白、桃红、丹砂、吴南诸人与卫府数十兵士，分乘两只帆船，沿江而下。数日后，船已至荆门山下。泊船望去，青山相峙，高耸入云；苍藤古木，野花罗织；山溪自山顶而下，宛若素带飞舞；峭壁自江底拔出，疑是鬼斧神工。果然是蜀楚咽喉之地！

诸人登岸，吴南携卫府兵士四处搜寻巫教余孽踪迹；李白携桃红直入荆门山中，寻孟浩然而去。诸人相约，五日后于江船会合。

李白、桃红进入荆门山中，沿山径攀缘数里，龙泉洞已在眼前：环水抱山，钟乳缤纷。洞前一片古林，落叶盈尺。二人正在探望，就听洞顶崖石上有人道："天下太平，应以诗文求功名，来此求剑，若缘木求鱼，无以言教！"李白应声望去，就见一人猿臂蜂腰，挺拔若松；面若苍玉，目光炯炯。正欲搭话，那人纵身一跃，已至李白面前。

孟浩然此时不知从何处冒出，一脸汗水，见李白高声嚷道：“太白快来助我！又输裴旻三剑，害我绕洞狂奔三周，而大汗淋漓矣！”李白闻言而笑，桃红亦笑。孟浩然见有女子，急忙扯上衣衫，敛色正容道：“太白伉俪，天地绝配！”

裴旻与李白相见恨晚，道：“我亦爱诗，胜似爱剑。读太白之诗，瑰丽壮观，旷远奇逸，欲罢不忍。我为金吾将军西征吐蕃，北伐契丹，时时欲以诗歌记之，搜肠刮肚，竟不得半句。太白今日前来，定要教我！”言毕，就要行师徒大礼，被李白扯住：“将军剑术无双，‘一身转战三千里，一剑曾当百万师’。恳请收我为徒！”

孟浩然见状，不由笑道：“一人传诗，一人授剑，两不相欠！”

听孟浩然之语，裴旻疑惑道：“太白醉剑已是无上剑法，可比肩剑仙吴子隆之风雷剑法。霓中仙子公孙大娘之梅花剑法尚不能抵，裴旻剑法弗如也！”

李白、桃红已听出孟浩然与裴旻之语必有不实之辞，亦笑望孟浩然。孟浩然面带窘色：“我与太白作别，携诗至此，裴旻玩味诗文：‘百战沙场碎铁衣，城南已合数重围。突营射杀呼延将，独领残兵千骑归。’闭口不提授剑法于人。又言其剑法虽高，亦老于山林，学剑无用，不如习诗。我只好言其剑法不精，太白醉剑高妙无穷，我请太白前来，为其传授剑法。”

孟浩然见诸人皆笑，亦笑道：“今有朋自远方来，裴旻有酒乎？”

三人于洞前林地席地而酒，轮流把盏，言谈甚欢。饮之酣处，裴旻起身舞剑：

“一枝独放”，剑芒如电，直破苍穹；“疏影横斜”，剑气如霜，万物惊怵；“满天星雨”，剑光抖动，如降星雨；“春花秋实”，剑法缭绕，剑锋突现；“仙子散花”，剑如飞蓬，脱手而去；“乱花迷眼”，剑如飞轮，势不可挡；“百花齐放”，剑尖吐蕊，杀气骤至；“落英缤纷”，剑卷残云，风声四起……

只见林枝摇曳，树叶狂卷；林地之中，瞬时顿现一片白地，干干净净，如风吹一般。树叶为剑光旋起，紧紧包裹身影，不识人面……李白、桃红早已看呆。就听一声“咄！”长剑鸣响，掷向天空……树叶飒飒而落，裴旻持鞘而立……忽听一声铮音，剑已入鞘！

一只山雀，中剑落地，哀鸣啾啾！

裴旻剑法竟如此精妙！李白、桃红平生哪见过，不由叹道：“真神人也！”

孟浩然却淡淡道：“此‘雪剑飞花’之剑法尚可入目！只是不知剑仙、公孙大娘又研出何种剑法？”说话间顺势饮下杯中残酒。

剑圣裴旻神定气闲，拱手李白道：“心中磨一剑，只为不平事！大道无剑，仁者无敌，还望太白教我！”

李白无奈，只好趁着酒兴，手持龙彩宝剑，荡开太白醉剑之法，亦是美轮美奂……待李白住剑，孟浩然手舞足蹈，连声叫好。裴旻淡然一笑，轻声道：“太白醉剑剑法虽妙，醉态已足，然剑气未满。大道无剑而非无剑，仁者无敌而非无敌。惩恶扬善，以手中之剑；教化黎民，以心中之剑。仁者不妄杀于人，而非不杀。值此多变之秋，太白醉剑必心剑合一，人剑合一，方可荡涤尘世，再现海县清一。”言毕，复仗其剑，与李白对剑。

孟浩然笑对桃红悄声道：“剑圣裴旻被我激将起来，此人数十年来，从不与人对剑。”得意之情，溢于言表。

二人斗剑多时，至日暮方息。桃红再备酒食，听三人谈诗论剑。裴旻抽出空来，笑谓孟浩然道：“太白醉剑已渐有长进，乃你‘激将法’之功，满饮此杯。五日之后，太白醉剑必有小成！只是太白何日教我作诗？”

孟浩然道：“我乃太白之兄，诗文天下第一，向我拜师可也！”

“诗以言志。你诗皆饮酒、赏花、看山之作，不以为妙。我拜李白为师，方能阔我心胸，激我壮志。”剑圣裴旻见孟浩然不悦，遂向李白道：“‘雪剑飞花’剑法已成。数日后，我回东鲁故里归隐，待太白功成之时，莫忘今日之约。”

孟浩然哂笑道：“你那时就是老翁学诗，日日口诵‘关关雎鸠，在河之洲’，‘以色事他人，能得几时好’，岂不笑煞人也！”

裴旻不由笑道：“老夫聊作少年狂，错把故乡当他乡。”李白、桃红亦大笑不止……

转眼之间，五天已过。剑圣裴旻日日与李白交剑，如此反复，李白剑法忽有凝重之感。五日之后，李白于大醉之中，月下舞剑。十八招剑法舞毕，兀自未住。“月明星稀”，剑挽一线，气如虹霓；“长河坠月”，剑如巨石，力劈侧翼；“月黑风高”，剑声夺人，杀气腾腾；“披星戴月”，剑气笼罩，密不透风；“月光隐隐”，杀机四伏，剑锋幽幽；“冲日破月”，石惊天破，剑如泼雪……

孟浩然大叫一声，手中酒壶砰然而碎，酒溅满身。剑圣裴旻笑道：“太白烈士击玉壶，裴旻壮心惜暮年。千万别伤着老孟！”李白住剑，望着满身酒水之孟浩然，随口吟道：“太白醉剑酒意浓……”

孟浩然应声接道：“气蒸孟浩然，波撼小桃红！”……

翌日，李白、桃红与孟浩然、裴旻依依辞别。归途之中，李白、桃红流连山中风景，日暮之时，方出荆门山，直趋山下泊船之处。

李白、桃红登上船首，见诸人焦虑之色，知道有事发生。丹砂扯李白进入船舱，低声道：“昨日吴南得卫府传信：安禄山未入丰都，携数十亲兵，乘官船沿江直下，穿过三峡，已抵巴东。巫教韩凤、白英携数名鬼卒，于江下数十里回水湾处，歇下船来。吴南已率卫府兵士前去缉拿。吴南要我转告主人，速离此地。”

李白深思片刻，对诸人道：“桃红、管家乘船，与丹砂、武飏、杨宪一起沿江直下，赴浔阳兄长处。我骑马前去相助吴南。”

桃红闻言，泪已垂下：“桃红与夫君生死一起！”李白见其执拗，又想起丰都桃红出走一幕，唯恐与桃红一别，再无相见之时，只好应下。

管家李毕道："出川时，老主人交代，我与武飏、杨宪去浔阳，帮李大经营蜀锦、茶叶生意。如今已耽误些时日，还望小主人同去。江湖之事，与我等无干！"

李白正色道："江湖与天下有关，就与太白有关。吴南乃我生死之交，岂能袖手旁观？可再寻条小船，我与主母另行。丹砂携带我之所需行李，于武昌黄鹤楼等我。"

见主人意决，李毕只好寻下小船，江上月下，与李白、桃红告别。见丹砂诸人扬帆而去，想起仗剑去国、一起出川之风雨，李白不由心有不舍，顿生诗意，口中吟道：

渡远荆门外，来从楚国游。
山随平野尽，江入大荒流。
月下飞天镜，云生结海楼。
仍怜故乡水，万里送行舟。

李白、桃红趁着月光，乘船沿江而下。是夜风起，江风浩荡。李白仗剑立于船头，目视远方。船夫小心道："风高浪急，客官还是回到船舱。"

见李白不语，桃红于舱中言道："还有多远抵至前面回水湾？"

船夫惊道："前面就是！客官莫要于此泊船！那水湾虽可避风，却常有水贼出没，蛟龙显形。客官抓紧船舷，我要扬帆速去。"

江面宽阔，早见几条大船泊于水湾。李白道："于回水湾便利处，泊船等待。"船夫接过李白的银锭，勉强应下。待船停下，李白、桃红跃上江岸，仗剑前行。

"让你再见韩凤手段！"就听一声大喝，一条人影自芦花荡中飞出，手中长剑直刺李白。李白侧身躲过，一声顿喝，龙彩剑已荡开太白醉剑之法，追星赶月，如风似电。数个回合后，太白醉剑突施杀招：“长河落月”，剑如巨石，剑气如雪，泼向韩风。韩风哪知李白剑法突进，急忙举剑相迎。就听一声霹雳声响，韩风手中长剑已生生居中折断，残剑叮当落地。韩风见势不妙，将手中断剑尽力掷向桃红，趁李白分神之际，韩风转身钻进芦花荡，向北而去，李白、桃红紧追不舍。

听不远处江岸上打斗激烈，李白不由放缓脚步。吴南率卫府兵士正与白英及鬼卒交手。见李白前来，欢喜道：“太白来得正好！”李白、桃红只好弃追韩风，双双仗剑，与卫府兵士一起大战巫教鬼卒。鬼卒哪是李白、桃红对手，片刻工夫，已被缉拿殆尽。白英鬼嚎一声，撇下吴南，斜刺里扑向李白。吴南手快，长剑已自白英身后穿胸而过。见益州玉店秦豹亦在其中，吴南不由恶气顿生，不顾秦豹哀求，手中剑起，已毙秦豹。吴南再令兵士收拾战场，将毙命鬼卒就地掩埋，余者皆解往大船。

李白道：“适才韩风于芦花荡中突然袭击，被我击退。”

吴南道：“不必追赶。太白速速离开此地，安禄山大船已离此处不远！我奉卫使之令，先将缉拿鬼卒解往江陵，再回船接应。杨大人、程大人已至江陵，正于府衙等候。太白、桃红，一路小心！”吴南登船，向江陵扬帆而去。

天已大亮。素衣李白、红衣桃红于江岸之上，分外显眼。船夫早已撑过船来，招呼道：“二位客官立于江岸，就像画中之人。”李白、桃红跃上小船，船夫用力以篙撑岸，小船顺水而去。

船行数十里，就听后面鼓乐声起，有人远远叫道：“前面小船停下，安大帅船到！”李白、桃红正于船舱歇息，被船夫急忙叫醒。“安大帅船到！”李白闻声跃起，对船夫道：“贼人至矣！快升船帆！”让桃红躲于船舱，李白回望：一条艨艟大船，高约数丈，三张大帆高悬；船舷垛口彩旗飞舞，船首罗立甲士，刀枪映日。一面黑底红字“安”字帅纛，于船顶迎着江风，猎猎作响。

见小船升帆，船夫奋力击桨，一叶小舟于茫茫碧波中，轻捷如燕，似离弦之箭飞逝而去。大船升起数面船帆，亦加速追来：“小船快停！不然放箭！”

船夫闻言惊惧，望着李白道：“如何是好？我家有老母妻小。”话音未落，官船上的兵士已开弓射箭，箭如雨下，小船已于水中打旋。船夫高叫一声“得罪！”撇下船桨，跳江而逃。大船愈来愈近，人面可见。

“李白小儿，看你何处去！”闻声而望，船头并立着巫教护法石林、鬼坛之主韩风。见李白仗手中龙彩剑独立于小船船头，石林大笑道：“李白小儿，螳臂当车，不自量力！”

田承光亦至船头，上前道：“安大帅海量！爱才心切，让我传话，若李白弃剑归顺，既往不咎！”

“背义之贼，有何面目见我？”李白愤怒至极，高声道，“李白生为人杰，死亦鬼雄！”

“我不与你理论。”田承光接道，“安大帅有话，如若归顺，高官任做，美女尽选！给你片刻工夫，好好思量！否则，撞翻小船，万箭齐发！”

李白已知大难至矣，回望桃红：“今日恐怕难脱此劫！你我弃船，跳江而去。”桃红点头，目中含泪，深情笑谓李白：“桃红无怨，与太白夫君同死！”言毕，桃红自船舱翩然而出。

一团红光突现！大船之上兵士惊见桃红之美，不由悄悄合上拉开之弓！

静寂片刻，就听石林高叫：“时辰已到！放箭！”于桃红跳江一瞬，大船之上一支利箭脱弦，桃红大叫一声，中箭坠江，一绺血线顺着江水蜿蜒而去……

李白一声扯裂肺腑之哀号！不由双目喷火，以手中长剑撑小船船舷，奋力跃起，落于大船船首。咆哮一声，太白醉剑已施出“月黑风高”，剑声夺人，直向石林兜头劈去。石林猝不及防，拔剑不及，忙以手中大弓相迎，剑弓相接，大弓应声而折，龙彩剑顺势已将石林右耳削飞，鲜血淋漓。

田承光挺剑上前，李白侧身一记“长河落月”，剑如巨石，将其长剑震飞，龙彩剑剑尖早已划破田承光前胸，血溅船头。田承光若无护心胸甲，恐已毙命！船上安禄山卫士从未见过如此霹雳剑法，皆颤颤不前。

韩凤无奈，挺剑而出，施平生绝技，与李白战在一处。若于昔日益州，韩凤浣花剑法尚可与太白醉剑一战，只是今日李白剑法得隐士赵蕤、剑圣裴旻点拨，杀气十足，又正值李白盛怒之际，韩凤岂是敌手！十数回合后，就听一声惨叫，韩凤已被龙彩剑透胸而过，瞬时毙命。李白平生初次杀贼，如此干净利落！

石林哀嚎一声，不顾伤势，挺起乌铁巨剑欲与李白拼命，被人喝住，愤愤而退。

“太白醉剑，剑法精妙！”有人喝彩，竟是安禄山！

安禄山端坐在船舱入口处一把虎皮帅椅上，头顶软盔，斜插短雉尾；身着细铠，外罩蜀锦袍。旁侧分立两人，左侧一人：发挽道髻，身披鹤氅，手持羽毛扇，正是安禄山掌书记严庄。严庄曾于匡山学艺，专攻计谋，与李白有同师之分。自其自益州转赴幽州后，为安禄山器重，倚为心腹。李白盛怒之际，竟没将其认出。右侧一人：身高丈余，虎背熊腰，双手紧攥一杆雁翎金刀，刃光熠熠。严庄挥手，示意兵士后退，放下弓箭。安禄山笑道：“我只知李白诗才出众，不想剑法亦如此高妙！何不随我征战疆场，以期封将入相？”

李白双目喷火：“你身为朝廷宠臣、边关重将，不思忠君爱民、报效国家，反倒纵容邪教，私存谋逆之心，罪该万死！快拿命来！”

安禄山道：“我纵横沙场百余战，从无敌手。今逢李白，缘分非浅！最后再劝一句：杀桃红者，乃巫教护法，并非安某，安某不忍杀之！李白若归顺于我，天下美女尽选，大丈夫何患无妻！若不归顺，只有一死！惜哉！”

李白怒道：“休要多言！我与你势不两立，快偿命来！”

见李白意决，安禄山又道：“尔等退下，我与李白刀剑相见。若李白胜我掌中金刀，随他而去，不得阻扰！”言毕，安禄山自裨将手中拽过雁翎金刀，一招“鲲鹏展翅”，直扑李白。

李白急仗龙彩剑相迎，刀剑相交，电闪雷鸣。李白双臂一麻，定神住剑，方知安禄山厉害！雁翎金刀系陨铁乌金锻造，锋利坚韧，乃上古利器！若非龙彩剑，恐剑刃已折。李白吸口长气，随即荡开剑法，与安禄山大战。数十回合后，安禄山春秋刀法愈来愈快，李白兵刃轻巧，难以硬敌，不由险情环生。安禄山见状大笑，以一招“推波助澜”，将李白逼上船舷。

李白无处可退！只好闭目，转身投江……

石林正欲放箭，被严庄一掌击倒。严庄喝道：“莫非你欲使大帅落下害贤的千秋骂名？”

李白被人于后心狠推一把，吁出一口闷气，慢慢醒来。就听人语：“昏迷三日，总算醒来！快取米粥，送他口中。”有人忙碌，脚步不停。李白困乏至极，无力睁开眼睛，亦不愿睁开，只觉有甘甜乳汁绵绵不绝送入口中，直抵肺腑。李白又深深睡去……

再次醒来时，阳光透过窗棂照着李白：憔悴如斯，面如苍纸；眼中星星陨落，空洞无神。李白想翻动身子，但身子仿佛不属于自己，不由轻声呻吟。听到声音，自院落走进一个年约二旬的精壮少年，见李白醒来，上前笑道：“你已沉睡四日，一个好觉！”李白轻声喃道：“此是何处？我怎至此？”

那人暂不答话，转身出去，片刻端来酒食，扶起李白进食。李白稍事养神，渐渐身上有些力气。四处望去，自己正居于一座农家院落，院落干净朴素。李白心中一动，知道自己活着，定是这位男子相救，不由微微探起身来，向那人谢道：“李白承蒙搭救，大恩不言谢。不知恩人姓名？”

那人闻声，面露惊喜，手扶李白道：“你是哪个李白？莫不是大诗人李白？”李白点头。那人更是惊喜，口中连连叹道：“我救下的是李白，李白就在这里！”喜不自禁，手舞足蹈。

李白不由浅笑道：“不知恩人姓名？”

那人回过神来，连忙答道：“我名方湾，字十千，王屋山人，后迁江陵清溪村，居于江边，打鱼为生。数日前，乘船路过虎牙山下回水湾处，远远见有数十水贼打斗。我急忙降帆，悄悄驾起小船，藏匿于芦花荡中。后又见有官船驶来，停留半天方去。我不敢贸然出来，就于芦花荡中歇下，直到翌日天亮，方驾舟而出。那天打鱼很顺，竟捕上两条长江河豚，心中高兴，就想吟诗。当我看见岸上有人放火烧山，火势壮观，我一边划船，一边苦思，总算想出一句：‘野火烧山后，人归火不归。’下面两句却想不出来，只好边行船，边苦吟这两句诗。行至一处茂密芦花荡边时，忽然有人接道：‘焰随红日去，烟逐暮云飞。’诗思奇妙，想象瑰丽。我顿觉遇到仙人，急忙停船，闻声寻去，就见你浑身血迹，手中紧握宝剑卧于芦花荡边，正于昏迷中。四周静寂，就你一人，你于昏迷中竟能对出诗来，你肯定是诗仙！我就急忙把你救到船上，带至我家。你已昏迷三日，迷蒙之中总大呼桃红之名，泪流不止，让我动容。”

李白一听方湾提起桃红，霎时泪流满面，大哭道：“扶我起来，快与我一起，去江边寻她。若见桃红不着，太白断不独生。”

一听此话，方湾大惊。见李白虽然虚弱，尚能支撑，急忙扶着李白，走下江岸，乘着小船，自荆门山下至江陵水湾之间找寻桃红。三日后，李白情伤肺腑，大口咳血。“血溅素衣，顿作桃花。我呕出心来，皆是桃红。”到后来，李白双目泣血，声音嘶哑，已泣不成声……

方湾陪着李白伤心，默默划着小船。江水滔滔，恰似李白心中哀愁；江风猎猎，恰似李白内心的泣血独白。一条大船缓缓驶过，船上有人看见李白伏在小船船舷，落帆停下。正是数日里一直于江上寻觅李白的吴南。见到李白，二人紧紧相拥，百感交集，泪花缤纷。

吴南告诉李白，分手之后，他将巫教鬼卒解往江陵，急忙返船，接应李白。江面上，见安禄山大船直趋江陵，心中已知李白凶多吉少。吴南连日找寻不见李白踪迹，沿江四处打听，却只听过路船夫传言：数日前，一红衣女子跳江时，一道白光闪过，江中涌出一条巨大河豚，托着那红衣女子，乘着彩云，向天上飞去……便想李白未死，又往返找寻不止……

闻听此言，李白心中稍慰。“莫非桃红是桃花仙子？桃红没死，桃红于天上等我。太白曾答应桃红，我亦是她天上的家。”李白念及此处，收住泪水，催问吴南：“可知石林去向？”

吴南应道：“随安禄山大船已至江陵。安禄山接朝廷旨意，不日将返回平卢，征讨奚里。巫教护法可能去洞庭湖君山寻阴阳子辨别地图真伪。杨大人、程大人暗命我率精干卫士，待安禄山离开江陵后，尽诛巫教余孽。”

李白道：“石林亲手射杀桃红，我必取其性命！”李白遂与方湾辞别，登上吴南大船，向江陵而去。

进入江陵古城后，李白于驿馆歇下。数日后，李白逐渐康复，虽神采依旧，却透着沧桑。卫使程智娇来过数次，见李白无心言语，日日复醉，总是怏怏而去。李白知安禄山于江陵别馆安歇，数夜潜伏安贼驿所旁侧，以寻行刺良机。无奈安禄山防范甚严，难以靠近，令李白惆怅不已。

安禄山由杨国忠相陪，于江陵盘桓数日，引亲随返回边关平卢。杨国忠奉旨，亦乘快马，引十数亲兵，远去长安。

卫使程智娇今日特着吴南携来上好酒菜，与李白对饮。程智娇道：“杨大人昨日赴京，临行暗嘱于我，将巫教余孽一网打尽。安禄山一去，巫教之众顿失靠山，皆惶惶不可终日。我已着人四处寻找石林下落，决不让其逍遥法外，太白放心。”

李白道：“我必手刃此贼，以祭桃红在天之灵。”

三人正叙话，就听院外街巷鞭炮声不绝，锣鼓喧天，热闹非凡。“太白可知何人至江陵？”见李白摇首，程智娇道，“大唐三代帝王之师，茅山派掌门、天台真人司马承祯！”

李白闻声而起，惊道：“莫非道中才俊元丹丘之师白云子？”

“正是真人！真人精通古书典籍，道家法术。擅写天书，龙飞凤舞，诗文飘逸。当今皇上对真人极为尊敬，常招其于内殿请教经法。朝廷于骊山之下、灞河之岸，为其修造朝阳观；又于王屋山为其修筑阳台观。皇妹玉真公主亦随其学道。其徒弟之中，人才辈出，皆为国之栋梁。自长安回天台山，真人一路备受小民敬仰，故而香花塞道。真人昨日抵江陵，竟问起太白之名，我等皆惊。太白可作行卷，拜谒真人。”

吴南接道：“天台真人乃当世神仙，定是知太白今日之困厄，前来点化。”

李白心中对司马承祯仰慕已久。师父妙真、赵蕤多次谈起，司马承祯道号白云子，隐居天台山桐柏峰，得道家真传，有长生之道、黄白之术。武后数次征召，隐而不出；睿宗再次征召，虽赴长安，解经论道，备受褒奖，但仍拒不出仕，执意回天台山修道。道友卢藏用劝道：“留于终南山玉霄宫，一样修道，此中大有嘉处。”司马承祯却道：“以仆观之，仕宦之捷径耳！”故有终南捷径之说。玄宗闻之，更是敬重有加，封真人为帝王之师。

翌日，李白沐浴更衣，手持行卷，前往江陵紫极宫——司马承祯所居之地拜谒。闻李白至，司马承祯亲迎而出。李白见状，俯地大礼。司马承祯年已古稀，鹤发童颜，挽道髻，披鹤氅，踏云履，持麈尾，神情静逸，仙风道骨。李白不由叩道：“布衣李白，字太白，拜谒真人。”

“闻太白之名久矣！诗文辞赋，大家风尚。今见太白，果有仙风道骨，可与神游八极之表！”司马承祯赞叹不已。二人随即于后堂论道。李白不问长生之术、黄白之道，唯以老庄之学问之。白云子精通此道，李白玲珑心性，一问一答，相谈甚契。司马承祯见李白崇道重儒，念念不忘匡世济民，不由心中亦喜亦忧。

司马承祯道：“辞长安回天台途中，白云子如同穿越大唐历史。开元盛世催生伟岸壮观，亦滋养世故空虚。世人物欲横流，道德沦落，已至多事之秋。繁荣生成之时，腐烂已经开始。我此次出长安一路所见，我朝处处奢华成风，纲弛礼废，暗流涌动。唯恐大唐民穷财尽，风云突起。”

李白闻言，回想出川以来之际遇，心中暗慨空负才学，报国无门，任大唐江山飘摇直下，无能为力，不由长叹道：“太白空恃才学！今茫然若失，孤独无助，唯嗜酒解愁耳！”

“太白之苦，白云子已知。今日之事，可如此解：太白为大鹏，却于江湖河沟争斗，焉不折翅？大鹏必于浩瀚大海之上，方可翱翔。只是太白不历人间世事，无从入海而已。然天生大才，必有所用，是谓天无遗物也！可潜心修行，伺时而为。桃红女子与君相契，弃君升天，天命如此，不可强求。若日日皆与一女相守，情意无边，何以天下苍生为念？若有济世之心，断不可因一人而忘天下！我观天下，不日必有大乱。太白诗剑双绝，更应熟识韬略之方、用兵之策、御人之术，若能如此，太白异日必大鹏冲天，以展鸿鹄之志。”

白云子司马承祯一席话语，顿使李白热血沸腾，豪气冲天。辞别大唐帝师，回至驿舍，李白如何平静？

是夜，月明如洗，风声轻细。李白于大醉之中，恍惚自己化作大鹏，扶摇升天，五岳激荡……遂手持龙彩宝剑，以剑为笔，于庭院青石之上，酣畅淋漓，歌《大鹏赋》：

南华老仙，发天机于漆园。吐峥嵘之高论，开浩荡之奇言。征至怪于齐谐……

李白唯一所做之事，就是等待，等待来自吴南关于乌金剑客之消息，复仇火焰一直在心中熊熊燃烧。

终于吴南带来消息：“我四处打探，已知巫教护法乌金剑客石林、了然道人许纪去向。”

李白霍然起身，连忙催问道：“恶贼去至何处？”

吴南接道：“二贼结伴乘船，欲去岳阳洞庭湖中之君山，寻阴阳子胡元鉴图。”见李白双目喷火，吴南长叹一声，又道：“程智娇不知何故已被革职，只剩你我合力！”

翌日，李白收拾停当，骑马至江陵清溪村，寻到方湾，道：“今有巫教余孽作乱，盗取大唐江山社稷地图，私通边关要将，图谋篡逆。我欲去洞庭湖擒拿贼人，可否愿意相助？”

方湾笑道：“太白侠士之风！今有报国之机，方湾何惜此命？若千年过去，方湾因太白而存名，因太白而不朽，敢不随从？”言毕，掩上柴扉，为李白、吴南驾船。小船乘风升帆，沿江而下。

数日后，小船已抵岳阳长江码头。江面开阔，帆影点点，忽现一船：船上之人俱着玄衣。方湾眼尖，急忙推醒李白、吴南。二人手搭凉棚，顺方湾所指方向望去，正是巫教仙护法了然道人许纪和乌金剑客石林。

巫教小船显然熟悉洞庭湖水路，穿过蛛网般交错湖汊，于日暮之时抵君山缥缈峰下。石林、许纪却不上岸，着一小厮离船登岸，前去君山之中。片刻工夫，就见小厮引着一人，即阴阳子胡元。

吴南性急，拔出七星剑，暗揣铁弩弓就要登岸，被李白扯住。李白悄声道：“且慢！你我二人上前，巫教人多势众，今日之势，只可智取，不可力夺。”

方湾闻言，自怀里掏出一个青花瓷瓶，自手中晃动，悄声道：“我村渔人，长江过鱼时打鱼，冬天无鱼时打猎。离村边不远的虎牙山上野兽甚多，老虎豹子不好对付，我们就用这个——见血跌地膏。将膏药涂于箭头之上，猛兽中箭，药性发作，便昏迷不醒，如同死去一般。”

吴南接过青花小瓶，取出一些膏药，涂在箭头上。方湾又道：“再过一会儿，你俩上岛，这里就交给我！”

李白、吴南悄悄上岛，于草庵不远的黑暗处，匿下身子，等待时机。

草庵内，灯火通明。乌金剑客、了然道人、阴阳子酒至半酣，李白、吴南见时机已到，先由吴南端起铁弩，向阴阳子咽喉一箭射去。阴阳子果然厉害，听到轻响，身子一侧，箭中臂膀。口中叫道："有刺客！"手中已多出一对黑白乾坤刺，一跃而起，若大鸟扑向吴南，正欲施招，不想口中泛起白沫。混战中，了然道人抱起阴阳子逃走。吴南被石林乌金巨剑投胸而过！李白一记"仙子奔月"，龙彩剑亦穿透乌金剑客石林胸膛！

吴南中剑倒地，胸口鲜血喷涌，依在李白怀里，时断时续道："将我的包裹转送金陵文德桥头吴家。太白不能死，我在天上看着你，大鹏振翅……月圆，月圆，月圆人难圆。月圆，我于天上等你……"

李白放声大哭道："吴南别死，快看月圆与你的书信。"

吴南闻言，手抚胸前伤口，挣扎坐起。李白急忙自怀中掏出月圆之诗，吴南接过，流泪诵道："'燕草如碧丝，秦桑低绿枝。当君怀归日，是妾断肠时。春风不相识，何事入罗帏？'屈指中秋，十分好月。月圆，月圆，我恐月圆人难圆……"吴南声音愈来愈小……

李白回头看乌金剑客石林已死，急忙双臂托起吴南，向山下小船夺命奔去。

方湾见李白托着吴南奔来，已知不妙，遂将吴南平放于甲板，仔细查看伤势。片刻，方湾放声大哭。

方湾和李白将吴南安葬于君山无名峰下。李白临行之时，低语吴南墓前："异日，太白亲至，必使你叶落归根。太白食言月圆，无颜回见，唯恐此生飘零，难回青莲……"

方湾驾着小船艰难而行，船行数日，武昌、汉阳二镇已映入眼底。

六·千金散尽

武昌黄鹤楼位于蛇山之脚、长江之岸。李白辞别方湾，来到黄鹤楼后院驿馆，已是日暮。丹砂见李白归来，欢喜不尽。

丹砂言道："三日前，有一长者登临黄鹤楼，应人所求，即席赋诗。酒客皆蜂拥而至，极尽恭维之词。那长者却道：'我有一弟李白，字太白，诗文瑰丽壮美，豪迈不羁。兴酣落笔摇五岳，诗成笑傲凌沧海。'"

丹砂接道："我心惦记主人，向他打听主人踪迹，并说起小人是你书童，按主人吩咐，于此等待主人。那长者闻言，激动得胡须飞舞，执意邀小人同坐共饮。他让我转告主人，若见不到你，就于黄鹤楼不走。"

李白惊喜而起，催问道："他今于何处？快带我前去！"

丹砂忙道："若无意外，定还在黄鹤楼上。"李白闻言，扯起丹砂，大踏步便向黄鹤楼走去。

孟浩然正在黄鹤楼上与一群食客斗拳行令，猛见李白，不由愣住！继而大笑，踉跄而至，一拳捶来：“李白，李太白至矣！”

李白见到孟浩然，恍若梦中。黄鹤楼上食客惊闻李白至此，不管读过还是未读过李白之诗，纷纷上前，众星拱月一般围着李白。一位巨商见状，兴冲冲拿着一首诗来，请李白鉴赏，并请求他再和上一首。李白一看乃崔颢所作《黄鹤楼》：

昔人已乘黄鹤去，此地空余黄鹤楼。
黄鹤一去不复返，白云千载空悠悠。
晴川历历汉阳树，芳草萋萋鹦鹉洲。
日暮乡关何处是？烟波江上使人愁。

此诗气概苍莽，令李白叹为观止！李白此时心绪不宁，不愿和之，遂苦笑道：“今日已无诗绪。”那客商再三恳请，李白推托不得，无奈中提起竹笔：

一拳捶碎黄鹤楼，一脚踢翻鹦鹉洲。
眼前有景道不得，崔颢题诗在上头！

李白写罢，掷笔而去。黄鹤楼上，霎时一片静寂。众食客忙观崔颢之诗，旋即响起一片喝彩之声：“好诗！果是前无古人，后无来者之作。”崔颢所作《黄鹤楼》一诗，从此名扬天下。

江风习习，渔火点点。李白静静地向孟浩然述说着、倾诉着，述说着出川以来经历江湖之苦难，四处干谒之辛酸。

孟浩然道：“人之所学，自此而始。太白昔日所学，若婴儿求奶；今日所学，若农夫耕田。婴儿求奶譬之读书习剑，好学即可；农夫耕田譬之历经人生，汗水泪水锄作田。人有生死，循乎自然。桃红为情，吴南取义，死于情义之人，虽死犹生！”

李白闻之，不由言道：“我欲奋起智能，然报国无门！况江湖风浪，已使太白力竭。天下之大，却不知该何去何从？”

孟浩然表情舒缓，手抚李白之背，又道：“愚兄不忘长安时皇上之语：‘卿不求仕，朕未弃卿。’太白不入长安，不见当今皇上，只与下僚私语，何以知朝廷不纳太白？太白应再找白云子，取其荐书，直去长安面圣求仕，亦未不可！若为辅弼，江湖风浪岂可道哉？”

孟浩然一席话，将李白多日来心头郁闷一扫而去。翌日，李白起身洗漱刚毕，就见丹砂领着一人而来。此人年约三旬，面容清癯，见李白施礼道：“新科进士孟少府慕名来访。”李白起身还礼道：“布衣李白，荣幸备至！”

孟少府道：“昨日黄鹤楼因李白之诗，热闹非凡。少府仰慕太白诗才，今日于黄鹤楼设宴，万望勿辞。”李白见此人言语有度，举止不凡，遂与孟浩然一起赴宴。席间轮流把盏，相谈甚欢。孟浩然对李白道：“我有忘年之交吴子隆，世称剑仙，其风雷剑法，势如霹雳，力能开石。若能得其点拨，何惧安贼？只是此人隐居江湖多年，萍踪飘忽，不易相见。近闻南禅北禅有意于栖霞山论禅，届时剑仙必往。何时论禅，愚兄传书与你，万望太白在心。为兄日后于襄阳鹿门山养鸡种草，颐养天年。近日将赴广陵，寻嵇康之《广陵散》。”

“我亦将乘船顺水而下，去浔阳长兄处小住，再去金陵送吴南包裹，然后折道天台仙山，求见帝师白云子。”李白接道，“李白今日与兄长相别，心有所悟，不劳牵挂！”遂满含热泪，提笔赋诗相送：

故人西辞黄鹤楼，烟花三月下扬州。

孤帆远影碧空尽，惟见长江天际流。

赠别孟浩然

李白、丹砂自黄鹤楼下乘大船沿江直下，不日便抵浔阳。李白下船，登上码头，穿过几条街巷，远远就见“蜀锦缎庄”之幌旗在风中摇摆。

管家李毕远远望见李白、丹砂前来，欢喜不已。闻李白已至，长兄李大缓步而来，看着李白笑道：“早上喜鹊登枝，原来是俺家十二郎前来！”

李白随长兄入内，拜见长嫂。诸侄一一与李白相见。长嫂笑道：“十二郎盛名远扬。浔阳江口歌伎，莫不传唱太白《长干行》《妾薄命》，还有那盼郎归之《巴山词》。你长兄夜夜醉归，总笑言去听太白诗矣！长嫂已年老色衰，恐十二郎今来浔阳，日日作歌，浔阳女子争相歌之，美女盈门，迫得长嫂亦唱《妾薄命》。”

长兄李大接道：“浔阳若知太白至此，蜀锦生意更隆，有何不好？”

长嫂接道：“看你兄长出息，巴不得美女盈门。浔阳江口，歌伎每每唱完一曲太白诗词，你兄长总不忘对歌伎高声道：‘李白之诗也！’而后悄然道‘我乃李白之长兄也！’”

李白闻言，看一眼窘面长兄，胡须花白，一脸沧桑，不由于笑声中，落下泪来。

小侄李拓上前道：“我喜叔叔诗歌，还望教我。”并随口背诵李白所作《古朗月行》：

> 小时不识月，呼作白玉盘。又疑瑶台镜，飞在青云端。
> 仙人垂两足，桂树作团团。白兔捣药成，问言与谁餐？
> …………

“白兔捣药成，拿来与叔餐。”李白笑道，“只顾说话，不想我早已饥肠辘辘。”

李白于长兄处歇息，白日教小侄读书，抽空再点拨武飏、丹砂、杨宪剑法，日子平静。恰有武飏之弟武鄂、丹砂远亲韦子春仰慕李白之才学，不远千里来浔阳拜见李白，并拜李白为师，亦师亦友，习诗练剑。如此，李白整日忙碌，倏忽数月已过。

浔阳已是初秋，李白又惦记吴南所托，遂向长兄李大辞行。

李大亲送李白至浔阳江口，一路叮嘱，并取出数十万钱交与李白，恐李白不受，顺口就道："十二郎自金陵折道天台山，那里茶叶甚好，可留心买下数船运回。"李白推辞不过，只好道："弟自当尽心为兄长做事，不必挂念。"兄弟二人于白渡口，含泪而别。

李白乘船渡江，沿江欣赏美景，不日已至金陵。李白入城，穿过数条街巷，日暮之时，已抵文德桥头。

桥头立着一家酒馆，李白见那酒店幌子上有"吴家小馆"字样，便步入小馆，轻声询道："受好友所托，我从远方而来，将一包裹相赠，不知此处可有叫吴姬之人？"

吴姬闻听李白到访，不由惊喜，略带羞涩，急忙正色施礼道："吴姬三生有幸！怠慢之处，莫怪！"遂引李白入后院说话。

李白将吴南包裹双手托出，交与吴姬，见其惊疑，遂将吴南之事相告。吴姬静静听着，已是泣不成声："兄长取义，杀贼而去，只是苦了月圆，我恐其终身孤独无依……"李白闻言，亦是心酸不已。

二人正在说话中，就听一声大喝："何处野种，竟敢于此聒噪？"那人又道："金陵城西之地，无人不知我秦淮玉娇龙秦虎之名，快些离去，免得惹我性起！"

见李白恼怒，吴姬却道："此人乃金陵城西一霸。其弟秦豹与我兄长吴南皆在益州卫府。"未待吴姬言毕，李白飞起一脚，将秦虎踹至院里莲池之中。那秦虎见李白武艺不凡，急忙爬起，踉跄而去，边走边叫："汝若有种，于此等待，我去去就来……"

见吴姬不安，李白遂将秦豹暗投巫教、被吴南所杀之事，一一相告，吴姬闻言变色，大惊道："先生惹下大祸，快速速离开金陵！"

见秦虎怒气冲天而去，小店食客唯恐祸事上身，纷纷而退，唯有一长者依旧独饮。吴姬再劝李白道：“吾兄殒命江湖，实不忍先生于金陵遭祸，汝可速去！吴姬自有计较。”

李白闻言，朗声道：“惩恶即扬善！此人飞扬跋扈，于金陵必是无恶不作。李白不惧，于此相候。”

那老者笑道：“太白乃侠士之风！老朽无能，想凑个热闹，可否再与我共饮？”李白亦不推辞，与老者推杯换盏。

吴姬忧道：“那秦虎乃金陵西城尉黄彪之义子。数年前，兄弟三人秦龙、秦虎、秦豹联手，闯荡金陵秦淮码头。数个回合，就将码头瓢把劈于水中。后被众闲汉推为瓢把，常做些不见人之勾当。”

李白插话道：“大唐律法在上，官府何为？”

吴姬接道：“西城尉黄彪曾率差役缉拿，不知何故，反收秦虎为义子，封其为九品承义郎。秦虎常来此店，吹嘘自己因杀码头瓢把，有功于朝廷。朝廷不拘一格，选才于他。”

那长者闻言，笑道：“秦虎是小虫，他师父是大虫。”话音未落，就见秦淮玉娇龙秦虎引着数十个闲汉，蹚着浓浓月色，喧哗而来。

长者视而不见，继续道：“他师父乃西城尉黄彪之弟，人称乌衣游神黄伦，只是在金陵很少露面。”

李白闻言，心中一怔，遂道：“我知此人！乃巫教人坛之主！”

见秦虎一群人已近小店，那长者笑对吴姬道：“太白先生远道而来，可于后院设宴款待。老朽虽无能，然腰中这条金龙鞭，尚且可用。”

吴姬为李白加酒，听着外面高低错落打斗之声，双手颤抖不已，酒水四溅。李白笑慰道：“无碍！长者乃大隐之人！”二人正在说话间，就听长者呼道：“太白先生，何不与我共饮？”

李白闻声，与吴姬疾出，早不见秦虎之影。长者笑道：“来者皆是闲汉，三脚猫功夫，一顿鞭抽，皆如小猴抱头而去！哈哈哈！唯秦虎嘴硬，被我抽下几颗门牙！哈哈哈！”李白大笑，吴姬含泪亦笑。

长者与李白连饮数杯，问李白道：“你怎知乌衣游神黄伦？”

李白至此，亦不隐瞒，遂将巫教之事如实告知。长者听李白言毕，不由敬重道：“太白无意江湖，为社稷黎民、为兄弟情义，而无奈只身江湖之中！令老夫感慨！我乃天下最贱人群之首——丐帮帮主元林。今遇李白，实乃老夫三生有幸！”

李白道：“帮主义薄云天，又泰山崩于前而不惊，李白钦佩之至！”

李白一连数日，由吴姬、元林作陪，游历金陵。虽然秦淮河上到处传唱李白之诗，然而，繁华金陵却不属于李白！

但是，李白没有离开金陵，他在等待！

“那个人会出现！”李白对吴姬道，“在未见他之前，吾要留下。吾不愿吴姬再受丁点儿伤害。”

那个人出现在冬天第一场雪后之钟山。李白现在站在他面前，两个人于山顶剪影般对峙。“我知道你一直在寻找峨眉布衣李白，李太白！”

那人接道：“整个巫教都在寻找！”

“我一直在等！”

“为什么不躲？反要独自面对巫教，甚至官府？”

“太阳不躲乌云！”

“如此大才，却陷入混沌江湖。”

“人生何处不江湖！”

“好！如何了却江湖之恩怨？”

“李白悉听阁下尊便。”

“痛快！挡我三锤若何？”

“只要我离金陵之后，汝等不伤吴姬，李白只挡不躲。”

“果然侠士之举！只好成全于你。第一锤，你杀了乌金剑客石林；第二锤，你杀了玉面判官韩风；第三锤，你杀了秦豹。可有话说？”

李白纵声大笑道：“复有何话？话又何益？”

乌衣游神黄伦见李白拽出剑来，一招“霹雳开山”，斗大双锤从天而降。李白猛提丹田气灌于双臂横握之龙彩剑上，就听铿锵之声，李白双臂发麻，踉跄数步，方站稳脚跟。黄伦单锤抡起，又一招“黑虎掏心”，直冲李白胸膛。李白急忙以剑护胸，就听一声铮音，李白后退数步，鲜血自口中喷出。李白摇摇晃晃，再次站在乌衣游神黄伦面前，挣扎笑道：“还有一锤，恩怨了结，李白从此与江湖无涉！”

秦虎于黄伦身后高叫：“师父，还不一锤击毙李白？”

却不想乌衣游神黄伦手中双锤叮当落地，双手紧摇李白双肩，动情道：“黄伦有眼不识泰山！李白乃天下最有情义之人！若蒙不弃，黄某愿与李白结为兄弟！”秦虎一听此话，既惊诧又愤恨，见李白重伤之中，手中双锤早已袭来。黄伦见状，情急之下，以脚将地上大锤踢起，直飞秦虎，锤锤相交，雷霆万钧。未待秦虎缓神，另一大锤亦飞过来，秦淮玉娇龙秦虎侧身欲躲，不想山顶雪地湿滑，遂大叫一声，跌下谷底。

乌衣游神黄伦亦不顾望，接着道：“太白不该接我三锤。你杀石林、韩凤，皆因石林、韩凤杀了桃红、吴南；秦豹无义之人，为吴南所杀。太白不知何故竟不解释？难道就为吴姬？”

李白艰难回道：“情义……”言毕，昏厥于地。

李白醒来，却见自己躺在金陵郊外一座山神庙中。“醒来就好！看你内伤不轻，吓煞老夫！”丐帮之主元林边说边将药粥灌入李白口中。见李白眼中疑问，元林道，“一个豪壮之人送你过来，自称黄伦，留下十锭白银，大包药材，说是等你病好，随时可取黄伦脑袋。老夫不解。”

李白轻声笑道：“李白之江湖恩怨已息，风平浪静……”

李白歇息数日，又是一场大雪，弥天而降。大雪之中，数百男女皆是衣衫褴褛，骨瘦如柴。李白平生初见如此众多难民，不由流泪，遂将长兄所赠银两悉数交与元林道：“不知能否救下庙中穷人？”

丐帮帮主元林不由连声叫道："真乃当世菩萨！这些银两足以救下数百难民，洪福齐天！"

李白看着庙门外数百穷人激动得与雪花共舞，不由想到神话中乐善好施之任公子：以日月为钩，以虹霓为线，自海上钓起一条大鱼，供天下黎民吃上一年！现在无风可乘，无鱼可钓，雪花漫卷，江面封冻，任公子恐怕只得罢钓……

春天来到金陵，吹面不寒杨柳风。李白早已痊愈。注定是过客之李白，又将远去。

李白漂泊至淮南江都之时，已是身无分文，又病于驿舍，卧床不起。一日午夜，李白自梦中醒来，恰逢雨过天晴，月光皎洁，透窗而入。李白不由想起家乡，想起峨眉山月，想起青莲，想起父母和妹妹月圆，想起浔阳兄长……李白漂泊很久，离开家乡很远，猛然回首，原来，家一直在心上！李白望着月亮，轻声吟道：

床前明月光，疑是地上霜。
举头望明月，低头思故乡。

此诗信口而成，却妙绝古今，随着清风悠扬传诵千年，牵动着每一个天涯游子之心！

待李白病愈之后，只好满怀忧郁和羞惭，悄然回至浔阳长兄处。见李白归来，两手空空，垂首而立，长兄无言，长嫂却道："三十万钱丢进水里还是飞上了天？"李白不知如何应答。李大道："十二郎天生大才，何以金钱论之？"长嫂接道："不以金钱论之，让天才喝西北风如何？"李白羞愧满面。

见妻离去，李大抚慰李白道："我知太白之才，异日必为国之栋梁。

世道干谒成风，多少人家因此破家。为兄不怪十二郎！”李白闻言，已是泪落如雨。

多亏孟少府及时来信，言安州都督马公甚喜李白诗文，去安州必受赏识。李大悄悄备下路资，浔阳江边再别李白。

李白与书童丹砂登船，不一日，已抵安陆。安陆虽不及江南繁华，却亦是物阜人丰之地。刚至此处，恰逢元丹丘仙游云梦。闻李白欲往干谒马公，元丹丘因与马公交厚，亲引李白，拜谒马公。

见李白气宇轩昂，峻拔飘逸，马公大喜，乃于安陆置酒高会，遍邀名士，为道中才俊元丹丘、诗中翘楚李白接风洗尘。酒宴之上，一位衣着华丽长者笑问马公：“此后生何人？”马公道：“峨眉布衣李白，字太白。诗才斐然，只是狂傲落拓。”

那老者喜道：“凡大才者，必落拓不羁。昔日王右军曾袒腹东床。李太白《蜀问》奇伟瑰丽，《乌栖曲》委婉隐微。神情飘逸，风骨傲岸，此人大才也！”

马公笑道：“有王右军袒腹东床之说，莫非贤兄有意招其为婿？”老者含笑不语。这位衣着华丽长者乃唐高宗时左丞相许圉师之子，本名许梓芝。其女许桃红，才貌双全，性情贤淑，因其择婿标准甚高，尚待字闺中。见其有意，马公笑道：“我与孟少府成人之美，从中为媒，若何？”

得许梓芝赏识之后，李白狂傲怪诞之性情收敛颇多，日日读书练剑，时而饮酒赋诗。李白于安陆诗名鹊起，前来登门求诗者络绎不绝。许家作为当地名门望族，亦不时关照李白。这一时期，李白生活安定，诗如泉涌；风度翩翩，有神仙之气，飘逸之姿。

许梓芝闻马公言李白未娶，大喜。然婚姻大事，不能草率。为慎重起见，许家安排女儿相观李白，李白是日却在大醉之中。许桃红与桃红名字雷同，容貌身段亦有相似。李白乍一见之，以为桃红，大喜过望，先是痴痴相望，继而喜极而泣，遂上前道："桃红，兀不是梦中相见？"早将许桃红羞得满脸绯红。

许梓芝夫妇见女儿这般，已然明白女儿心意，遂问李白道："你果真喜爱桃红？"李白颔首。李白大醉之中不知许桃红与桃红一字之差，却是截然不同之二人——一位相府千金，一位幽谷佳人。相同只有一处：皆为李白超尘拔俗之才貌，一见倾心。

翌日，许家送来衣帛彩绸，李白谢过收下，却对昨日醉后定亲之事，恍惚不清。待许家问其何时入赘时，李白回以略等数日。

李白知孟浩然隐居襄阳鹿门山之地，距此不远。婚姻大事何不听听孟浩然兄长之言？李白遂骑马前往襄阳。

见李白飘然而至，孟浩然欢喜不已。二人便于后花园中席地而坐，置酒把话。李白将许家欲招其入赘之事相告，孟浩然沉思片刻，乃道："干谒谋取功名，历尽艰辛，散尽资财，非你一人。许家乃相门之后，世代簪缨之族，钟鸣鼎食之家。许员外为人耿直，且家中藏书颇丰，天下少有。太白入赘许家，有安身之所；诗文之上，更上层楼；许家豪士之家，亦可助太白一臂之力，更兼许家如此垂青太白，焉有不从之理？"孟浩然又道，"'乡曲无知己，朝端乏亲故。谁能为扬雄，一荐甘泉赋。'朝廷虽言广开言路，四方纳贤，然若无举荐，亦是徒劳。"孟浩然干完一杯，又笑道，"欲济无舟楫，端居耻圣明。坐观垂钓者，徒有羡鱼情。"

李白道："多谢兄长点拨，太白茅塞顿开。"两人相视一笑，一饮而尽。

李白与许桃红之婚礼极是隆重。两家为此耗费巨资，遍邀名士，广纳客宾。许府门前，宝马香车；新婚宴上，冠盖如云，固一时之盛也。李白婚姻于荆楚大地传为才子佳人终成眷属、公子落难小姐救援之美谈。

李白与许桃红成家之后，搬出许家大院，迁至安陆白兆山桃花岩，昔日大唐左相许圉师读书之处草堂。夫妇二人过起男耕女织之田园生活，读书、写诗、会友，暂享家园之乐。

一日，李白行于山中幽径，见一位樵夫：白髯拂胸，满面霞光，身挑柴担，健步如飞。李白异之，高声叫道：“长者家居何处？”那长者亦不停步，边走边道：“负薪朝出卖，沽酒日西归。借问家何处？穿云入翠微。”

李白闻诗而惊，知是山中隐者，喜道：“何处去寻？”

“门口一千竹，便是老翁家。”

“处处皆青竹，何处去可寻？”李白接道。

“终南佳胜处，十里桃花林。”老者健步如飞，大笑而去……

李白见老者远去，不由茫然惆怅。独坐山间凉亭，心中冥思。听见一阵脚步声，李白闻声望去，就见元丹丘徐徐而来。

李白欢喜不已，笑道：“莫非仙人返童？”元丹丘闻言愕然。

李白遂将适才与长者偶遇相告，元丹丘笑道：“贫道已知此人！机缘到时，太白自可与其相见。”

元丹丘接着道：“修道于心，不分先后。待太白红尘事毕，可去嵩山觅我。我今欲去嵩山修仙，再去长安玉霄宫布道，特来辞行。”

送别好友元丹丘，李白忽生怅然所失之感。日日登山临水，直抒胸臆，本以归隐山林之姿，不鸣则已，一鸣惊人，忆昔日倾散万金，行万里路，遍谒诸侯，却不想将如此老于山林矣！乡间静寂，犬吠相闻。达官贵人，不会至此，即使稍有一技之长者，亦纷纷离乡。“钟期久已没，世人无知音。”李白抚琴山水，寂寥冷清。更因李白一日酒醉，误闯长史车辇，虽百般恳求，李长史不依不饶，定要问罪。偏又有妻舅唯恐李白将来分去许家家产，趁机煽风点火，使李白陷入尴尬困顿之中，顿觉无奈无趣。

无奈之下，李白萌生离开安陆之意，遂上书荆州刺史韩朝宗，以期荐举，踏上仕途，一展抱负。然则数月过去，杳无音讯。李白前去谒见，韩朝宗道：“安陆小泽，焉能藏龙？若太白之大才，可直驱长安见驾，以求功名。”李白闻言，不知悲喜！

李白此时诗名已起，隐居云梦为当地官吏所不允。李白虽以“尺蠖之曲以求其伸”之心，百般隐忍，仍时遭安陆官吏驱遣。李白遂决意离安陆，赴长安。

一日黄昏，于涢水河畔垂钓之李白见二少年骑马而来。一少年腰悬长剑，背负双鞭，直视李白。

李白于古柳下朗声大笑：“霸王鞭！好兵器！”

“识我兵器者，必高人也！在下尉迟重瑞，敢问先生大名？”

“李白，字太白，号青莲居士。”李白笑道。

“可是太白醉剑之主？可是诗文传唱天下之李白？”

“正是。”李白笑道。

“使此兵器者，必乃大器之人。”李白接着又道，“敢问可是开国公尉迟公家后人？”

“吾自是尉迟公后人。”

“我知武后十年，尉迟家获罪，避祸东南，不想于此得见公子。”

尉迟重瑞道：“今皇上圣明，知尉迟家蒙冤，特下旨着我父赴朝任职。我父身在山野久矣，已不思政事，抱病不出。乃眷天朝，着黑蛮陪我去京参加科考。”

“我亦迷途久矣！大丈夫应提三尺剑立不世之功，今遇公子，如拨云见日。若无不便，请公子至寒舍小憩，我自与汝嫂言明，同赴长安，以求得功名。”李白怅望远山，直抒胸臆。

回至李白草舍已是深夜。许桃红于窗前烛下，一直等待。听柴扉门响，慌忙迎出。“可回来了，急煞人也。”许桃红见有客人，随即略整云鬓，低声道，“不知有客到访，我去煮茶饭。桌上有你书信。”

庭院虽小，却也精致。门前数竿竹，被一溪缠绕；梨花盛开，香气挤满一室。李白安顿二人之后，拿起信来，一看孟浩然之书，激动不已。书道：“三月十五，栖霞山大佛寺南北论禅，剑仙必去。愚兄届时与你山下相见。”

李白顿感一股暖流自心中流过。

李白夫妇于草堂设宴，款待尉迟重瑞及黑蛮。

闻夫君有赴长安谋求功名之意，许桃红一家皆喜。岳父特意手书两封书信，致昔日故旧光禄卿许福乾、礼部员外郎崔国辅，以期李白早日登朝入仕，大展宏图。

李白已整好行装：头束绿巾，身着白衫；系金色丝绦，着玄色云靴；背负龙泉长剑，果然一派侠士之风！李白与许桃红涢水岸辞别。李白道：“辞家远去，入长安谋。望贤妻看好小儿，太白功成、名遂、身退。”又嘱托书童丹砂好生照料家人。见许桃红不舍，李白遂将龙彩剑托付，又道：“‘游人五陵去，宝剑值千金。分手脱相赠，平生一片心。’此剑上承远古，日日不离我身，今托予夫人，陪伴夫人。”遂与妻子相别，骑白马与尉迟重瑞、黑蛮沿涢水河岸，向西北、向心中之长安而去。

七·剑挑恶僧

尉迟重瑞道："一路去京尚有千里之遥，我们不妨避开闹市，走偏僻小路，赏春日美景，看大唐山河，可好？"三五日内，李白三人避闹市走幽径，已至陕州境内。

正值农忙时节，遍地绿禾，牛忙人乱。忽见一妇人于路中央大哭，悲伤欲绝。李白愕然问道："妇人何以至此？"

妇人道："幼女年方十五，貌美如花，昨日去北林采菇，不想被一神人掳去。"

"何等神人？"李白问。

"身高丈余，腰大如围，戴黄金甲，使降魔杵，常于野山搜鬼。"妇人道，"不知掳小女于何处，我母女不知如何冒犯了天神。"

尉迟重瑞道："此中必有蹊跷。北林何在？"

李白将其扶起，道："既是天神，自会造甘露于百姓，怎会害汝女儿？

你于此等候，我与两位公子去北林寻你女儿。”妇人叩谢。

果是一片好林！一条小溪横在眼前。“呼呼呼——”忽听身后声响，李白回头，但见一只巨蟒自身后追来。李白仗剑于地上一弹，跃至空中，躲过巨蟒一击。尉迟公子挥鞭，击中蟒尾。蟒身翻起鳞甲，血迹渗出。原来霸王鞭上皆有细刃。巨蟒吃痛，扬起蟒尾如鞭抽来，李白再度跃起，一剑斩下蟒头。

二人正欲歇息，李白手中龙泉剑突然铮然而鸣。一缕青烟腾起，紧紧贴着剑锋如水流动，片刻无踪。李白顿觉手中龙泉剑有凝重之感。尉迟重瑞见状，冲着李白道喜：“天意使然，龙泉剑剑锋已开，太白醉剑已复现乾坤矣！”李白亦觉惊奇，心中不知忧喜。

二人依树喘息刚定，却听人语随风传来：“是谁害了我看家宝贝？”寻音望去，见一老妇银发如霜，双目浑浊，手持银拐，站在高处。

“我二人不知是前辈家畜，万望恕罪。李白这厢有礼了！”李白欠身道。

“哪个李白？”老妪惊诧叫道，“可是剑阁为大唐梨园作词之李白？”

“正是晚辈。”李白亦是惊诧，连忙施礼。

“桃红可好？”老妪问道，“一别数载，不想于此见你。”言毕，扯下面具，正是秦娥。

李白急忙揽衣跪地：“不知是岳母大人，何以至此？”遂放声大哭。边哭边道自己出川后与巫教、安禄山之恩怨。

“罢了，孩子，难得你对桃红之情意。世上男人如你，吾则不恨男人。”秦娥不忍卒听，泪落如雨，“桃红已去，吾已无牵挂。桃红既是天上仙子，我等怎可将其强留人间？”

秦娥向前扶起李白，收泪再道：“于此见你，定是天意。当年，李龟年拘我回长安梨园，路遇逍遥道士笛仙李谟。李谟弄清原委，救我于离山观。我念当年造孽深重，遂潜心参禅。”

李白道：“岳母大人幡然醒悟，乃世之福音，吾心大慰。李白亦悟，

今欲去长安以寻为民报国之途，还望母亲教诲。”

秦娥略抚情绪，又道：“你二人又何以至此？”

李白道：“路途之中，一妇人哭诉其女为神人掳入北林，故而寻人至此。岳母大人可见否？”

“正在林中舍下。”秦娥道，“数日前，那小女林中采菇，忽遇饿狼，被我救起。我且带你去见。”

二人随秦娥至竹林深处，见一废弃古庙，错落有致。一玲珑女子正以芍药花瓣浸染指甲，天真无邪，宛如晨露。见老妪遂回身笑道：“奶奶回来了，我去沏茶。”

秦娥道：“便是此女。”那小女朝李白及尉迟重瑞一笑，折身侧房。

三人进入古庙。李白见木墙上挂着一副芦席做成之铠甲，又见锦缠竹筒，不由多看了几眼。“天神之说？”秦娥笑道，“此处民风剽悍，多有强盗出没，劫财劫色。故我装作天神，为民了怨，以恕前孽。此女秀竹，途遇饿狼，被我救下。我见此女可怜，收留于此，亦传些功夫。本拟收她为徒儿，又不忍其与我一同老于山林，蹈桃红之辙，正不知如何安置。不妨随你走出林外，我亦无牵挂矣。”

李白道：“母言甚是，可又如何回复其母？”

“莫听途中妇人胡言！其乃镇上老鸨，焉有情感？着十两白银相付即可。”秦娥道。

李白遂带上秀竹，与秦娥辞别。

秀竹清丽可爱，宛如其名，一路上言语不多，却每每妙语，让三人释怀。不觉又行数日，至郧州界七方岗。

秀竹与李白诸人相处已久，言语渐多，熬茶做饭，照顾周到。李白见秀竹娇美可爱，亦自喜之，途中常为之授书解惑。秀竹随秦娥于林中数日，知些内功，李白亦传秀竹一些拳脚功夫，以强其身。

李白四人紧行二日，已抵栖霞山下。李白正不知从何处入山，早见孟浩然倒骑一头青驴，迎面而来。李白急忙下马，奔孟浩然而来。二人相携，与尉迟重瑞、黑蛮、秀竹见面之后，于偏僻处，李白与孟浩然畅谈。得知李白欲入长安求仕，孟浩然道："愚兄散淡，心无羁绊。而我弟大才，不能名垂宇宙而枯槁千年！我当致书京兆尹吴筠、右拾遗王维，一同荐与皇上。"

李白接道："此去长安亦是无奈。于安陆州时，一日酒醉，误撞李长史车驾，虽我再三恳请，仍不肯罢休，李白只好似姜维避祸。时值朝廷降诏，诏云：'国之急务，莫若求才。若有儒学博通及文辞秀逸，或有军谋越众，或有武艺绝伦者，委所在长官，具以名荐。'李白趁机入长安，以制举求仕，干谒求荐。"

孟浩然道："若太白无果，可与我同隐鹿门山中，独坐幽篁里，弹琴复长啸。"二人大笑。

李白一行急走，于三月十五日早晨，抵栖霞山揽秀峰下。远处数十高僧，簇拥一位满面霞光、一抹长髯之红衣老僧，自大佛寺大雄宝殿缓步而出。有僧窃语道："善无畏国师今日开坛弘法，看有谁与之相辩？"

李白知是善无畏国师，顿感不虚此行。善无畏国师在洛阳开讲《华严经》时，曾地动山摇，伊水激荡。其讲经时，口放光明，宝塔放光。李白见此，趋步上前。

"我常悲天，为情所困，亦想放下，却如同粗木梗在巷中，欲罢不能矣。"李白道。

"何不将横木竖起？横木过巷，除非木折。竖起其木，可轻松而过矣。"大师言道。

李白又道："我欲观海久矣，奈何三十年琐事缠身，不得其往，心绪烦闷。"

"放下！"大师喝道，"如一羔羊欲觅更丰美草食，奈何被一绳系着，何不放下绳索？"

李白又道："大师一语破的，如醍醐灌顶。然还有一事求教。"

“请讲。”

李白脱口说出一偈：

特入空门问苦空，敢将禅事问禅翁；
为当梦是浮生事，为复浮生是梦中？

大师亦以偈语回答：

来时无迹去无踪，去与来时事一同；
何须更问浮生事，只此浮生是梦中。

话音刚落，忽听众僧惊呼，佛号连天：阿弥陀佛！阿弥陀佛！只见栖霞峰上发出灿烂金光，千万佛像于金光中显现。佛光！佛光！所有僧人都激动得不能自持，顶礼膜拜，泪流满面。唯大师不动，随即转入寺中。

李白之心瞬时纯净如婴，望大师背影，忽有相识之感。乃撮土为香，以心点燃。那一道道佛光直照心底。

待佛光散去，法会继续，此时弘法大会已成众僧论争场。纷乱之声，聒噪于耳。

“我既来之，自无畏惧之理。法衣乃我吴子隆拿去，已匿于东海。”众僧寻声望去，原来是人称剑仙之雁荡山人吴子隆。

“看来你是不肯交出法衣！”北禅宗香积寺高僧远玉已缓步走向剑仙吴子隆。

吴子隆亦仗剑在手。香积寺高僧远玉目视良久，一声长啸，直扑剑仙。吴子隆轻移乾坤步法，矫若游龙，闪身躲过，随即击出一剑，宛如雷霆万钧，如水剑气，绵绵不绝。远玉踉跄而退数步，有人急忙上前意欲搀扶。李白无意间惊见远玉腰间悬着白森森的鬼头，其背后之人，竟是巫教人秦虎，

■ 栖霞山对话高僧

不由大惊。李白正欲上前，那二人转眼匿于林中。

众僧骇然，不想香积寺远玉大师竟数招内败于剑仙吴子隆，羞愤而去。

吴子隆仗剑而立，白衣飘飘，宛如仙人。李白细视，见吴子隆竟与自己十分相似，顿生亲切之感。

李白随孟浩然与剑仙吴子隆匆匆相见，欲求其传授几招剑法，以强其势，固其力。剑仙吴子隆道："李白大才，钟灵毓秀。适才我与众僧对决之时，李白已悟剑法真谛。只好就此别过，后会有期！"

离开栖霞山大佛寺，孟浩然与李白辞别。李白诸人加快行程，沿襄水而上。不一日，已至湖北与陕西之界龙头山下。

此处遍地紫荆棘花，一望无边，又叫荆紫关。位于郧州、邓州、安州三州交界之处，属三不管地界，遂常有匪类为害。据当地老乡介绍，数年以前，多有客商做藤编、草编之类买卖，加之此地水陆方便，生意兴隆，倒也热闹。只是前方三里处香积寺自新住持来了之后，百姓便不得安生。那住持原是边塞番僧，武艺高强，在突厥犯下大案，逃至此地。见此处好风光，民风淳厚，官府所辖不严，遂招募十几个僧徒，围打香积寺三日，逼死方丈，逼寺内数十个僧人就范，自己做起香积寺住持。这些僧人占山为王，霸占民女，抢掠百姓，无恶不作，百姓多有怨言。数次请官府出兵镇压作恶僧人，无奈郧州离此路途遥远。官兵一到，恶僧四散；官兵一去，恶僧便变本加厉祸害百姓。如此数年，此地便呈破败之象，百姓亦纷纷离家逃亡。

那香积寺住持名叫胡恒，绰号"飞天神叉"，武艺了得，使一杆乌亮大铁叉，重量不轻。官兵于他手中也死伤不少。

"不想太平盛世，竟有如此藏污纳垢之地。"李白对尉迟重瑞道，"寺院乃清净之所，却有贼人出没，佛祖必是痛惜。公子不知，数日前与剑仙交手者香积寺高僧远玉乃巫教之人，秦虎熟识神农岩地理，恐其常于该寺出入。"

尉迟重瑞道："莫非此寺乃巫教盘踞之地？"

李白闻言，凝神片刻，乃道："必是巫教之巢穴。"

李白又着黑蛮照顾秀竹，自与尉迟重瑞前往山脚香积寺。

李白及尉迟重瑞着近处看：见几个胖大僧人，正于山门闲坐。院中深处，时见妇人罗衫摇曳。

“看什么看？可是官兵探子？”一黑胖僧人忽地从一块山石之上跃下，手持禅杖，挡住去路。

“我佛慈悲！”李白道，“尔等为何袭扰百姓？”

“关你鸟事。你锦衣玉食，可知独卧青灯古佛旁之味？不妨让我觉空大师为你等剃度，若何？”言未落，杖已至。尉迟重瑞忙执鞭架住。那僧人亦不言语，一声断喝，抡动禅杖，只向尉迟重瑞袭来，杖杖要命；尉迟重瑞舞动双鞭，鞭鞭催魂。二人战有十余回合，尉迟重瑞转至一大树前，故意不躲，那僧人见状，使出全力，跃袭而来。待禅杖已近，尉迟重瑞一手着鞭袭向杖杆，一手挥鞭直袭僧人脑门。那僧人弃杖侧身，也亦迟了，被尉迟重瑞打折右臂，鲜血淋淋。

僧人狂啸一声，撒腿奔向寺院。

李白见祸已惹下，亦不敢大意，勒马树下，看寺院动静。果然，随该僧出来十余僧众，皆凶神恶煞一般，哪有半点我佛之心！领头一僧，五旬上下，着红色袈裟，豹头环眼，身高马大，手持乌黑大铁叉，想必是番僧胡恒。见李白二人，大喝道：“是谁伤我徒儿？”

李白道：“你徒儿咎由自取，大师明辨。”

胡恒仰天大笑道：“施主看来还不知我香积大寺。我寺僧众百人，皆负武功。附近百姓吝啬，不予施舍，故此常有争粮之事；又值春暖花开，我等亦春心萌动，故此常有婚娶之事；此地水淡，茶不解渴，故此常有借物易酒之事。若此地百姓岁岁上贡，何劳我僧众费力？况佛门规矩，可立亦可废矣。”

“一派胡言！”李白怒道，“如此与匪类何异？”

胡恒大怒，抡动铁叉径奔李白。李白见其兵器沉重，不敢硬接，在马上飞身而起。铁叉径落马鞍，白马长嘶，眼见毙命。此马乃李白数年前于益州马市百金购得，呼作夜明雪龙驹。数年来，随李白征程万里，与李白已成一体。此马虽已老迈，李白却视之如老友一般，不离不弃。不想今日竟为恶僧所毙！李白不由一声长啸，怒火中烧，提足真气，施展二十四式太白醉剑剑法，像数条白练，只绕着胡恒乱飞。胡恒挥动铁叉，呼呼带风，李白倒近他不得。胡恒与李白只杀得尘土飞扬，日色无光。尉迟重瑞见胡恒功夫果然了得，亦拽双鞭在手，前来助战，却被远玉和其余僧众拦住厮杀。自午后直杀至黄昏，双方刚好抵住，互伤不得。胡恒道："今遇劲敌，胜负难分。今日少歇，明日再战。"一声长啸，跳出圈外，其余僧众亦随其退下。李白二人见日将暮，亦不追赶，眼见着恶僧胡恒携众僧回香积大寺，朱红寺门砰然关闭。

李白就近掩埋爱马，回想起益州得此马，与此马结伴远行之岁月，不由泪落。尉迟重瑞道："此马已是老迈，故而难躲恶僧一击。然骏马死于征程，胜似老于户牖之下。我家有世交秦公善相马，入长安我为先生求马，以期先生功成。"

李白起身道："定让恶僧为我夜明雪龙驹陪葬！"

尉迟重瑞道："此恶僧功夫了得，其属下僧人众多，又有远玉相助，那厮亦好武艺。我等力孤，恐难取其性命。不若先至镇上歇下，找人相商。"

荆紫镇虽破败不堪，但毕竟是水陆重镇。李白一行依尉迟重瑞将门之后名头，投在驿站。

李白与尉迟重瑞遂邀此地驿丞郭宏江前来，相议香积寺之事。"香积寺乃巫教人坛巢穴。巫教人坛专司施蛊驱鬼，迷惑人心，博得利物。人护法阴阳子数月前将其弟胡恒召至此，就任人坛之主，令乌衣游神黄伦负气出走。远玉、秦虎皆为人坛副主。远玉与剑仙交手，虽一招落败，然剑仙乃当世武林第一高手，不可因此小觑此人。秦虎武艺不弱，更是计诈多谋。其余人者皆有勇力，故而朝廷虽早有旨意，让官府缉拿此寺恶僧，然迄今未能铲平此寺。”见李白、尉迟重瑞听得入神，郭宏江又道，“龙头山归郧州管辖，路途遥远，鞭长莫及。离此不远，便有邓州军士，只是非其掌管之地。最蹊跷可恨之处，是那阴阳子胡元因熟识大唐地理，竟与当朝多位边塞要将熟识，来去自如，无人管束。我这小小驿丞若见到他，还得施礼让道。”

“苍天有眼，冤家路窄。”李白闻言惊道，“此人可是高不过五尺、肥胖如球之人？”

“你识得此人？万不可小觑胡元。我亲眼所见，其酒后一掌将一大石击碎。”郭宏江道，“官府无奈，以此寺乃疥癣之疾，任其为恶。”

尉迟重瑞道：“官府可否愿意出兵？”

“那邓州防御使张知非为将忠直，为民称颂。”郭宏江道，“贼首胡恒亦多次放言，要除去张将军。”

李白道：“我二人今日与其交手，武艺不过如此。若有官兵襄助，必可除去此贼。”

“此乃大事，待我禀告张将军方可。今晚您二人暂栖此处，等我消息。”郭宏江遂安置李白诸人歇息，连夜起草公文，携带随从，往邓州而去。

是夜月明星稀。李白正郁闷，忽见驿站厢房有灯亮着，一英俊威武青年正在读书。李白轻叩厢门，轻声道：“已至深夜，公子用功，尚未歇息？”

青年起身，与李白相见：“天色尚早，十年养成习惯，不读书难以入眠。”

李白见青年年纪不足三旬，气宇轩昂，英俊威武，顿生好感，遂道：“我五岁诵六甲，六岁观《水经注》，十岁观百家之作，十五岁观奇书，作赋凌相如。读尽天下书，却难解今日困厄。”

青年道：“这位兄长不妨说来听听。我姓郭，名子仪，河北人氏，前来探望叔叔，正不知叔叔何故连夜去邓州拜见张将军。可否问兄长大名？”

“我乃李白，字太白，四川青莲人，赴长安路过此地。公子既是郭宏江之侄，说也无妨。”遂将昨日之事，如实告知。

郭子仪喜道：“闻先生诗才，盖千古之一人。不想先生竟能与此番僧恶斗！我已来此五日，亦曾听说香积寺之事。先生不妨细说，我定倾力相助。”

李白见其体格，听其口气，已知是习武之人。郭子仪步入庭院，朗声道：“我于先生面前弄枪，并请先生指教。”言毕，使开大枪：但见杀气森森，人如鬼魅，影动风起。

李白大声喝彩道：“公子歇手，凭此武艺，必大唐第一人矣！”

不知何时，尉迟重瑞悄然至此，亦看得痴呆。李白赞道：“今科武状元，乃郭公子矣！”

尉迟重瑞闻言却道：“我尚有心与郭公子相嬉。”遂持霸王鞭欲试。

郭子仪见此情景，停枪收身。李白道：“此乃大唐开国功勋尉迟公之后人重瑞，亦擅武艺。我等且留下气力，与那番僧相决。”

翌日晨时，郭宏江及随从已自邓州回至驿站，见李白道：“张将军闻我禀报，今夜出兵五百剿贼。张将军远侄铁枪将张巡，虽乃布衣，武艺高强，亦来襄助。”

李白闻言大喜，与诸人饱食歇息。入夜，邓州防御使张知非领兵已至，遂于荆紫关布兵。驿丞郭宏江引李白、郭子仪、尉迟重瑞与邓州防御使张知非相见。郭子仪慨然道：“我愿替将军为民除害，请将军观战即可。”

李白道：“郭子仪武艺超群，再加张巡与尉迟重瑞相助，定能成功，将军勿忧。”

军士饱食之后，趁着夜深，悄悄将香积寺团团围住。李白、郭子仪、尉迟重瑞、张巡携百名精干军士，点起火把，赶到大寺门前，声声喊杀。

阴阳子胡元云游未归，只有飞天神叉胡恒在寺内。胡恒被寺外喊杀声惊醒，急急披挂停当，携远玉、秦虎及数十名僧众，打开寺门，亦不答话，抡叉便击。郭子仪挺手中长枪与其搅成一团。李白、尉迟重瑞、张巡携众军士，战住远玉、秦虎及众僧。远玉、秦虎与张巡、尉迟重瑞边战边退，退至寺后山崖处，二人联手猛攻数招，长啸一声，双双跳崖……其余想趁夜色逃遁的小僧，皆被四周军士拿下，只有胡恒犹在独战。李白见郭子仪气定神闲，大枪翻飞，如蛟似蟒。那番僧胡恒利叉讨不到半点便宜，很快便死于郭子仪枪刃之下。

天色放亮，邓州防御使张知非让众军士清扫寺院，放出良家女子数十人，收缴金银财宝无数。又念胡元、胡恒恶僧已污此处朝佛风水，担心官兵一走，香积寺再成纳垢之地，遂下令放火烧毁此寺。大火冲天，十里可见。

李白联袂郭子仪、张巡、尉迟重瑞大战龙头岭，火烧香积寺，一举捣毁巫教人者之巢穴，乃其平生初次大战，若风卷残云，酣畅淋漓，激起李白心中万丈豪情。此事多年之后，仍留于心上，挥之不去。

李白诸人离开荆紫关，策马加鞭，跋山涉水，不一日，已至陕西境内的商州柞水关。

李白放眼远处，柞水岸边，停放的木排，排排相接。这木排皆来自川鄂丛林之中。每至春夏，山人伐木，并将所伐之木，扎成大排，顺水逆水而去江南或江北。木排上支着帐篷，放排人就于这木排上生活。李白见一放排人颇有英武之气，遂着黑蛮去叫那人上楼喝酒。

蒙李白相邀，放排人李朱自是感激。李朱道："散排人最怕的地方，乃是柞水关下五里处蛟龙潭。那湾水深流急，漩涡相连。近年，又有一怪物常现，致使人蛇纷乱，道更难行。"

李白闻言道："李白愿与你共赴蛟龙潭，保你平安，如何？"

"哪个李白？"李朱见李白仙气逼人，不由惊道，"莫非是峨眉李白？诗文传唱天下之李白？"

尉迟重瑞笑道："普天之下，还有第二个李白？"

李朱闻言，猛然跪于李白面前，俯身长揖不起，泣道："李朱做梦也想不到，在此与恩人相见。数十年前，在益州马市，若无恩人襄助，只恐我母子难以安身。"

李白连忙将其扶起，顿时想起此人，莫不是益州马市卖马妇人之子？李朱泣道：“恩人买马，赐我母子百金，得以安葬家父。我遂与母亲回转故里，买房置地，得以活命。家母常念先生之名，李朱亦时时不敢忘记恩人之大德！”

翌日，李白着尉迟重瑞诸人歇息，背负龙泉宝剑，独自与李朱相约，同上木排，前去蛟龙潭。木排沿柞水顺水而下，不一时便走了三五里水路。李朱遥视前方，不安道：“恩人，小心了，前面就是蛟龙潭。”果然，平稳流水忽然变急，清水至此，已呈浑黑之象。远处巨潭，水纹环环相绕，闪光之处皆为漩涡。

李白闻言，豪气陡升，朗声道：“今日，太白欲以太白醉剑剑法，力斩巨蛟，以彰显龙泉剑之威，为船民除害！”李白自身后抽出龙泉剑，又道，“李朱可借一小舟，再找两个篙手船夫，渡我过去一探。”李朱见李白执拗，只好将木排安置停当，又找来两个船夫，为李白荡着小舟，向巨潭之中徐徐而去。

蛟龙潭居于白龙山之底。深涧处，不时有水花泛起，想来白龙山底必有大穴，与潭水相通。李白不敢大意，挺剑在手，目光一刻不离水面，静观其变。

小舟顺山底划行，约行数百米，顿见潭水于此变深，大片水泡不断泛起，果有大穴！李白止住小舟，目光逡巡山坡，寻找可落脚之地。正于此时，一阵腥风突起，不远处，就见一巨大鳌首探出，直向小船扑来。李白着李朱及船夫快走，自己飞身山崖，掷一大石，正中鳌首。那怪物受此一击，一声闷响，沉入水中。其躯如巨蟒，旋起浪花，溅高丈余。李白遂握一株小树稍歇，静观水面。片刻，见水花再现，那怪物竟挺起身来，向上喷出巨大水柱，径向李白袭来。李白见状，接连两个飞身，再看刚才所握小树已被水柱摧折；歇脚之地，碎石乱飞，可见蛟龙水柱之力道。

李白提起真气，将一块尖石直向怪物一目掷去，那怪物一声长啸，眼见一股绿汁自怪物左目而出，溅出数尺。怪物负痛，深潭顿起狂风巨浪，李白荡起龙泉剑，紧紧护身。那怪物再一声巨啸，腾身而起，巨尾卷起水浪，水浪滚滚，直袭李白。李白急提真气，荡起龙泉剑，剑气如虹，抵住水浪。那蛟龙几番腾空，已是力竭，随即匿于水中，水面片刻即静。

李朱诸人见水面已静，忙着放排人顺风扬帆，催动大排，冲出巨潭。李朱于排上遥望李白，拱手施礼，高声叫道："先生大恩，没齿不忘。待异日，定衔草相报。"言毕，已随木排向柞水下游而去。

李白再着几口酒，遂沿白龙山山路，返回柞水关。李白回至驿馆，秀竹诸人方才心安。

是夜，李白大醉有梦：一条蛟龙随着云雾翻腾，愈来愈小，最后蛟龙化作一缕青烟，钻入龙泉剑中……

李白诸人离开柞水关，催马急行。数日，已至陕西终南山前。远远看见一老者，倒骑白驴，一路歌来。那老者身着道服，长髯飘飘，满脸霞光，似曾相识。李白下马，于路边相迎。

"自远方来？"老者问道。

"从远方来，不知何处去？"李白道。

"天地无边，人何以知？"老者道。

"天地一尘，终有归处。"李白道。

"天地同尘，日月同辉。"老者大笑道，"子可教也！"随即策驴而去。

李白知遇世外高人，遂上马欲随老者，无奈驴儿脚快，已转过山脚不见。李白猛然想起，莫不是昔日于安陆白兆山桃花岩所遇长者？不由随后追来。

忽听见一声长啸，风声顿起。李白随风望去，一只斑斓大虎正向自己逼来。李白转身欲拔背上长剑，却不想一脚踏空，竟向崖下跌去。

冥冥之中，忽见一扇玉门大开，灯光如雪，为李白铺就一条明亮路径，引李白步入一所庭院。好一处所在：亭台楼阁，香烟袅袅；仙鹤起舞，异花飘香。一棵巨大桂花树，枝叶展开，莽莽苍苍，覆盖数里。李白信步庭院深处，早闻优雅琴声自书房流出，遂推开书房玉门，见一女子眉如新月，青丝如瀑；面如白玉，口若含丹，正以纤手抚琴。琴声如水，自其指尖流淌，时而如泣如诉，如湖月涟涟；时而亦悲亦歌，如山溪跌宕。

“此曲只应天上有，人间能得几回闻。”李白不由轻叹。

声音虽轻，却已惊动那女子。那女子止下琴声，款款起身道：“不知长庚星主驾临，有噪了。”

李白还礼，遂道：“此处幽雅至极，不知何处？”

“此处乃天庭广寒玉霄宫。长庚星数次邀我共饮，奈无福缘。今嫦娥略备甘露琼浆，还望不弃。”嫦娥道，“古来圣贤皆寂寞，惟有饮者留其名。”

李白接过嫦娥手中玉杯，一饮而尽，顿觉甘甜凛冽，透彻肺腑。“长庚星遗于凡尘，人情冷淡，寂寞孤独，也比此处喧闹。嫦娥看人间百态，悲悯难遏，遂以月光之柔，桂树琼花之香，洒向人间，聊慰众生。”嫦娥幽叹。

“仙子慈悲。”李白道，“吾游历大唐河山，只想看遍众生相，着诗上天，遗于后人，奈何文泉将枯矣。”

嫦娥转身，于庭院琼树之上折下一枝琼花，赠与李白道：“自此，诗泉如涌矣……”

李白叩首而谢，不觉额头生疼，原来额头轻触到崖石。翻身坐起，手中却兀地握住一节青枝。再想甘露琼汁亦原是崖壁水珠，落于唇间，李白大笑道：“但愿长梦不复醒。”

长夜已去，阳光自崖上折入石穴。但见石穴阔约数丈，四周陡峭。李白遂提足真气，仗剑凿级，向上攀升。约一个时辰之后，李白已踏级自穴中跃出。

李白遥望山上林木，分辨方向之后，向崖下左方一豁口走去。走上百步，见山崖之间，仅可容一人侧身通过。李白亦不多想，侧身前行。约行数十步，清风拂面，豁然开朗。好一幅风景：

大片桃林，枝叶闪烁；红白桃子，涌动其间。枝上微岚，香气四溢；远处霞光，如梦如幻。

“莫非来到仙境？”李白愕然。

奈何腹中甚饥，李白遂攀树掇桃饱食。

“是谁偷桃？”一老者于远处叫道。

李白慌忙自树上跳下，见不远处一所草庵，翠竹环抱；庵前一条清溪，木桥横亘。溪前站着一慈祥长者，满面霞光，长髯飘飘——不正是昔日白兆山桃花岩、昨日终南山所见之人？

李白穿过桃林，趋步向前，俯身深深一揖：“饥不择食，还望前辈宽恕。”

老者大笑道：“桃花灼灼，桃之夭夭。昨夜大梦可醒否？”

李白更是愕然，昨夜大梦，清晰如影，老者怎知？遂叹道：“但愿长梦不复醒。”

“太白自此诗思不竭！”老者笑道，“终南山人张果老，还请李长庚去草庵小歇。”

李白闻言，激动不安。原来张果老乃大唐得道高人。有人云其生于战国，在人间已历千年；有人云张果老早已成仙，时游于天地之间。张果老知李白心思，遂上前相牵李白，步入草庵。草庵清洁如雪，二椅一桌，已置上热茶。

“仙人怎知李白？李白不安，受宠若惊。”

“我知李白，没有原因，只有因缘。去京城长安走错路矣，汝可知否？”张果老道。

“愿听仙人指路。”李白再次施礼。

“尘世纷杂，长安尤甚。洁净之身，去蹚浑河，他日即出，必污秽不堪。怎如修道？修道之人，一日成仙，则餐风饮露，而栖于良木；品行高洁，如同日月；骑鹤升天，自由遨游。”张果老道。

“尘世虽污，可譬之暗夜，李白愿做一星可乎？一星可照自身，亦可证明暗夜。人间悲苦，若无星月之光，岂不更暗？”李白略思片刻，轻声答道。

"一星之光，譬之如沧海一粟。奈何冷风阵阵，浊浪涛涛，恐一星之光难扼也。"

"世人孤苦，我岂心安？梦中见寂寞嫦娥，尚以月光之柔、桂花之露，聊慰众生。我愿以一星之光，以一腔热血，为苍生祈福。"李白又道，"再以热情之火，去点燃银河两岸百万火炬，使暗夜撕裂，人间温暖，李白终生所愿也。"

张果老道："汝天资聪慧，又阅历丰广，吾本欲收汝为弟子，共论仙道，不想太白竟无此心。"

"非无此心，实乃李白即着尘世，尚无一德以济众生，尚无一事以利百姓。若心愿已成，岂有不随前辈之理？"

"舍小我而成大我，君子之行。我期太白来日！"张果老闻言，仰天赐以偈语，"太白太白，千古之才；大才无用，青史垂名。"

李白默然。

猛想起秀竹诸人不知自己身处何处，恐怕正在急急找寻自己，遂起身告辞。

待李白睁开双眼，已是艳阳普照，自己竟已回至崖上。秀竹见李白完好无损，放声大哭道："一阵狂风卷你而去，已有二日。我等四处找寻，不见踪影。只怕与先生不得相见矣。"

终南山西北百余里，即是京都长安。李白诸人早起，迤逦沿山路而行。说话之间，已去终南山五十余里，来到一座破旧山神庙前。李白诸人正欲歇息，忽听一声响，有人自梁上飞下，亦不答话，鬼头大刀直向李白及尉迟重瑞袭来。

李白大惊，侧身躲过。但见施袭四人，俱着绿衣。李白与尉迟重瑞贴背而立，口中念一个诀，遂仗龙泉剑袭向为首大汉。龙泉剑出鞘刹那，一阵龙吟！李白惊诧：莫非汉水除蛟龙影附剑？再试此剑，果有异处！那大汉力猛，刀法却糙，数招之后，已落下风。龙泉剑剑光如水，洒向大汉，不一刻，那大汉满身挂彩，鬼头刀“当啷”落地。再看尉迟重瑞，霸王长鞭如车轮滚滚，那三汉又相对力弱，已有二人倒于血泊之中，剩下一人亦只有招架之功。李白正欲喝止，奈何尉迟重瑞手重，眼见长鞭已击中那人脑门。

李白长叹一声，遂问为首那汉：“不分青红皂白，为何杀人？”

那汉答话。原来是安禄山部下死士曳罗河。“曳罗河”乃突厥语勇士之意。安禄山于大军之中或于被俘军卒之中，选同罗、奚里、契丹、突厥精干之士，组成曳罗河方阵，又养家童百人，皆有勇力，骁勇善战。此队曳罗河奉将令，于此截杀赴京科考之人，已三日矣。李白沉思，看来安禄山对大唐果藏祸心：派契丹武士刺杀科考之人，以绝唐朝未来之栋梁。又及言语不通，死无对证，又可移祸契丹，可谓用心良苦。提起安禄山，李白又想起桃红之死，不由口中切齿喃道：“吾与此贼，势不两立！”

尉迟重瑞问李白如何处置，李白寻思，若放其生路，或则又有科考之人遇害，或则回禀安禄山，都将不利，遂转身不语。尉迟重瑞手起剑落，送那汉归西。

黑蛮亦将山神庙捣毁，放起大火。李白诸人快马加鞭，直奔长安。

灞河桥宛如彩虹，架于灞河之上。诸人临于桥头，歇马眺望长安。远处一片苍茫，众人心中惴惴。

马蹄声响，两员军士已快马来到。“可有入京公文？”一军士喝道。

尉迟重瑞勒马向前，从怀中掏出文书，交于军士。

“诸位稍等！”两员军士去了片刻，却见一队军士在灞河桥上排开。中间一员战将见尉迟重瑞诸人，呵呵大笑道：“不想是世侄回京。我乃京兆防御使邓子安，是先祖裨将铁臂膀邓通之后。诸位且至驿站歇息，明日送公子诸人进京。”

李白诸人大喜，相携而过灞河。

长安乃是历代古都。李白诸人自春明门入城。李白初入长安，跻身人流，忽觉长安太大，自己不由自主随波逐流。

八·落难长安

暮春，大唐科考之时。尉迟重瑞早早收拾停当，由李白陪同，前往皇城外点军场应试，各地举子亦齐聚于此。远处一方黄色牛皮大帐置在高处，披红挂彩。旁书两行金字：“严明公正，奉旨选才；不拘一格，唯才是举。”熠熠闪光。

一阵鼓声响起。五位选才将帅，雄赳赳、气昂昂步入大帐。其中一人身高九尺，虎背熊腰，脸如锅底，目如闪电。李白心中一紧，莫不是安禄山？

一位黄衣宦官立于帐前，宣读圣旨：“大唐科考，为国选才，严明公正，唯才是举。吾皇特委陇右节度使哥舒翰为主考官，平卢节度使安禄山将军为副考官……”

李白乍听安禄山之名，心中一片茫然，不由摇头苦笑。又一军官宣读考场律例，竟无一字入耳。

又是一通震天鼓乐。一白脸少年骑马持枪而出，此人乃北平太守史思明之子史朝义，武艺出众，人称银枪将。史朝义神采飞扬，飞马绕场一周，于点军场正中勒马而立。一军士立于大帐前，宣道："各地举子，若与史将军战十回合以上者，即中皇榜，进士及第。"

话音刚落，早有一胖大举子骑劣马、举砍刀，向史朝义奔来，亦不答话，挺刀便砍。史朝义一个镫里藏身，躲过刀锋，回马一枪，正刺中那举子腰窝。那举子大叫落马，被众军士抬离点军场，自去疗伤。如此，不及一个时辰，已有五位举子被史朝义银枪挑落马下。

史朝义仰天大笑，鼓声顿起。正喧嚣中，又有一人从众举子中骑马而出。那举子头束青巾，着粗布青衫，腰系白绸；胯下一匹杂色劣马，手持一柄长枪。李白正眼视之，竟是火烧香积寺时邓州布衣举子铁枪将张巡。张巡走马向前，亦不答话，便与史朝义搅成一团。战至十余回合，史朝义挥手中剑向张巡头顶砍来，张巡忙举枪相迎，只听"咔嚓"一声，长枪断为两截。原来史朝义手中之剑曰"青冥剑"，亦是名贵之剑。普通兵器，如何抵得。张巡遂把两截断枪当双鞭用，又战十余回合。知道史朝义兵器厉害，张巡不敢怠慢，腾挪躲闪，已见败象。

正于此时，李白大喝一声："龙泉剑借你一用。"便传花般将龙泉剑掷向张巡。张巡接过龙泉宝剑，迎着史朝义举剑便刺，两剑相交，火花四溅。众举子齐声呐喊，为之助威。眼见张巡已挽回颓势，急攻史朝义，正于此时，忽听得一声锣响，二人勒马，分开身来。只见传令官于大帐前朗声宣道："邓州举子张巡，进士及第！"众举子齐声欢呼，震天动地。早有紫衣侍者自大帐缓步而出，手捧一朵大红绸花，由五位考官之一邓子安斜戴在张巡胸前。

张巡骑马至大帐前，满面春光，下马长揖。之后，手捧龙泉剑向李白走来，见李白施以深深一礼，答谢道："在下张巡，多谢先生拔剑相助。若有异日，自当图报。"

李白道："我昔日与你共讨匪僧，就见将军英气逼人，定能成就大业，故相助也。"

张巡谢还龙泉剑

“上次匆忙，未能畅谈。明日午时，张巡于长安清水楼恭候先生。”

二人惺惺相惜，依依而别。

午后，三通鼓罢。史朝义饱食歇息之后，仍披挂停当，勒马点军场中。又有一位锦衣举子自人群策马而出。验武官史朝义却枪不出手，剑不出鞘，轻挪闪躲，处处让招。众举子看得愤然，果不所料，那举子遂成心愿，亦中进士。

紧接着一绿袍少年举子出马，史朝义亦是如此。看来是有意卖下人情。众举子目睹，皆私语道：“如此徇私，视大唐科考为儿戏，不知得下多少好处？”

李白激愤，按捺不住，遂勒马而出。史朝义见其衣着鲜亮，峻拔飘逸，大笑道：“不如一起做人情送你，可报上姓名。”

李白正色道：“天朝功名，岂容徇私？”乃提取真气，龙泉长剑已离鞘在手。“不识抬举！”史朝义大喝一声，持枪便刺。李白以剑格开，遂欲以二十四式太白醉剑剑法胜他，却忽听一声锣响，李白勒马，二人只得分开。

早有一员将官立于大帐之前，大声喝道：“尔乃何人？可有官府举荐文书？”

李白愕然。原来李白借剑之时，已被安禄山认出，遂布下军士，只要李白现身，便要羞辱于他。那安禄山数年前与李白长江大船上交手数十回合，深知李白之能，见李白今日出手，便知史朝义凶多吉少，故而鸣锣。

李白道：“在下四川布衣李白，字太白，未曾考取武举，亦不得官府举荐。然报国之心拳拳，还望大人明察。”众举子闻听李白之名，纷纷私语。

“唐律在上，竟敢如此扰乱大唐考场！还不乱棍打出！”安禄山一声喝下，早有众军士向李白拥来。李白仰天长叹，勒马而出点军场。众举子一片哗然。

再一通鼓罢，又一少年举子催马而出，正是尉迟公后人重瑞。

尉迟重瑞亦不言语，微施一礼，即催马向前。史朝义见其来势凶猛，

不敢大意，以长枪封住门户。尉迟重瑞抡开双鞭，如车轮滚滚；史朝义舞动长枪，如风似电。两马交错，大战五十余回合，眼见史朝义力怯，忽听锣响。

尉迟重瑞本已胜券在握，不由愤懑懊恼不已，却不得不勒马收鞭。哥舒翰道："二人真将才也！龙虎之斗，恐有一伤，有损国家栋梁。史将军稍歇，谁若胜尉迟重瑞，本帅定当向我皇力荐。"

至此，众举子方放开手脚。眨眼之间，落马者十数人，过十招者，亦三五人矣。尉迟重瑞正欲歇息，一红脸青年手持錾金长枪而出。其枪势大力沉，险些搅飞一鞭！尉迟重瑞细看：莫不是相逢郧州之郭子仪？尉迟重瑞遂想起那晚于荆紫关驿站，与李白一起看郭子仪月下舞枪之时自己的戏话，不由哑笑，心道："看来与我争状元者，唯郭子仪也！"遂提足真气，抡圆双鞭，鞭气所至，如风如浪；郭子仪亦荡开长枪，如猛虎下山，蛟龙出洞，直杀得尘土飞扬，天昏地暗。二人大战百余回合，未分胜负。

众举子齐声喝彩，点军场鼓乐齐鸣，众考官亦看得呆了。二人正斗在分际处，锣声顿响。

哥舒翰大帅立于帐前，哈哈大笑道："真是将遇良才，棋逢对手！二人皆将才也！天朝有汝等俊才，何忧外患？二将军武艺不分伯仲，可以箭术定输赢。"众举子闻声欢呼。

箭术比赛结果，郭子仪略胜一筹。哥舒翰大帅宣布武状元为郭子仪。

银枪将史朝义榜眼及第，追风索魂鞭尉迟重瑞探花及第。武状元金枪将郭子仪走向大帐，俯地长揖道："臣蒙厚爱，定肝脑涂地，以报天朝。"

李白含泪离开点军场，飞马灞河岸，忽然感到自己像置于岸上之鱼，自长安开始呼吸艰难；又像逆行于冬日旷野风中，孤独、寂寞，冷风飕飕。雨水淌在李白脸上，淌在马背上……

忽一声长长马嘶，惊醒李白，是秀竹寻来。见李白此景，秀竹下马，眼泪潸然而下。“先生，谁不知先生旷古大才？如山中巨木，只可做栋梁，不可做小器。天色已晚，又在雨中，淋湿身子，若带病体，可如何是好？”

秀竹细语如春风化雨，抚慰李白心田。李白下马，不自禁伸出手来。秀竹不言语，如一朵花静静偎着李白。就这样，孤独的李白把秀竹温存地抱在怀中，如怀着一段忧伤之河流。也许，怀抱这个女子，李白可悲之命运，才有了价值和灿烂之瞬间！

李白轻叹一声：“达官贵族多视天下苍生为草芥。小女子如花如月，无非是掌中之玩物，怎如秀竹？自此长在李白心中。我以心血滋养，以诗以剑呵护。百年过去，秀竹不在，李白必将心无所寄，浪迹天涯。”

翌日，李白由秀竹相伴，早置昨日之辱于度外，亦满面春风，向尉迟重瑞道喜后，携秀竹上马，应张巡之邀，共赴长安清水楼。

张巡介绍挚友京兆御史陆调、师弟南霁云。

“久闻太白诗名！今日当纵酒长歌，不亦快哉？”陆调道。

“学成文武艺，货与帝王家。”李白苦笑道，“太白苦作数年之功，却似一弃妇，被乱棍驱出，沦为天下举子笑谈。”

“官场亦如战场。张巡本乃布衣，随叔父自幼练剑深山老林，本欲不出，却屡蒙举荐。不得不为苍生计，已将荣辱置之度外。我已禀元帅及吴大人，愿出京去，与边关冷月共度年华。”

京兆御史陆调道：“我大唐不能遗明珠于荒野。三月之后，制举亦将选士，参加制科者皆负文武之能，并由各地五品以上官员举荐。参加制科之人所有策论皆由皇上御览。那评卷之人乃我故旧，人称“酒仙”之秘书监贺知章。我当竭力举荐，君定能金榜题名。”

日暮，诸人大醉。李白停下酒筷，拔剑四顾，茫然无路，不由仗剑再歌：

金樽清酒斗十千，玉盘珍馐值万钱。
停杯投箸不能食，拔剑四顾心茫然。

欲渡黄河冰塞川，将登太行雪满山。
闲来垂钓碧溪上，忽复乘舟梦日边。
行路难！行路难！多歧路，今安在？
长风破浪会有时，直挂云帆济沧海。

应京兆御史陆调之邀，秘书监、知贡举酒仙贺知章，京兆尹吴筠在京华楼相识李白。三人不及言语，贺知章已豪饮三坛陈酒，只见酒仙满面红光，白须张扬。李白亦是心无所系，开怀畅饮，酒湿襟前。

贺知章乃道："奉天子诏，吾仕知贡举，于后日文华大殿以览天下士子才华。太白于庙堂应策，定中魁首。数年前读太白《乌栖曲》《越女词》《明堂赋》，诗文足以惊天地、泣鬼神矣！今见李白，真乃谪仙人也！吾适才不言，狂饮三坛，实乃敬太白之大才也。日后青云，贺季真亦不求佐福，但愿能与太白日日畅饮三百杯，不亦乐乎？"

"'碧玉妆成一树高，万条垂下绿丝绦。不知细叶谁裁出，二月春风似剪刀。'我少时即诵此诗。今日得见前辈，焉不欣喜？"李白接道，"古来圣贤皆寂寞，惟有饮者留其名。世风可饮，江山可饮，大漠可饮，灞河可饮，银河可饮……入至肺腑，皆成珠玑。故而，太白需隐忍以待时机。"

酒仙贺知章大笑："数坛陈酿已见坛底，太白始露才华，犹如日月，真乃仙人也。从此季真改称太白为谪仙，可乎？"

李白大笑。贺知章酒兴大起，又道："太白心有块垒，须以酒浇之。"遂解下腰间金龟坠儿，递与酒家，"换上等美酒来！"

李白沉吟片刻，抬首又道："自古大才难为用，若山中之巨木，不可做小器。太白自出川以来，备受世人排斥、诽谤、嫉妒、嘲弄、白眼甚至追杀，不解其详。是故今日大醉。"

"不可做小器，只可做栋梁。"吴筠接道，"世人常以己之心，推及诸人。不知谪仙自天上来，偶游人间。太白俊逸，反显出世人委琐；太白奇才，反显出世人无知；太白高洁，反显出世人粗俗；太白博大，反显出世人狭隘。有道是大象无形，大音希声，真水无香也。”

正在说话间，就听楼下人喧马嘶。李白转头望去，只见大车华盖之下，一锦衣少年头顶红冠，神情赫然！李白不由皱眉。京兆御史陆调却笑道：“此乃当朝斗鸡神童贾昌，深受后宫娘娘们喜爱，连皇上亦为之戴冠，关爱有加。”李白闻言，乘着酒兴，当即放歌讽道：

大车扬飞尘，亭午暗阡陌。
中贵多黄金，连云开甲宅。
路逢斗鸡者，冠盖何辉赫。
鼻息干虹霓，行人皆怵惕。
世无洗耳翁，谁知尧与跖。
…………

李白、贺知章、吴筠正说话间，忽见一位纨绔子弟径直来到李白面前。此人正是斗鸡神童贾昌，他蔑言道：“四位于此高谈，聒噪已久，贾某海量，已忍下了，想来心中毕竟不畅。四位虽可无视京华楼众客，却不该冷落身边这一如此娇美女子。”

吴筠闻言，抚案大喝道：“尔乃何人？安敢于此撒野？”李白亦横目冷对此人。

“真不识我贾昌？我乃当朝大将军之义子，贵妃之侄，御前千牛卫。今日正值我生辰，三位开通，可否借此女子，清歌一曲，为我助兴？”贾昌以手相指秀竹。

秀竹脸色愤红，李白忍住怒火，道：“此女乃我家眷，多有不便。我可着五锭银，为公子另请歌女助兴，如何？”

“哈哈哈！”贾昌大笑道，“视先生狂歌仗义，不想竟如此小气！小女子为我歌上一曲，自有大大人情相送；拂我颜面，实让我无颜见众兄弟矣。”贾昌身后，数十顽劣少年亦大笑不止。

酒仙贺知章知其是当朝高力士义子，亦不愿惹上此人，遂道：“公子不得无礼！我乃太子宾客贺知章。在座还有京兆尹吴筠大人、京兆御史陆大人。此人乃是名满天下之李太白。还望公子去别处寻乐，免得不快。”

“好大的官哪！身为天子近臣，贾某自不敢惊官。只是听说此人于点军场上无视唐律，为安大将军着军士乱棍逐出，却不想成了几位大人之座上宾。可叹！可笑！”贾昌摆头摇尾，如鼠之目自在秀竹身上逡巡。

李白大怒，拍案而起道：“那只好问我手中之龙泉剑！”不待贺知章与吴筠劝阻，李白已站起身来，仗剑在手。

“正合我意。”贾昌回身拔出金刀，劈头便向李白袭来，边砍边道，“众兄弟听着，有人欲行刺天子侍卫，可要作证。”李白以剑相迎，见贾昌功夫不弱，亦不敢大意。那贾昌不知深浅，定要在众人面前逞威，竟步步紧逼。李白无奈，飞身京华楼下，贾昌乘势追下，于京华楼前空地之上，一场好杀。见此人如此不知好歹，李白大喝一声，展开二十四式太白醉剑之法。李白一式“犀牛望月”，正挑下贾昌头上束带，贾昌乱发拂面，招式已乱。却不想贾昌一挥手，身后十数个纨绔公子，皆持刀剑而来。李白虽奋力招架，却独虎难敌群狼，眼看情况危急。正于此时，一队官兵闻讯已至京华楼下，将诸人团团围住，诸人只好歇手。原来京兆御史陆调见贾昌势众，恐伤李白，已暗中调来军士。

贾昌见状，不慌不忙收拾头发之后，面向带队将官道：“史将军别来无恙！小弟生日，无以助兴。与李白切磋武艺，亦犯法否？若损店家桌椅，小弟照价赔偿就是。”

如此奸猾之人，实乃少见，那带队军官竟也无言。贾昌又回望李白道：“好剑法，好护花使者。来日方长，今日少叙。”言毕，携众人大笑而去。

原来那贾昌乃是长安有名的恶少。因其斗鸡绝技，为皇上御封五百斗鸡童之首，又因模样俊俏、生性机巧，甚得后妃及公主垂青。宦官高力士无嗣，将其收为义子。其父贾国录因其受宠之故，竟任耀州转运使。今日惹上此人，李白多舛之命运又将多上一次劫难。

听三声炮响，朱红大门砰然关闭。宫城文华殿内寂然无声，各地官员举荐的文武士子齐聚于此，伏案疾书，各展文采。李白见题略一思索，遂文思泉涌，行文如流水。未及三刻，早已完笔，遂举策论向殿上走去，众士子皆惊愕。

殿上坐着一人，正是考场监督官高力士。那高力士虽是宦官，一个无根之人，却城府极深，又武艺超群。拥当今皇上玄宗登基时，他手持斗大紫金锤，率内侍与太平公主铁骑激战虔化门，立下汗马功劳，故备受皇上宠信，呼之曰将军。李白略一施礼，将策论奉上。却不想高力士目不一视，一声大喝："如此潦草文书，已负皇上圣意；如此仓促出文，更是视大唐制科如儿戏！"愤而将李白策论撕碎，掷于殿前。

李白大怒，本欲分辩，却不想高力士又大喝道："若要强辩，定当以扰乱制科之罪，严惩不贷！"早有众军士齐出，将李白拥出文华殿外。朱红大门于李白身后重重关上。

原来高力士亦早闻李白诗才，知贡举贺知章亦向其竭力举荐。高力士却心想，李白出身巨贾之家，定向贺知章行下巨贿。那贺知章接下贿赂，卖下人情，却要我高力士为之出力，况又未受李白一铢之好，高力士岂能心甘？再加之那京城恶少贾昌已在高力士面前，为李白种下祸根，李白焉能入选？

沉重朱门自李白身后重重关上，亦关上了李白入仕报国之门。

李白仰首长天，涕泪纷纷：

大道如青天，我独不得出。

羞逐长安社中儿，赤鸡白狗赌梨栗。

弹剑作歌奏苦声，曳裾王门不称情。
淮阴市井笑韩信，汉朝公卿忌贾生。
君不见昔时燕家重郭隗，拥彗折节无嫌猜。
剧辛乐毅感恩分，输肝剖胆效英才。
昭王白骨萦蔓草，谁人更扫黄金台。
行路难！归去来！

李白病了，病在唐朝，病在长安，病在床上，病在秀竹心头。

酒仙贺知章闻讯，急急赶往尉迟府中。原来知贡举贺知章在阅卷之时，寻来找去，不见李白策论，问之左右，才有人将高力士所为相告。贺知章大愤，拟找高力士明辩，奈何高力士闭门不出，遂连夜上书皇上，拟为李白讨回公道。想那书生意气，怎抵高力士百般奸猾。皇上不为所动，皇榜亦于昨日张出。

贺知章道："文华殿之事，我已面禀皇上，并已将你数章大作，呈皇上御览。皇上亦是开明之君，一日被蔽，日后自明，太白大可放心。大唐不是人才太多，而是太少太少，皇上亦自有思忖。"

"多谢酒仙美意。高力士所为着实让李白不甘。若有异日，定当让那厮为我脱靴磨墨。想大唐社稷有安禄山、高力士诸人为祸，而忠良之士却报国无门，不由心焚如火。"

说话间，又有人前来探望。进门者乃是京兆尹吴筠、"草圣"张旭。张旭道："我自终南山来，途经一山间村落，各家门户俱悬一图，面相甚恶，然则民极仰之。我不解，乃上前询问，原来那图上之人亦是一落第举子，姓钟名馗，贞观年间，入京科考。进士落第返乡途中，竟觉无颜回见父老，头撞山石而死。乡人怜之，厚葬其于终南山下。由于天下连年征伐，无辜死难者甚众，皆魂魄不散，为山中野鬼。山人们就常见钟馗持剑，满山搜鬼，捉而食之。是故，山民之家悬其图像，以求平安。张旭闻之，感悟非浅：

报国为民，非科考一途，即使死去，亦可为之。”

李白停杯笑道：“有趣，有趣！太白竟无病矣！”

尉迟重瑞约李白出尉迟府第，沿朱雀大街前行，直向皇城而去。一个时辰之后，二人止步于皇城下一座高大府第。阔玉门廊之上，高悬“秦府”二字，正是大唐开国元勋秦叔宝之宅第。

早见秦府主人、大唐新科文状元秦国桢快步出迎。“来得唐突，莫要见怪。”尉迟重瑞还礼道，“吾不日将远赴边关，一来辞行，二来将好友李白托付兄长照应。”

秦国桢闻言，淡笑道：“太白布衣入长安，必是坎坷颇多。文华殿试，我为太白不平。皇上于含元大殿钦点愚兄为状元之时，我已暗将太白《大猎赋》《乌栖曲》转呈。知贡举贺知章评道：‘太白诗文泣鬼神矣！’玉真公主亦喜太白之诗，曾托宫人四下寻找。”

尉迟重瑞得中探花后，上殿面圣，皇上即钦点他为忻州防御使，赐金剑良马，着即上任。尉迟重瑞将庭院及家中什物交与李白。李白与秀竹亦骑马相送，穿过长安，直送至灞河桥上。李白下马，折下一支柳枝，与尉迟重瑞执手相握，泪流双颊，作歌与公子相别，吟道：

长安一片月，万户捣衣声。
秋风吹不尽，总是玉关情。
何日平胡虏，良人罢远征？

冬天来临，长安一派萧索。李白室中，却炭火正旺。秀竹不停向兽炉喂火，幸福之李白，就这样静静看着秀竹、诗书、雪花……做着连绵不断之幽梦。

“砰砰砰”，一阵急促敲门之声，惊醒李白。

李白急忙起身，打开庭门，不想那人拜上一封书信，便倒地痛哭。细视之，乃是岳父家中仆人。书信是夫人许桃红之遗书。原来夫人桃红已染病身亡。

李白闻之，泪如雨下。秀竹亦大感悲伤。李白待心思稍定，回复家人自己会尽快返回安陆。李白与秀竹于灞河之岸，为桃红摆下祭桌，供上祭物，向东南而叩，遥为追魂。

正于伤感寐思之中，忽听有人在身后怪笑："好一个多情郎，于如花女子面前，奠念前妻，言辞悲凉。呜呼！我为汝之美女而不平矣！"

李白道："吾心正值烦乱，与汝何干？"忍恨拔出龙泉剑，指向贾昌。贾昌下马，早拿九环金刀在手，直向李白袭来。李白不敢怠慢，施开二十四式太白醉剑剑法，如风如电，剑气袭人，剑剑相连，如雨似雪。几十回合后，李白一式"长河坠月"，只听贾昌一声大叫，九环金刀当啷落地，以手紧捂双眼，血自指缝淌下。龙泉剑一线凌厉剑气，已生生夺去贾昌一目。

贾昌身后数名斗鸡童见之大骇，亦不顾倒地恶少，早有一名鸡童飞马前去报官，另数名斗鸡童各仗刀剑，将李白、秀竹紧紧围住。李白见贾昌倒地，痛苦不堪，哀号不止，心恨稍解。又见数位斗鸡童并未向前斯杀，亦收起龙泉剑。李白立于灞河之岸，心中一片茫然，本欲携秀竹离去，又恐各地官府画图缉拿，损了自己名声。

未过几时，一队军士呐喊而来捉拿李白。一声锁响，已隔断李白与喧嚣尘世。

翌日，李白被狱卒挟持，一直带至京兆尹吴筠大堂之上。吴筠见是李白，甚为惊异，遂道："太白何以至此？"

李白见好友吴筠，心中稍宽，便将此项事一一道来，然后签字画押。李白作别吴筠，又被狱卒送回牢房。

吴筠退堂之后，于京兆尹府后室不停走动。想李白命运如此多舛，不由心酸，决心救下李白。又知非常人之所能为，遂邀贺知章及新科状元唐开国公秦琼之孙秦国桢相商。

贺知章道："贾昌乃当今宠儿，只有蒙皇上大赦，方能救出李白。我日前向皇上举荐李白之时，皇上御览李白诗文，亦有赞许。可由谁向皇上陈情？”

秦国桢道：“皇上宣我为状元时，玉真公主曾向我问起李白，似有爱惜之意。玉真公主乃皇上嫡亲妹妹，皇上对其爱惜有加，可否向玉真公主说项？另有贵妃杨玉环与玉真公主交厚，亦可解此中缘由。”

吴筠一听，顿觉一振。原来吴筠散淡功名，潜心论道，玉真公主虽身为当今皇上之妹，却不喜权贵，只好修道论禅，曾拜司马承祯为师，又与吴筠常论玄机，相交甚厚。吴筠遂与贺知章、秦国桢一起，赴皇城宁心阁叩见玉真公主。

吴筠诸人将李白之事告知玉真公主。玉真闻罢，略加思索，轻启朱唇道：“偶读李白之诗文，深感其乃旷世之才。我悔恨生于深宫，不得与其谋面。若有机缘，可代为引见。李白之事我自会向皇上相求，谅亦无妨。诸人且回，代玉真问候李白。”玉真言毕，转入内室。吴筠诸人闻之大喜。

狱中李白仰望屋顶，想起命运如同浮萍，不能自主，感伤不已。思起桃园与张果老相遇，莫非张果老那句偈言——“太白太白，千古之才；大才无用，青史垂名”真要印证？想自己慷慨之心，竟无寸报；处处艰难，不知所从，忽然间万念俱灰。不由心道：“李白若度过此劫，定去终南山寻仙问道，不惹尘世。”

正寐思中，听见牢门声响。几名狱卒进来，带出李白，解下镣枷。又过来几名军士，着李白上了一顶蓝布小轿，放下软帘，不知何去。走了一个时辰，出现两名宫娥，掌灯在前，小心引路。进入一处暖阁，一架古琴横置窗前。“先生请坐。”一甜美声音自身后传来，李白转身，见一女花容月貌，高贵至极。

“我乃玉真，闻先生诗名，请教先生。”玉真微笑道。

李白见状，连忙施礼道：“公主金枝玉叶，吾罪囚来，已感意外，何敢托诗名而高座？”

玉真又道，“先生之事，已听吴筠大人言起。怪那恶少贾昌无礼，我亦禀告皇上及贵妃，贵妃贤惠，已体谅先生。皇上让您写下一纸悔书，再着银两，不拂贾家颜面。先生诗才盖世，却不想武功亦卓绝，只是手重了。”玉真言毕，美目细视李白。

玉真之言如涓涓细流，流入李白心田。李白做梦亦没想到能蒙公主相救，遂躬身长揖道：“皇上圣明。公主之恩，李白记下。贾昌虽无礼，我本当避之，却不料伤他，亦悔矣。李白愿付五百金，为贾昌疗伤，亦自当写下悔书，解开冤怨。”

玉真起身，细视李白英俊飘逸，宛若仙人，亦自欣喜，脸色不由一红。

“起来吧，救先生是为国揽才。先生高雅，可否听我一曲？”玉真公主轻抚古琴，琴声似水，自玉真指尖淌出。

李白听之亦醉，不由随琴歌道：

有时忽惆怅，匡坐至夜分。
平明空啸咤，思欲解世纷。
心随长风去，吹散万里云。
…………

过了片刻，玉真止下琴声，心跳急促，脸色绯红，转入内室不见。李白亦沉思良久，随宫娥而去。玉真使宫娥传话：“三日之后，可出狱门，请李白安心。”

再回牢房，已是黎明，正欲入睡，忽有狱卒高叫着李白再去大堂。

今日之大堂非比往日，一派肃杀。高堂之上端坐之人正是耀州转运使贾国录。不听李白分说，就着军士痛打李白三十军棍，拂袖而去。

醒来时，李白已躺在吴筠书房。李白双股间敷满金创药，仍疼痛不止。

吴筠见其醒来，长出一口气：“太白受苦矣！昨日皇上已下圣旨，赦免太白之罪。贾国录徇私枉法，为子报仇，奈何？太白且忍下，待伤养好，再与恶贼理论。”

李白无言。贾昌小儿正受宫中宠幸，与之相争，何日可了？李白伤好，自携秀竹离开长安，远游他乡，潜心仙道。

九·骊山惊魂

李白身影如同一枚石子，投进玉真公主心湖，激起阵阵涟漪。深居皇宫之玉真，亲眼目睹父皇与后妃们爱之游戏，以及亲人们于权力巅峰上，翻手为云、覆手为雨之狂热，相互倾轧、刀光剑影之惨烈。生性娴静之玉真倦了、累了，想找一个肩膀靠一靠，想找个怀抱歇一歇。实际上，这些年来，她一直在寻找。皇宫很大，却又很小；皇宫太热闹，又太冷清。玉真一直在想，那个人会出现：即便是天边之流星、雨中之闪电。玉真一直在想，她会爱上那个人，那个人总在她梦中出现。飘逸之俊郎啊，可知玉真冰清之心？

他来了，梦中之人骑着白马，带着她十八岁青春、二十五年怀想，连绵不断之梦想……手持古剑而来！

玉真害怕了。他将杀了玉真，心如炙火已快将她焚化；他将杀了玉真，玉真愿意给他身体、给他血肉、给他所有一切……可怜玉真像一个胆怯的孩子，她渴望和害怕的，终于来临了！

李白对此却一无所知！

吴筠来访。吴筠笑道：“玉真公主也记挂太白，相约你我于长安城外，骊山紫云观相见。”

李白欣然从之，遂与京兆尹吴筠一起，快马向骊山而去。不及两个时辰，李白与吴筠已至骊山之下。

一阵琴声自山中绿色深处渗出。沿着琴声，李白与吴筠缓步向玉真别馆紫云观走去。

琴声源自观中厢房。玉真公主待李白、吴筠走近，方止琴声。

“好一曲紫云调！行云流水，仙乐飘飘，令李白不能自持。”见玉真公主，李白略正衣冠，躬身大礼。

“先生儒雅，见笑了。可知其中之意？”玉真轻言道。

“太白愚钝，然闻琴声而知雅意。曲中莫不是此意？”李白见玉真期待，口中吟道：

燕赵有秀色，绮楼青云端。
眉目艳皎月，一笑倾城欢。
常恐碧草晚，坐泣秋风寒。
纤手怨玉琴，清晨起长叹。
焉得偶君子，共乘双飞鸾。

玉真公主闻李白吟至“焉得偶君子，共乘双飞鸾”之时，面若桃花，连忙岔开话题，轻声道：“读先生文章，或仰之长啸，或俯首龙吟；或金戈铁马，或啁啁鸟鸣。先生胸怀万仞，浩瀚如海，却做龙困。此为先生之憾矣。”

李白俯身道：“公主读懂李白，实乃天幸！”

玉真笑道：“如此言语重了。不如走出观外，可随心而言。”随后款款起身，目下示意吴筠留观，自与李白沿观前小溪，走向山中。

玉真公主笑道：“玉真昨夜一梦：吾泛舟于海上，大雨突降。吾惊慌失措，号呼不已。危难之际，一人立于鸥鸟翅上，从天而降，携我飞升，竟至银河。两岸火把照着，一行白鸥飞行。耳边不闻风声，却有轻歌：‘人有别离兮，月有圆缺。世有挚情兮，山水难割。’”

玉真脸色酡红，声音渐低，目有泪光。

李白闻之，心有所动：“吾欲乘风而去久矣！”

玉真见李白有意绕开话题，心中烦恼。想自己数日来，饱受相思之苦，又至此洁净之地，不由鼓足勇气，抬起美目，直视李白道：“那人竟与先生相仿。”

看着玉真燃烧之目光，李白忽想起秀竹，忙避开玉真目光，垂首道：“多谢公主惦念李白！”

玉真之心，如同被针刺了一下，眼眶湿润。沉吟良久，玉真轻喃：“那人即是先生。”遂坠泪不语。

李白心中一震，想数日来玉真对自己处处关心、呵护有加，竟不知所措。

平心而论，李白亦喜玉真。只是事情来得突然，不由李白去认真思忖。

李白亦止身溪前，静看溪水，低声道：“玉真如玉，李白生性狂放，恐伤公主；玉真如水，李白生性乖张，恐搅公主。”闻听此言，玉真心中一阵暖流涌过。“先生应静视玉真，玉真亦是一凡间女子，生于皇宫，非我愿也，奈何天命！自遇先生，玉真便决心为先生，生或死。”玉真之语，如同惊雷。

李白怦然心动：“李白何德，竟有如此之福？李白何能，竟让公主如此？”

“先生才华出众，俊逸超群。玉真愿助先生，展胸中抱负，立不世伟业。”玉真面如枫叶，心跳如鼓。沿着如练山溪，二人边走边语，不觉日暮，月挂南枝。

当晚玉真公主回城，李白与吴筠夜宿紫云观内。早有细作将玉真公主倾心李白之事报与安禄山。安禄山闻听大怒，遂召豢养家童“幽州四鬼”张氏兄弟至帐中相议，密谋刺杀李白。

趁着夜幕，安禄山携幽州四鬼、了然道人许纪、无相观观主吕之望及亲随数人，轻车简从，直逼骊山紫云观。

安禄山一行快马加鞭，不足两个时辰，已至骊山紫云观下。三更时分，月明星稀，安禄山家童已将紫云观围住。查清李白住处后，无相观观主吕之望着一道童，手持一封书信，叩响李白房门。

李白闻听敲门声，翻身而起，接过书信，掌灯视之：“有朋自远方来，不亦乐乎？山顶妄相崖一见。”李白心存狐疑，不知何人相候。难道玉真公主未走？本欲去厢阁相告吴筠，又恐相扰，遂起身装束停当，携龙泉剑前去。

深夜骊山，万籁俱寂。刚一走出道观，那小道童忽然不见。李白更是心疑，持剑在手，于山林小径潜行。不一刻，李白已至妄相崖上。崖上平坦，阔约数丈，月光透过树影，洒满一地。李白仗剑回望四围，不见人影，正欲返身离去，忽有阵阵“嘎嘎”怪笑。笑声如麻，令人不安。

李白已听出怪笑中暗藏之杀机。笑声不止，突然有“嗖嗖”几条黑影，箭一般射向李白。李白挥剑而就，落地之物，竟是数条小蛇！

未待李白回过神来，已见数步之外，站立四人，体形皆粗长壮大，俱着黑衣，手中各持兵器：斧、钺、钩、叉。

不远处，五人相拥一位官人，正是安禄山。

无相观观主吕之望上前一步道：“可闻听江湖人说幽州四鬼之厉害？杀人吹灰之幽州四鬼正立于你面前。安大人想看一场好戏，亦来观战。还有您昔日奴仆、今日安将军手下裨将田承光，亦在身后。”

“安大人还未回边关？”李白蔑视道。

“因李太白未离长安。”安禄山笑道。

那幽州四鬼数十年前成名于江湖，武功之高，匪夷所思。四鬼联手，纵横无敌。李白又知安禄山亲自出马，必将置自己于死地。看来今日凶多吉少。

面对强敌，李白忽想起孟浩然之言，先下手为强。但见李白长衫下真气鼓动，手中剑铮然有声。生平第一次先出长剑，一式“长虹贯月”，直刺向幽州四鬼。幽州四鬼见剑气袭人，来势迅猛，后退三步，列下阵形，弯如团扇。四鬼合力，格开龙泉剑如浪剑气。

“好剑法！好身手！”四鬼之中老大张山开言，如地底之音，“你可弃剑，向安大人请罪，免得一死。”李白紧咬牙关，亦不言语，荡开太白醉剑剑法，时而疾如闪电，时而缓若推石；时而剑花如雪，时而剑气似练。趁幽州四鬼轻敌之时，李白忽将长剑如波似涛之剑气，挽手凝成一线，直向四鬼之中一人刺去。只听一声惨叫，四鬼之中老三张水，已添剑伤。却不想那恶鬼张水伤着右臂，竟挥钩自斫去右臂，大叫一声，又复入阵中。李白大骇。原来那张水害怕李白剑上有毒，故出此招。幽州四鬼闯荡江湖数十载，鲜有对手；又见李白孤身一人，已为其轻慢懈怠之心付出代价。在老三张水的惨叫声中，幽州四鬼已提足真气，催动四象阵，阵式严谨，密不透风。斧、钺、钩、叉各施本领，如风似浪，势不可遏。数十招过后，李白已处下风。身上已添几处伤口，鲜血染红白衣，如点点梅花。幽州四鬼之中，老三张水已重伤倒地，老二张木、老四张石也已挂彩。

田承光见李白剑法渐乱，力不能支，亦大声附和道：“蝼蚁尚且贪生！安大人又许富贵，何以执迷不悟？”李白闻之，突施长剑，“吾送汝回老家！”田承光踉跄几步，手抚胸前剑伤，口不能言，以手指向李白，倒地哀号。

李白大笑。安禄山气极，大叫道：“快杀了他，快杀了他！”李白不语，剑不收势，拼死一争。那幽州四鬼见状，纷纷施出杀招，李白苦苦支撑，危在旦夕。

正于此时，忽然旁边大树之上，有人厉声喝道：“大胆狂徒，尔等不怕落下害贤之名？卑鄙至此，天可杀也！”此人快若鬼魅，恍若蛟龙，从树上飞下。手中玄剑一出，已磕在幽州四鬼老大张山大斧之上，火花四溅，霹雳万钧。张山双臂发麻，大斧险些脱手。幽州四鬼大骇，疑为仙人。

来者正是剑仙吴子隆！

吴子隆自栖霞峰论禅斗武之后，去海上蓬莱闭关苦修禅学三年。三年之后，剑仙出山。前些时日，偶入长安大钟寺，闻李白亦在长安，却遍寻不着。昨日拜谒草圣张旭，得知李白住处，遂前去探访，被秀竹告知，李白应吴筠大人之邀而游骊山，遂再来骊山与李白相见。路途之中，恰逢安禄山一行亦向骊山而去，想起江湖传闻李白与安禄山之不睦，恐不利于李白，遂悄身跟踪至此。

幽州四鬼见吴子隆剑法奇特，功夫深厚，自忖若老三张水不伤，摆开四象阵，倒也不惧。奈与李白厮杀已久，老二、老三、老四俱已受伤，恐难抵之。了然道人许纪见状，已持麈尾，自补幽州四鬼中老三张水之缺，摆开四象阵，宛如车轮，围着吴子隆与李白厮杀。趁一空处，无相观观主吕之望暗中摸出无影神针，挥手便向二人面门袭来。

吴子隆一个“旱地拔葱”，躲过一击。奈李白身已负伤，又值暗夜，侧身躲闪不及，已被无影神针所伤。李白亦知无影神针厉害，遂收身于剑仙吴子隆身后，屏住真气，不让针毒扩散。

“好歹毒！”剑仙一声大喝，剑如霹雳，雷霆万钧，直向无相观主顶上劈来。吕之望不知剑仙之力，竟举剑相迎。剑仙盛怒之下，剑气如虹，早震飞吕之望手中云剑，又复一剑，玄真剑已刺透吕之望前胸，无相观观主踉跄后退数步，口喷鲜血，跌入深崖。

幽州四鬼见状，亦心自怯，步自缓，四象阵阵形已乱。剑仙吴子隆一剑快似一剑，穿花一般，已将幽州四鬼之中张水、张木、张石送上西天。老大张山惨嚎一声，顺手提起田承光，尾随安禄山、了然道人，匆匆逃入密林深处。“若有异日，定报大仇！”张山之音，随渐远之步而渐弱渐息。剑仙吴子隆顾着李白伤情，亦不追赶。

骊山静寂下来，如水月光洒在李白身上。李白已面无血色，呼吸沉重。

剑仙吴子隆目中含泪，双臂托起李白，沿逶迤草径，向山下快步走去……

翌日吴筠醒来，不见李白。观中道童告知，李白昨夜已出，不见回来。吴筠闻听，顿感不祥，急忙下山，寻李白而去。回长安直入朱雀大街尉迟府，早见酒仙贺知章于此。见吴筠匆匆模样，贺知章笑道：“谪仙人何去？”吴筠支开秀竹，附耳贺知章，将昨日玉真公主相邀游骊山之事相告，随后又道：“昨夜太白出观，不知何去。我已四处寻找，不见踪影。如何是好？”满面焦急之色。

“又恐醉于花丛之中。”贺知章大笑道，“我今日前来辞行，不忍亦不敢搅其好梦矣！”

吴筠已听出贺知章话外之音：昨夜李白可能与玉真公主琴诗瑟瑟！遂接话道：“贺大人为何辞行？”

“昨日我已向皇上告老还乡矣！”贺知章喟然道，“少小离家老大回，乡音无改鬓毛衰。我已老矣，唯求全身而退，尚有功名。”

“朝廷莫非发生变故？”吴筠惊道。

“左相李适之昨日罢相。我上前多奏几句，皇上却道：‘爱卿老矣，眼已昏花，不辨是非，可歇息矣。’我连忙向皇上告老还乡，皇上念我为大唐一辈子尽心，也就恩准。”

贺知章接着道：“我适才向李林甫辞别，他道：‘皇门外之御马，平日不吭，可享三品之供。若一日鸣叫于宫门，即入宫监杀之。’我闻之，恐朝廷言路从此绝矣！”

京兆尹吴筠与酒仙贺知章依依而别后，急马直向玉真公主所居宫观而去。玉真公主见吴筠急急而来，不由轻声问道：“发生何事？太白何以未至？”

吴筠闻言惊道：“昨夜太白出观，不见踪影。如何是好？”

“别急，太白乃谪仙人，自有天相。”玉真公主言道，“莫要声张，暗中着人去寻。”

忘忧谷位于中条山南麓。一阵笛声，时似锦帛撕裂，时似云霞齐飞；时似高山流水，时似珠落玉盘……笛声出自一老者。老者面目清癯，美髯拂胸，正是笛仙李谟。李谟精通音律，又擅医术，与剑仙吴子隆交厚。吴子隆背负李白，跋涉百里，乞笛仙为李白疗伤。

见李白面无血色，双唇泛青，笛仙李谟忧道：“中无影毒矣。此毒无色无味，系用鹤顶红、蝮蛇毒加冰雪炼成，非寻常之物可解。若去其毒，内须伤者心静如水，内功相辅；外须以强大内力，将此毒逼出体外，或可一救。”

吴子隆闻之色变，不由黯然道：“此人大才，不可不救！万望老友设法周全。”竟至泪下。

笛仙道：“吾抚其脉象，知李白内功不弱。只是其体内情伤已重，心绪难平。看来须以你我之功，加之雪山红莲相佐，李白尚可一救。奈雪山红莲只生于昆仑之巅，极为罕见，故为至宝。又闻昆仑道士轻易不施与人。”

“那昆仑道士莫不是先朝间一剑震七山之‘五湖散人’李良弼？”吴子隆道。

“正是此人。数十年前，退隐江湖，至昆仑山灵霄峰，炼丹修道。不知年纪，更不知其功夫。其武功独霸天下之时，我等尚幼。”笛仙李谟道。

“李白乃旷古大才，必将遗福后人。既有一线生机，子隆愿赴汤蹈火，在所不辞。”言毕，跨上白玉闪电驹，负剑西去。

五湖散人李良弼传说生于前朝，迄今已有百岁。仗一口七星琉璃剑，成名江湖数十年。

五湖散人听罢剑仙吴子隆之言，长叹一声：“红莲赠予有缘人。莲底相接处，有一段白锦。锦上之图，可让有缘人熟视。我一狂徒，数年前背我而去。我恐他为乱，着十招剑法与有缘人，可与之相克。”

笛仙李谟将李白横置于草舍中央，敞开双臂，以一曲《高山流水》，为其招魂。正于此时，一声门响，剑仙吴子隆已跌倒在草舍之中，手捧红莲，如跳动之火。笛仙李谟大叫一声："若再晚回半刻，李白去矣！"

三刻过后，李白全身热气腾腾，旋即缓缓睁开双目，却见剑仙吴子隆汗如雨下，笛仙李谟唇间已渗出血丝。李白明白获救，遂大叫一声："两位前辈为李白何至如此？"

笛仙李谟不由问道："吾为汝疗伤时，知太白情伤亦重，却是何故？"

李白闻言，略一深思，遂将出川时与桃红之恋相告。

笛仙李谟听李白倾诉，亦自戚然："太白可知我何以至此忘忧谷中？"

吴子隆插言道："莫非辞别了霓中仙子公孙大娘？"

李谟道："汝只知其一，不知其二。"

原来笛仙李谟，就是大唐梨园之主，自称逍遥道人。数十年前，因秦娥貌美，为天下第一江湖好手蝴蝶仙崔九所喜，定要强娶。恰秦娥与李谟师弟、雁门中郎将孟士良相爱。李谟暗助师弟，送秦娥入雁门与其成婚而得罪崔九。又过数年，师弟孟士良与突厥大战，死于沙场。秦娥无奈，携幼女桃红再回长安，入籍梨园。那崔九与当朝岐王交厚。再见秦娥，定要羞辱于她。秦娥执拗，于岐王府毁琴罢演，后被蝴蝶仙崔九挟持，强行成事。秦娥不驯，待崔九酣睡之时，纵火而逃。岐王大怒，鞭笞李谟。由李龟年为梨园园主，缉拿秦娥。笛仙李谟之妻、霓中仙子公孙大娘见李谟因秦娥受过，醋意大发，飘然而去。笛仙李谟得知爱妻云游之中，为蝴蝶仙所伤所辱，痛不欲生。蝴蝶仙崔九性格狂劣，淫乱成性，滥杀无辜，引起江湖公愤。李谟与公孙大娘遂匿越中天姥山，练剑十年，决意与崔九了断。出山之后，李谟夫妇再邀剑圣裴旻、云隐孟浩然、霹雳侠孟少良、散佚真人朱炎火诸人，与蝴蝶仙崔九大战于剡溪。

崔九自恃武功盖世，与李谟诸人自寅时斗至午时，直杀得天昏地暗，鬼怕神愁。他虽手毙孟少良，重伤公孙大娘、孟浩然，但自己亦身负重伤；

再斗李谟及裴旻时，已精疲力竭。崔九想以轻功逃遁，奈剡溪险峻，崖间云遮雾拦，不辨来径。崔九遂愈陷愈深，而坠入天台山散佚真人以丹炉布下之炽霞阵中，化为灰烬……

笛仙李谟揩干泪水，继续道：“公孙大娘伤重，我将其置于此谷，云游四方，为其寻药。一日于蜀地青山之下，忽遇李龟年与秦娥。秦娥见我大哭，不愿再回长安梨园。奈李龟年不许，被我打败而去。我遂着秦娥于南都大枣林等我。不料我自东海采药归来，秦娥已经卧病不起。她自知将要弃世，相嘱于我：其有一婿，名李白，字太白，有经天纬地之才，腹隐万斛珠玑，笔端千般妙文，望我等若有时机，荐于天朝……莫非天意？今日与剑仙相携，得救太白，可慰老友矣！”

李谟涕泪长流，又接着道：“等我回至此谷，公孙大娘已经不治身亡。我将其安葬，于此筑庐守墓。李谟厌倦尘世，身心俱累，就想静静守于此地。”

李谟又叹：“诸人合力诛杀崔九，死而无怨。其人武功盖世，又投了胡天祆教，为教内光明使，供安禄山之母驱使。若不除去，异日不知多少黎民将毁于其手。天下多事之秋将至，我等亦将尽力而为之。”

“我等为天下黎民苍生，大丈夫死得其所。”剑仙吴子隆道。

李白闻听孟浩然伤重，不由关切道：“不知我兄长云隐孟浩然伤势如何？”

李谟接道：“闻听剑圣裴旻将其护送至襄阳鹿门山中，呕血不止；却于大笑之中驾鹤西去，何等洒脱，令人神往。临终将数卷诗文，交与剑圣裴旻，托付道：‘将此转交我弟李白，以壮其诗兴。’”

李白强忍悲痛，又道：“何处去寻剑圣？”

李谟道：“剑圣已归东鲁汶上故里，日日砺剑不出。”

剑仙吴子隆接道：“太白醉剑之法，虽高妙无穷，然杀气不足，势不慑人。若于千军万马之中，威力难展。我观龙泉剑，乃绝世之利器，亦有机缘使此剑更为锋利。然试剑之人武功较弱，未能开刃。”

李白顿时想起昔日于枣林斩蛇、汉水除蛟，梦见蛟龙化作清风入剑，已开剑锋。然试剑之人，乃一突厥武士，武艺不精。心中不由惊叹剑仙眼力。吴子隆接着道："我平生剑法无招，剑法可向剑圣讨教。"

李白施礼道："太白决意不入长安，随即出谷，前去凭吊兄长孟浩然。而后转道安陆，携子前去东鲁砺剑。"

李谟道："也好！安禄山尚在长安，巫教余孽又在四寻太白。大伤初愈，太白还是隐忍为好。待太白醉剑修成，再复仇不迟。今日远去，还望剑仙传太白两招剑法，以壮太白剑势。"

剑仙无奈，念了个剑诀，一招"霹雳开山"，就见不远处一棵青竹，未见其动，片刻，自中间由竹梢吱呀呀向根部两侧折去。李白惊道："此招何谓？"剑仙吴子隆道："应太白醉剑之法，唤作'穿云破月'。"言毕，又见剑仙拔地而起，空中挥剑，剑花开处，尘埃旋起，草屑齐飞。李白又道："此为何招？"剑仙再道："月黑风高！"

剑仙收剑，叹道："我曾向禅宗北宗众僧发誓，今生不再授剑法于人，太白乃谪仙人，只以此二招，为太白壮行。"

李白施礼答谢道："太白必将终生受益！"

李谟接道："可问剑仙，如何再开龙泉剑剑刃之法？"

"再斩蛟龙！"剑仙吴子隆笑道，"我恐天下自此之后，蛟龙尽矣！"言毕，拱手而别。

大恩不言谢。李白数日后伤愈，心中惦着秀竹，含泪与笛仙李谟辞别。

李白不知不觉已入长安，悄悄返回尉迟府中，却不见秀竹身影，遂策马而至草圣张旭处。张旭与李白系手足之交，秀竹亦常去张旭处，为之磨墨温酒。

张旭卧于榻上，正值大醉之中。李白亦不多语，以其案上水墨，滴洒张旭胸前。张旭受激，一跃而起，见是李白，大叫道："太白还在人间？"李白笑道："上天谪我，劫难未尽，怎入天庭？"张旭双目含泪，忽沉默如石。

李白心中更加不安，急道：“秀竹何在？秀竹何在？”李白不由持张旭双臂，使劲摇动……

五月，太白罹难长安骊山。秀竹日日巴望李白归来，眼睛泣血。不想那恶少贾昌，仅留残目，仍紧盯秀竹不放。趁一月黑风高之夜，使人劫秀竹于贾府，秀竹百般难从。张旭连忙报官，京兆尹吴筠、京兆御史陆调连夜拜望宰相之女道士李腾空，此女侠肝义胆，与其父绝非同道。闻道友京兆尹吴筠细述，当即驱车贾府，怒叱贾昌：“此女乃我小徒，焉敢非礼？”闻宰相之女李腾空此言，那贾昌叩头如捣蒜，亲送秀竹出府。张旭本欲再带秀竹回去，不料秀竹大哭不止。秀竹道：“我一弱女，无以相帮先生，而先生却因我起劫难，秀竹不愿连累先生，愿随腾空大师修道，为先生祈福！”李腾空道士见秀竹聪颖灵秀，当即收徒。而今，秀竹已随李腾空不知云游何处……

李白闻之，一刹那心中顿觉轻松。李白苦笑道：“秀竹之福也！太白不能给你呵护，爱你却带给你无尽伤害，也罢！”言毕，手中宝剑落地，叮当之声，宛如玉碎。

见李白去意已决，京兆尹吴筠、京兆御史陆调、草圣张旭于长安清水楼设宴，为李白送行。李白苦笑道：“太白自出川以来，知蜀道之难，更知人世之艰。我辈尚如此，黎民又何如？”

陆调接道：“说起蜀道之难，此处刚来两位歌伎，唱古曲《蜀道难》，叫来助兴，何如？”

片刻之后，就见两个蜀中歌伎娉娉婷婷而来。见李白诸人，深深道福之后，拨动琴弦，吹起玉箫。顿时一曲惊起，犹如惊山之鸟。李白细听，果然雾霭蒙蒙，细雨纷纷；群山崔嵬，林海苍茫；古栈道飘于山涧，翠岩峰直冲云霄；山路坎坷，清溪跌宕；虎啸猿啼，江河怒涛……

■ 豪迈填词《蜀道难》

李白闻歌，想起出川以来万千坎坷，遂问歌伎道：“此曲可有词否？”那歌伎回道：“有歌词，只是简单，不足言蜀道之难。”

李白随着古曲苍凉之调，不由诗思大作，仗剑而歌道：

噫吁嚱！危乎高哉！蜀道之难，难于上青天！
蚕丛及鱼凫，开国何茫然。
尔来四万八千岁，不与秦塞通人烟。
西当太白有鸟道，可以横绝峨眉巅。
…………
剑阁峥嵘而崔嵬，一夫当关，万夫莫开。
所守或匪亲，化为狼与豺。
朝避猛虎，夕避长蛇。磨牙吮血，杀人如麻。
锦城虽云乐，不如早还家。
蜀道之难，难于上青天，侧身西望长咨嗟！

李白长吟此诗，顿觉若挽长江入尊罍，一浇胸臆！心中块垒如被洪水冲开，浩荡不羁，一泻千里。

“好诗！绝妙之诗！真仙人之音也！”吴筠拊掌叹道，“好一句‘一夫当关，万夫莫开！’太白从此名垂宇宙！”

别了，长安！秋之灞河，如一条青蛇，盘在李白心头。无法除去，无法忘却……

十·迁居东鲁

一千多年前之长安，因李白第一次离开而失色，天空开始弥漫着小雨。玉真公主于玉霄殿望断远方，已望不见掀开雨帘、骑着银驹远去之李白。

一日午后，玉真公主托着香腮，倚着雨帘，想着心事。玉真于焦虑中，渴盼什么……她了解李白甚于李白了解自己。李白带着伤心、愤懑、失望而去，“太白，你不会迷失！你还将再入长安，以展天地大才！”听到玉真公主低语，有人忽然插话道：“若待天子一呼，他定会再入长安。”玉真闻言一惊，不知何时宰相李林甫之女李腾空正坐于琴边，笑吟吟看着她。玉真不由脸红，嗔怒道：“你何时至？精灵一般。”李腾空站起身来，亦是身姿绰约、美目流盼之美人。“趁你怀人之际，唯恐搅你好梦，我和吴道士悄然而至，公主恕罪！”言毕，欲施大礼，为玉真扶起。玉真笑道：“若有下次，我必锁好闺阁。”李腾空道：“好羡慕李太白，他能入你心室，我只能入你闺门！”玉真公主只好羞笑道：“太白离长安之时，若此雨雾弥漫。不知他回至家中否。太白定是累乏不堪，不知此刻歇于哪座屋檐之下，哪盏灯下！”

李白出长安，一路无心风景，急行数日，已至襄阳鹿门山下。将樽中美酒全酹于孟浩然墓前，大哭而去。

出鹿门山，李白再赴岳阳楼，依窗独酌，缅思吴南。旁边桌上刚刚宴罢，有人正在吟诗作别。

李白闻诗，情不自禁高声叫道，“作诗者，必是我大唐诗家之夫子也！”

那人闻声，惊遇知音，拱手对李白道：“多谢赞誉！我乃大唐进士及第、原秘书省校书郎王昌龄，不知先生之名？”

李白回礼，应道：“果然是大唐诗家才子！早年闻你诗作‘闺中少妇不知愁，春日凝妆上翠楼。忽见陌头杨柳色，悔教夫婿觅封侯’。还有那‘秦时明月汉时关，万里长征人未还。但使龙城飞将在，不教胡马度阴山’，慷慨悲凉，气势雄浑，使太白身心皆往！太白读你大作，因感而发，亦作‘骝马新跨白玉鞍，战罢沙场月色寒。城头铁鼓声犹震，匣里金刀血未干’。与你唱和，不知中听否？”

李白得知王昌龄因于朝堂一句“任用智能之士，治之本在于重守令”之语，竟被当朝宰相李林甫冠以“不矜细行，而致谤议沸腾”之罪，正在发配黔南途中。闻其遭遇，李白愤懑难平，夜已更深，王昌龄与李白辞别，李白亦赠诗一首：

杨花落尽子规啼，闻道龙标过五溪。

我寄愁心与明月，随风直到夜郎西。

与王昌龄分别后，李白雇一轻舟，荡向君山无名峰下。他手持龙泉剑，沿石阶而上，穿过幽径，不一时已至吴南墓前。墓碑之上字迹尚存——“故乡路遥，魂魄无主”。李白不由流泪道：“今日李白至此，专为请你骨殖，叶落归根。”李白话音刚落，就听见一声人语：“今日你李白至此，只为殉葬而来！”

李白闻声，惊怒道：“来者何人？”

一人怪笑道：“阴阳子真人，于此等候多时！”说话者竟是江淮玉娇龙秦虎！旁侧一人，双目暴出，宛如肉球，正是阴阳子胡元。见李白亦不答话，阴阳子胡元手中日月乾坤刺如雷似电而来。李白急提真气，手中龙泉剑铮然而鸣。两种兵器相交，银光四溅，震鸣不绝。李白顿感双臂发胀，已知阴阳子厉害！二人各展本领，一番大战，惊天动地。江淮玉娇龙秦虎见阴阳子不能马上建功，暗执手中双锤，突然袭来！李白大惊，躲过一击。就此一招，那阴阳子胡元手中日月乾坤刺便如水泼雪而来。转眼之间，李白只剩招架之功，竟无还手之力。李白心中不由叫道：“今日危矣！看来要随吴南而去！”

“以多取胜，算何本事！”一人大喝道，“放过李白！”

李白闻声，来者竟是巫教人坛之主乌衣游神黄伦！见阴阳子、江淮玉娇龙兀自杀招频出，黄伦又道：“岳阳楼上，你二人趁我酒醉，至此谋害李白，黄某今日不允。”话音未落，手中双锤如霹雳响起，正磕在阴阳子胡元日月乾坤刺上，火花四溅。胡元身子晃了几晃，方才站稳。顿觉黄伦今日忽然疯癫，不由叫道：“黄坛主莫非今日疯癫？李白与我巫教血海深仇，不能不报！”

黄伦却道：“李白与我恩怨分明，黄某不能坐视不理！”

江淮玉娇龙秦虎插话道：“除去李白乃教主之命，师父莫非要抗令不成？还不住手？”

黄伦飞起一脚，将秦虎手中双锤踢落，双锤顺着山坡滚落下去。

秦虎顿足叫道：“江淮玉娇龙与你乌衣游神恩断义绝，就此别过！”说罢，秦虎怒气冲冲而去。

阴阳子胡元暴跳如雷：“黄伦莫非要造反不成？”

乌衣游神黄伦却道：“护法杀别人，黄某不管；杀李白，我决不袖手旁观！”

阴阳子胡元无奈，只好叫道：“今日之事，教主必责罚于你！”又转首向李白道：“早晚取你性命，为我兄弟报仇！”言毕，收起黑白分明日月乾坤刺，展开轻功，长啸而去。

李白拱手向黄伦谢道：“多谢英雄相救，异日定当厚报！”

乌衣游神闻言道：“我算狗屁英雄，尽替人干些见不得人的勾当，惭愧！惭愧！”

“黄兄必有苦衷，改日李白与你畅饮，共销万古之愁！”李白道，“黄兄莫若归隐山林，以待朝廷征用，千斤紫金锤必能打出锦绣前程！”

“太白有所不知，大唐江山已是危机四伏，天下黎民难逃征伐之苦。太白若取功名，可偃文习武，方有建树。”黄伦苦笑道，“今日相助太白，不知教主如何处罚，莫过一死，无惧也！太白可速去，巫教护法必是去纠集好手，再来寻你报仇！就此别过！”乌衣游神黄伦言毕，下山登船而去。

李白于吴南墓前，俯下身来，叩首泣道：“李白今日带兄长回归故里，叶落归根。若地下有知，万望兄长安息！”李白祷告已毕，以手中龙泉剑掘开坟墓，取出吴南骨殖，携带下山。于湖水之中将其骨殖冲洗干净，放入锦袋之内，而后登上小舟，顺水路奔赴武昌，将吴南骨殖安葬于蛇山之巅，其父母大墓旁侧。合墓之时，一股狂风忽然卷起，久久不去……

迁葬吴南骨殖之后，李白过长江直趋安陆家中。平阳、伯禽一双儿女见父亲疲惫归来，欢喜大哭。李白手抚儿女，唏嘘不已。书童丹砂与许夫人生前侍女桃花成人之后，奉许夫人生前之命，早已结为夫妻。这些年来，正因二人照料，平阳、伯禽方未受颠沛流离之苦。李白遂于许家白眼奚落之中，于白兆山桃花岩草堂，守着一双儿女，暂享天伦。

李白从丹砂口中得知，岳父许员外辞世，许家已与自己分家。良田千顷俱归许家子侄，夫人名下只有数十亩薄田和一处草舍栖身。丹砂见分家不公，力劝李白去官府上告。李白不愿惹上官司，遂再次萌生离开安陆之意。

正于此时，长兄浔阳来书，告知李白：六叔进士及第，通过吏部制科，出任东鲁任城令；侄子李拓已经成人，随其赴任；若李白安陆生活无着，可去东鲁投亲；门人武鄂与吴南之妹吴姬成亲，安居金陵；韦子春赴长安应试道科，云云。李白也接到好友元丹丘来书，称嵩山别馆已成，另有南阳好友著名碑家岑勋慕名于嵩山相候。李白接书，将数十亩薄田赠与书童丹砂夫妇，自己携儿女平阳、伯禽绕道嵩山，迁居东鲁。

临行之时，李白携儿女凭吊岳父和夫人后，雇上大车，一路风尘，向嵩山而去。平阳、伯禽初次离家，又与父亲同行，一路兴奋不已，亦使李白少去许多路途寂寞。车行数日，已抵嵩山脚下。元丹丘闻李白自远方而来，早和岑勋于山下相迎，诸人相见，欢喜不已。李白至此，不由胸臆大开，放声高歌：

元丹丘，爱神仙，朝饮颍川之清流，暮还嵩岑之紫烟，三十六峰常周旋。长周旋，蹑星虹，身骑飞龙耳生风，横河跨海与天通，我知尔游心无穷。

李白于此盘桓多日，直至元丹丘接到朝廷征召拟去长安之时，方生去东鲁之意。是夜，李白与岑勋于山下黄河岸边一处酒家，为元丹丘送行。数杯美酒之后，李白因心中万千块垒若黄河之水涌上心头，不由仰天放歌《将进酒》：

君不见黄河之水天上来，奔流到海不复回。
君不见高堂明镜悲白发，朝如青丝暮成雪。
人生得意须尽欢，莫使金樽空对月。
天生我材必有用，千金散尽还复来。

烹羊宰牛且为乐，会须一饮三百杯。

岑夫子，丹丘生，将进酒，杯莫停。

与君歌一曲，请君为我侧耳听。

钟鼓馔玉不足贵，但愿长醉不复醒。

古来圣贤皆寂寞，惟有饮者留其名。

陈王昔时宴平乐，斗酒十千恣欢谑。

主人何为言少钱，径须沽取对君酌。

五花马，千金裘。

呼儿将出换美酒，与尔同销万古愁。

闻听此诗，元丹丘、岑勋皆惊，果是石破天惊之作！

岑勋亦是叹道：“蔑视富贵，向往自由，诗以言志！气吞山河，慷慨豪迈，诗以壮情！我等有幸，将与此诗不朽矣！吾意挽黄河入酒罍，一浇心头块垒！”

与元丹丘、岑勋作别，李白乘大车向东鲁而去。李白移家任城，安顿好平阳、伯禽，惦记孟浩然遗卷，匆匆赴剑圣裴旻处。

“腰间宝剑七星文，臂上雕弓百战勋。见说云中擒黠虏，始知天上有将军。”王维诗中赞赏之人——剑圣金吾将军裴旻因丧母，正丁忧家中。闻李白至，亲自出迎。李白道：“太白跋涉千里，学剑而来。自与将军荆门龙泉洞一别，无日不思。太白不才，愿以手中长剑，荡涤天下污浊。”

剑圣裴旻道：“太白醉剑之法，已是高妙无穷。修剑修心，太白磨砺心中之剑，胜似手中之剑。我昔日镇幽州，随大军伐奚人被围，箭矢如雨。我乃立马舞剑，矢遇剑落。奚人大惊，仓皇而去。幽州亦多猛虎，吾曾一日射杀数十猛虎，可谓战功赫赫。然木秀于林，行高于众，为主将所忌，为世人所诽，壮志难酬，遂赋闲于家中。皇上亦曾召见于我，无非使我舞剑亮技，以助酒兴，境况与梨园杂耍优伶无异，可悲可叹！”

裴旻转身内室，手捧一个锦囊而出，道："此乃孟浩然诗文，太白可细视之。文章千古事，大笔胜刀剑！"

正在说话间，就见二人自院门而入，即书圣颜真卿及画圣吴道子。二人见李白，亦是惊呼谪仙人。

时逢裴旻母丧，裴旻邀画圣吴道子于壁上作画，书圣颜真卿于壁上题词。吴道子道："故友所托，不敢推辞。今作壁画，须借剑圣'雪剑飞花'之法，为我开锋润笔。"颜真卿亦是附和。裴旻只好应道："我已多日不习剑法，今日只好为母从命。"

裴旻于庭前摆开酒宴，命下人备好笔墨纸砚。李白作为座上宾，与吴道子、颜真卿同坐一桌。酒至半酣，裴旻拔出宝剑，翻身上马，一顿快鞭，那马疾驰如飞。裴旻于马上盘旋腾跃，施展"雪剑飞花"之剑法，剑花飞舞，满座皆惊。

却见吴道子略抚心绪，霍然起身，抓起笔来，奔向粉壁，立笔横扫，势若旋风。只见吴道子如神龙探海，苍鹰搏兔。先是寥寥几笔，宛如兰花；轻啄数笔，又如莼菜；再添几笔，人像复生，眼珠转动，衣袂飘舞……众人屏息凝视，画成之后，方才发出如雷惊呼。待画圣落座，但见书圣颜真卿提笔上前，笔走龙蛇：点如坠石、划如夏云、钩如屈金、戈如发弩，纵横有象，低昂有志。待其书毕，更是一阵惊叫。

李白亲眼目睹剑圣、画圣、书圣之绝技，不由由衷赞叹道："东鲁之行，不负李白万千坎坷！"

辞别裴旻、颜真卿、吴道子三圣，李白怀揣孟浩然之遗稿，如同与好友同行，返回任城。途中偶遇头戴方山巾，脚登远游履之老者，李白以为得遇隐者，上前施礼。不想那老者面带不悦之色道："子曰：'非礼勿视，非礼勿听。'走路不正，左顾右盼，有损东鲁之礼仪。"李白无趣，见其苍苍老矣，只得勉强赔罪。那老者又道："孺子可教也！今日有暇，吾且与你讲述五经。"李白无奈，只好驻足聆听。老者遵章循矩，皆是"子曰"。

李白遂道：“前辈熟识五经，博古通今，敢问治国之策、安民之术？”那老者却惊道：“治国安民乃朝廷之事，身为草民，安贫乐道即可，治国安民与我等何干？若常怀救国安民之思，久之，心性必乱。”李白顿觉此儒可笑，遂作诗道：

鲁叟谈五经，白发死章句。
问以经济策，茫如坠烟雾。
足著远游履，首戴方山巾。
缓步从直道，未行先起尘。
秦家丞相府，不重褒衣人。
君非叔孙通，与我本殊伦。
时事且未达，归耕汶水滨。

李白吟毕，不顾老者颜面与絮叨，向徂徕山大笑而去。徂徕山乃泰山姊妹山，与泰山遥遥相对。李白信步登上太平顶，忽听得不远处琴声清幽，有人吟唱：“夜中不能寐，起坐弹鸣琴。”有人接吟：“薄帏鉴明月，清风吹我衿。”又有人接唱：“孤鸿号外野，翔鸟鸣北林。”又有人接唱：“徘徊将何见，忧思独伤心。”

李白闻听月下竹林有人诵诗联句，乃昔日竹林七贤阮籍之《咏怀诗》，不由心有戚戚，脱口而吟：“日落沙明天倒开，波摇石动水萦回。轻舟泛月寻溪转，疑是山阴雪后来。”

一人闻言，朗声叫道：“有朋自远方来，不亦乐乎？”

李白拱手施礼道：“峨眉布衣李白，打扰各位雅兴。”

抚琴者起身笑道：“原来是诗文天下传唱之李太白，久仰！在下孔巢父，乃宣父之后人。”孔巢父欣然道：“今有谪仙人至，诸位有幸，快与太白相见。”

众人欢喜而至，裴政、张叔明、韩准、陶沔一一与李白行礼，皆呼李白为兄，视为知己。诸人早将酒菜置下，六人轮流把盏。不由言及魏晋之风，谈论竹林七贤之诗文趣事。

一日，李白与诸人再论竹林七贤，孔巢父言起向秀曾问嵇康："人言导养得理，可活千岁。然此人何在？目之未见。"

李白接道："我曾遇张果老、白云子真人，得其亲授。我亦曾炼丹求药，服之延寿。然学道多年，不明就里。"孔巢父笑道："两位真人乃人情洞达、道学精深之人，亦非白日飞仙！"裴政接道："故魏主曾言：'痛哉世人，见欺神仙。'"

李白默然思之，虽与真人论道，若有流云清溪之逸，然却不曾眼见真人驾鹤飞天！虽服丹药，亦未忘年，心中不由怅然。酒过数巡，孔巢父见李白心绪黯然，乃笑道："方士炼丹服食，以求长生，然长生不可得！我辈畅饮高谈，恣意人生，岂不快哉？"

韩准闻言大笑道："昔有曹子建言：'愿举泰山以为肉，倾东海以为酒，伐云梦之竹以为笛，斩泗滨之梓以为筝。食若填巨壑，饮若灌漏卮，其乐固难量，岂非大丈夫之乐哉！'"

李白闻之，不由举杯，欣然道："昔有竹林七贤，而今有我等六人，皆肆意畅饮，物我两忘。不若我等以'竹溪六逸'之名，直追先贤如何？"众人皆击掌叫好："我等自此就叫竹溪六逸。"

李白迁居东鲁之后，常与五人把酒吟诗，诗中尽道昔日潇洒张扬、自由任性之行和高洁率真、互为知音之情。

李白于东鲁安逸、洒脱的时光未过多久，却因那首《嘲鲁儒》得罪了东鲁儒生。恰巧李白中年鳏居，常怀关雎之思。邻居有女，颜色殊异，其夫常年经商于外，遂与李白互有眉目往来。一日李白大醉，见邻女巧笑倩兮、美目盼兮，又见其院落之中，海石榴花娇艳欲滴，正开得如火如荼，不由作诗颂道：

鲁女东窗下，海榴世所希。
珊瑚映绿水，未足比光辉。
清香随风发，落日好鸟归。
愿为东南枝，低举拂罗衣。
无由共攀折，引领望金扉。

李白吟诵之中，恰被过路鲁生所闻。那鲁生对李白曾作诗嘲弄鲁儒心怀宿怨，遂借此小题大做，纠集一群儒生，以其伤风化、悖伦理为由，上告任城衙门。任城令无奈，劝李白暂离东鲁。李白不愿低头，东鲁儒生更是不依不饶，接连上书请愿，官府只好强令李白离去。李白无奈，于四月避祸泰山。

元丹丘进入长安，以道中威仪之名随玉真公主浩浩荡荡拜谒老子的队伍，向东而去。一路之上，自然与玉真话起李白。闻李白龙困泰山，玉真惊道："去岁已向皇兄举荐太白。皇兄道：'此人可有九龄丞相之风否？'我言李白风度不凡，不亚九龄。皇兄又道：'太白既有大才，何不亲至？'又言其于贺知章、秦国桢处，偶读李白之诗文，字字珠玑。"元丹丘亦惊道："既是如此，皇上何不征召？"玉真公主道："征召之事，皇上早着中书舍人、翰林学士、驸马张垍行文。想来定是太白居无定所，征召之书耽搁在途中。"

玉真公主哪里知道，驸马张垍偶读李白诗文，惊其瑰丽高妙，恐李白入朝为皇上重用而自己遭冷落，故而从未写下征召李白之文书。元丹丘已觉其中必有蹊跷，只好再奏玉真公主道："昔日刘皇叔三顾茅庐，力邀诸葛出山。今李白大才，可效仿之。"

元丹丘哪里知道玉真公主对李白之思！玉真公主闻言笑道："适逢天下大喜之时，待我返回长安，必再次举荐李白，我不忍李白名垂宇宙而枯槁千年。”

月余之后，玉真公主于王屋山顶接受道箓回京，遂邀吴筠、元丹丘、秦国桢等，联名向玄宗再次举荐李白。唐玄宗李隆基亦素闻李白诗名，亲自下诏着李白进宫。

征召传至东鲁，李白欢喜欲狂。东鲁任城令亲往泰山相迎，李白乘坐抬竿下山，一路之上，满目湖光山色，作歌道：

会稽愚妇轻买臣，余亦辞家西入秦。
仰天大笑出门去，我辈岂是蓬蒿人。

诗中意气风发、得意之态溢于言表；狂傲不羁、潇洒豪迈之性情，淋漓彰显。纵酒高歌、欢愉之态，无半点矫揉造作。李白安顿好儿女，骑快马西入长安。

十一·诗诏翰林

李白斋戒沐浴三日，择取吉时，随京兆尹吴筠进入皇宫。

李白着素衣，穿百回甬道，登千级石阶，直入含元大殿。唐玄宗李隆基远见李白风姿俊逸，飘若仙人，竟不自觉从龙椅上起身，迎之于殿门。李白心头一热，伏地施礼，泪光闪闪。

“吾皇万岁！布衣李白，不辞万里而至长安，得瞻龙颜，大慰人生。”

“卿乃布衣，名为朕知。非素蓄道义，何以至此？”不想唐玄宗竟以手扶起李白，携李白一同入殿。

李白此心如久旱遇雨，万分甘洌，顿觉出川以来万千坎坷换来今日之隆遇，亦是值得。与玄宗对答，从容若流，深得圣心。

宰相李林甫见状，故意为难李白道：“我闻太白诗文，落款总以海上钓鳌客之名，不知太白以何为竿？”

李白随口应道：“以日月为竿。”

李林甫又道："以何为线？"

李白朗声道："以虹霓为线。"

"以何为饵？"李林甫又道。

"以天下无义之丈夫为饵！"李白言毕，玄宗大笑道："宰相妙问，太白妙答，真乃妙对！朕有你等大才，何愁天下不治？"

李白心中一阵暖流涌过，暗叹得遇明君，焉不输肝剖胆以报社稷？而李林甫心中不快：尔乃何人？焉能与我相提并论？口中却道："皇上英明，探海得珠，举网罗凤。"

高力士目视李白之举，于旁侧私语杨国忠道："一副穷酸之相，不知宫廷之大。"杨国忠笑而不语。

接连几日，俱是官员朝贺。中书舍人、翰林学士、驸马张垍首个来访，告知翰林之职何为，李白感动备至。故人程智矫来访，二人相见，互诉衷肠。程智矫知吴南罹难，唏嘘不已。程智矫道："太白虽入翰林，然长安乱，居非易。我闻太白与巫教数次交锋，结下深仇。巫教势大，长安耳目众多，太白还是小心为上。我早离卫府，托杨大人之福，暂于兵部任职。去岁奉旨巡边，目睹安禄山之势，夜不甘寐。今日不说亦罢，改日再叙。"程智矫见翰林院诸学士来访，遂匆匆告辞而去。国舅杨国忠随后来访，使李白激动而惊诧。

待杨国忠落座，李白施礼道："太白初入朝堂，还望大人赐教。"

杨国忠却笑道："你我同乡，早年我曾有话与你，皇上处，我自当引荐。值天下用人之际，太白正是鲲鹏展翅之时，切莫辜负圣恩。我闻太白数年来遭巫教追杀，屡屡化险为夷，可见吉人自有天相。"

李白只好称谢。杨国忠又道："你可知巫教教主为何人？此人官高位重，武艺高强，非我所能制。我只告诉你，人鬼将军乃突厥将军之裨将刘骆谷，长居京师，任胡人萨宝大祭司，专司胡天祆教事宜和安禄山运往京师之财物转置。你若见到此人，小心为是。"

随后又有数人来访，情义真假难辨，李白疲于应对，恍若梦中。

唐玄宗亦是一代大才，琴棋书画无有不精，尤善音律，梦中偶作《霓裳羽衣曲》，音韵之美，冠誉古今。

李白与之相对，高山流水，琴瑟和谐，二人不由在心中互许为知音。

玄宗遂不顾杨国忠、高力士诸人阻挠，封李白翰林供奉并诏告天下。自此李白下榻银台门，出入禁宫城；待诏含元殿，拟文麒麟阁，亦暂得皇上恩宠。

李白以冰清之心、君临天下之姿去感受藩镇割据，黎民苦难：唐大将鲜于仲通率大军征讨蛮夷，新败于南诏，然被杨国忠等人隐瞒不报；西南吐蕃又撕毁盟约，厉兵秣马压向边城；安禄山包藏祸心，近又新认杨玉环为母，正于后庭嬉戏；高力士上迎圣上，下纵宦官，侵占黎民良田……

李白心急如焚，夜不安寝，食不甘味，接连数次上书玄宗，立意削藩。

秘书监贺知章“醉”酒而为官，京兆尹吴筠向“仙”而为官，皆知官场之道，其中之味。而李白初涉官场，仅以一腔热血、一副肝胆，竟一连三日上书削藩，其意决绝，言辞慷慨。

那唐玄宗岂不知削藩之益？然唐玄宗自登基以来，纵容各地节度使，已呈骑虎难下之势。唐玄宗虽暗嘉李白之忠烈，却不得已向文武百官直斥李白一派胡言。李白怎解圣上之意，想皇上万民之尊，定能振臂一挥，应者云集，致使各地藩镇篱笆尽去，政令畅通。

李白顿感锋芒被折。折其锋芒者不是他人，而是心中之圣上，遂扼腕长叹，惆怅不已。

时光如水，长安转眼已是秋天。李白骑马至太白山太白峰，正深思间，只听“嗖”的一声，一支朱红短箭正向自己咽喉射来。李白侧身躲过，第二支、第三支……箭如飞蝗、雨点般射来。李白大叫一声：“有刺客！”奋力一跃，如鸟飞起，手持龙泉长剑，对林中大喝：“杀李白者，何人也？”

“人人皆想杀之！今日落入牢笼，休想脱逃。”一马上红衣少年携六名契丹武士，手挽硬弓，立于数十步之外。那六名契丹武士皆身高体壮，挽硬弓，持长刀，阻住李白去路。

李白接连三日上书唐玄宗削藩，早激怒各地节度使。那些节度使割据一方，名为唐朝藩镇，实为一方朝廷，不仅不向中央上交赋税，而且自己委派官吏。甚至节度使死后，亦由其子或部将继位，皇上不得干涉，俨然国中之国。安禄山之子安庆宗入京面圣，闻听李白直言，加之年少气盛，遂召集家童，追随李白，借机刺杀。

李白冷笑道：“为国尽忠，李白死且不惧。只想知道，死于何人之手？”

安庆宗冷笑道：“各地节度使皆对汝恨之入骨，必欲置汝之死地而后快。只是诗文盖世之李白，死于我手，真乃委屈。”

李白暗提真气，伺机出剑。见六个契丹武士中，三人步态稍缓，武功较弱，随之以迅雷不及掩耳之势，凝聚剑气，一剑刺中一武士咽喉，那武士当即倒地气绝。安庆宗大骇，翻身下马，着手中日月双刀，携五个契丹武士，似猛虎扑向李白。安庆宗自恃武功高强，又哪知李白自小承家传武功，又兼高人剑圣裴旻指点，剑仙吴子隆、笛仙李谟为其疗伤之时又为之辅以内功，今日之李白已成武林高人，非寻常人所能及。

数十回合后，二契丹武士已显力怯。李白趁机运气于剑尖，一式“追风逐月”，直逼二武士。二武士躲闪不及，一人已被刺中胸膛，倒地而亡。太白又以一招“大江坠月”，一武士不知厉害，持刀相接，竟被斩断双腕，未及大叫，不想安庆宗反手一刀，竟将受伤武士一刀除去。李白惊异，定是这少年欲杀人灭口！见此人小小年纪如此狠毒，李白顿施杀招，剑气冲天，尘埃荡起。安庆宗见敌不过李白，一个虚招，趁机飞身上马，直向暮色中密林深处遁去。余下三名契丹武士以长刀缠住李白，又哪是李白对手。未过几回合，李白剑气所至，那三个武士皆长刀落地，面色苍白，其容哀哀。李白忽发怜悯之心，背过身去，着意放其一条生路。等那三武士离去，李白又想起忘了问其受何人指使，遂大呼一声，却不想那三个契丹武士害怕李白反悔，皆飞奔而去……

天色已晚，李白不愿追赶，遂顺原路返回长安。李白亦不歇马，径入京兆尹吴筠府中，将所遇之事禀告吴筠。

吴筠闻之，沉吟良久，乃道：“定是那些节度使手下之死士。范阳节度使安禄山、成德节度使李元臣、淄青节度使李纳……俱是穷兵黩武之人。太白初涉官场，可暂隐忍。否则，激起兵变，黎民苦难，罪莫大焉。太白还需细细思量。皇上亦知藩镇割据之利害，奈养虎已成，恐急切而不得手，亦是隐忍，谋图时机，方可一举灭之。”

翌日上殿，京兆尹吴筠奏道：“昨夜京城兵士巡更，有山民报知，太白山太白峰有契丹武士之尸体，俱已被杀。不知契丹武士离京城数千里，来此何为？”

唐玄宗亦是大智慧之人，已明白吴筠所奏何事，遂面呈不悦，目视群臣，轻言道：“各地节度使、边关将领，应对帐下军士多加管教。若未怀关文、擅携兵器入京者，定斩不赦。”李白沉吟不解，细一思量，方知皇上正以敲山震虎之术，告诫各路节度使。玄宗又道：“此事念其初犯，暂不予追究。”看来皇上无意扩大事态，于是文武百官，长出了一口气。

李白想起昨日吴筠之言，真乃句句珠玑，不由暗中叹服。

李白为翰林院待诏学士三月有余，苦研史上名相治国之谋略，亦将《贞观纪要》倒背如流，连大唐之各地风貌、人物皆熟记于心。略有闲暇，李白便反复修改、润色《大唐治国二十策》，其报国之心殷殷，亟待天子一呼。然数月过去，李白竟再无上殿面君之机，其心亦渐渐平息。一日李白正欲歇息，忽有黄衣宦官莅翰林院宣旨，着李白随行去骊山宫城御花园面圣。李白急整衣冠，暗将数年心血所就之《大唐治国二十策》揣入怀中，随来使骑白龙马，持珊瑚鞭，催马前往骊山。

李白被内侍引至龙吟阁前，掀帘而入，俯首叩拜皇上。

“此乃翰林学士李白，世人皆称‘谪仙’也。”唐玄宗着李白起身。李白之目瞟过众人，不由被贵妃之美吸引，竟有似曾相识之感。见那贵妃天生丽质，丰腴娇美，添一分则肥，减一分则瘦，真乃绝世之佳人——此人正是贵妃杨玉环。

“今日仲秋，与贵妃为百姓祈福，以歌舞助兴。安将军亦在长安，可与李学士共坐同观贵妃《霓裳羽衣曲》，君臣同乐。”

李白俯首谢恩未毕，就听内侍传道：“安将军见驾！”

李白与安禄山相见，俱是一惊。唐玄宗对安禄山道：“此乃翰林学士李白，与汝一文一武，乃朕之左膀右臂。”李白望着安禄山脸上呆滞之笑容，许多旧恨齐涌心头，但碍皇上于此，故怒而不言。唐玄宗又道：“朕今日兴致颇高，特召二位爱卿与朕同观《霓裳羽衣曲》！”

玄宗言毕，高力士击掌曰：“开始！”

耳畔已微响玉佩叮当之声。

大幕徐徐拉开，上百宫娥着五彩之衣，凌空于后庭，在庭中结成了一道彩虹；数十名宫女扮成飞鸟之状，自长虹之中，凌空掠过，身姿轻盈如燕，仿佛真鸟一般。少顷，百鸟敛翅，皆偃伏于地。只见一只金凤自幕后飞来，翩然落于长虹之上。唐玄宗道：“朕之爱妃至矣！”话音刚落，那金凤转过身来，动如娇花拂风，静若芙蓉映波。

李白见之，不禁失声：“桃红！”安禄山看得垂涎三尺，双目一线，已是陶醉。玄宗闻之，遂道：“大学士何故呼之桃红？”李白方觉失态，急忙奏道：“皇上，臣意乃是人面桃花相映红。”言谈之中，乐舞继续。

李白又觉此女并非桃红。桃红之美，美在清秀；此女之美，美在娇艳。但她那千娇百媚之舞姿，却似曾相识，只是记不起于何处见过。内心之中，有似曾相识、欲说还休之感。贵妃舞至酣处，振落身上衣裳，玉肌绽露，若莲花怒放。安禄山已是双眼喷火，丑态尽显；李白之心亦随贵妃舞姿，

■ 霓裳羽衣舞

而上飞下翔。

少顷，贵妃启朱唇，发皓齿，一曲清歌。声音初不甚大，但只觉入耳有说不出的妙境。歌曰：

酒仙不在天，飘落在人间。

咳唾吐天风，挥洒舞群山。

荡舟银河渡，骑鲸白云边。

歌词与曲调亦十分熟悉。李白蓦然间惊醒，想起二十年前之怪梦！那梦中紫衣仙姬兀不就是眼前之贵妃？原歌词之中还有“再会是何日，待诏天宝年”一句，只是今日尚未唱出。李白心中一动：莫非贵妃便是昔日之太真仙子？正思索间，唐玄宗回首李白道：“此舞若何？”李白叹道：“此舞只应天上有，人间能得几回顾。”皇上又回视安禄山，见他已然离座，扭动肥胖之躯，手舞足蹈。

玄宗暗笑，向李白耳语道：“切莫做声，且看安将军胡旋！”李白望去，见安禄山越舞越快，疾转如陀螺，扭动如狂风，直舞至舞台中央，与贵妃身姿相互掩映。二人自舞台中央舞至玄宗与李白近前，贵妃身上一条飘带被安禄山身风激起，缭绕李白脖颈，李白顿觉香气馥郁。玄宗见状挥手，高力士以掌再击，乐舞停下。

贵妃回过神来，面色酡红，忙掩上锦衣。安禄山却“扑通”一声，跪倒于贵妃面前，口中连连叫道：“娘啊娘，你真乃天上之仙子也！”

李白冷笑道：“安将军不先拜皇上，却先拜贵妃？”

安禄山道：“我胡人但知其母，不知其父也！”

玄宗闻之大笑。安禄山又向玄宗跪拜，口中道：“皇上，贵妃乃天上仙人，母仪天下，胡人心悦诚服。安禄山愿终身行孝道，永靖边庭，行孝子之礼！”磕头已毕，又奏道：“皇上，胡人拜母之后，有舔足之仪。”

玄宗便让贵妃脱鞋。安禄山跪伏于地，伸舌便舔。李白不禁十分厌恶。不料，玄宗大笑，问李白道：“你看此形，兀不是天狗食月？”

李白心中猛然一惊：天狗食月？天狗既能食月，亦可食日！心念如此，李白不由道：“天狗食月，天狗食日，皆灾祸之兆！”玄宗闻言不悦，斥李白道：“此乃戏言，何必当真！”话音刚落，内侍急奏：“天狗食日矣！”

片刻，朗朗乾坤顿时陷入混沌之中。安禄山见状，匍匐于地，趁势奏道：“今天下大治，歌舞升平。臣子妄语，必使上天怪罪。”

高力士亦道：“李翰林可知罪否？”

杨贵妃却道：“莫非李翰林真乃仙人？汝语‘天狗食日’，便有‘天狗食日’之天象？”

唐玄宗已经回过神来，浅笑道：“朕闻美人之貌，有闭月羞花之能。定是贵妃舞姿之美，引得神仙共观，方有此等天象。”

安禄山连忙接道：“贵妃一笑，必复现朗朗乾坤矣！”

李白暗忖安禄山心计之妙。贵妃绽笑，皇上自然高兴。高力士亦道：“安将军言之有理。”

杨贵妃闻言，只好笑道：“妾若不笑，天空不现朗日，恐负红颜祸水之罪。”见李白此时呆若木鸡，贵妃又笑道：“谪仙人以为对否？”贵妃绽笑，果是一笑倾人城，再笑倾人国。李白连忙伏地奏道：“皇上与贵妃乃天上之日月。朗朗乾坤皆于指掌之中，天狗焉能食日月？臣断言天狗野心方现，必为日月所熔，为霹雳所灭。”李白话音刚落，天空已渐显明朗。

高力士接道：“力士不才，若遇天狗，一双紫金锤劈面打去！”

杨贵妃大笑道：“又是霹雳，又是金锤，太白与力士皆为护花使者！”

高力士见贵妃绽笑，皇上已悦，天空渐亮，不由连声叫道：“天空复现朗日！皇上圣明！皇上圣明！果是美轮美奂之《霓裳羽衣曲》，引得神仙共观，方有此天象。”

安禄山暗窥李白，见其无奈表情，不由笑道：“贵妃娘娘真仙人也！

一句‘红颜祸水’之戏言，上天唯恐担待，已复现光明矣！”言毕，面向贵妃，叩首若捣蒜。

高力士见皇上大悦，凑趣道：“皇上有此文武二人，何不安心？”

玄宗接道：“力士将军于朕旁侧，朕方能安睡。”瞥见贵妃不语，又笑道：“只是无有贵妃相伴，朕却不思入寝。”

诸人闻言皆笑。唐玄宗今日兴致极高，接连降旨，各赐李白、安禄山、高力士宫锦袍一件，贵妃金饰数件，其余跟随亦皆有封赏。

李白屡受恩赐，顿觉皇恩如山，心中急思报效；又见安禄山亦受恩宠，不免一阵失落。

夜已深，勤政楼上洒满月光，一派祥和。李白由内侍相引，叩见皇上。玄宗笑道：“太白今日可有诗兴？朕已大醉，看着月光满楼，闻桂花飘香，不由心绪激荡，朕与你对诗联句，贵妃、玉真意下如何？”

李白伏地惶恐道：“以何为题？”

玄宗道：“就以把酒问月为题。”

李白闻言，举首望天，高声诵道：“青天有月来几时？”

玄宗接道：“我今停杯一问之。”

李白又道：“人攀明月不可得。”

贵妃接道：“月行却与人相随。”

李白又道：“皎如飞镜临丹阙。”

玉真接道：“绿烟灭尽清辉发。”

李白又道：“但见宵从海上来。”

玄宗接道：“宁知晓向云间没？”

李白又道：“白兔捣药秋复春。”

玉真接道：“嫦娥孤栖与谁邻？”

李白至此已诗兴大发，朗声诵道：“今人不见古时月，今月曾经照古人。古人今人若流水，共看明月皆如此。”

李白回于座上，又吟道：“惟愿当歌对酒时。”

玄宗最后接道：“月光长照金樽里。”

对完此诗，勤政楼上，一片静寂，仿佛能听见桂花落下之沙沙声。月光如水，静静流淌。玄宗细视内侍誊好之诗稿，仔细回味，不禁击节叫好。“今人不见古时月，今月曾经照古人！哲思余韵，绝妙好辞！”玄宗正欲封赐，李林甫插言道：“此诗唯有一句‘人攀明月不可得’，可再思量。”

高力士亦道：“皇上创出大唐盛世之音《霓裳羽衣曲》，兀不就是登月宫闻听而来？”

玄宗笑道：“朕已酒醉，来日再为此诗谱曲，各自安歇去吧。”

玉真公主车辇随皇上车队而去。她临走回眸李白，目光是那样热烈、幽怨和不安……

李白回至大明宫翰林院中，望着明月，难以入眠。自入长安以来，他收起狂放本性，研读《贞观政要》，熟记姚崇治国十策，精心制作《宣唐鸿猷》，然皇上从不问自己治国之事，却日日歌舞不休。李白虽受恩宠，亦不过是承旨赋诗填词，与梨园李龟年承旨谱曲何异？

李白想起剑圣裴旻所言，皇上使其舞剑，只为一佐酒兴。李白想到自己满腹珠玑，却被若俳优蓄之，又竟与安贼同堂而不敢仗剑而击，不由流下两行清泪……

骊山龙吟阁中，杨贵妃初识李白，竟有似曾相识、欲说还休之感。回至内宫怡宁殿，思索良久，忽忆起幼时大梦：那摘星啜食之人，莫不是他？被力士紫金锤打入下界之人，莫不是他？李白，字太白，号长庚。梦中之人分明就叫长庚星。

贵妃不由激动，自此常念李白。唐玄宗本因李白“天狗食日”和“人攀明月不可得”之语而嫌之，却禁不住贵妃日日念叨。刚好东都洛阳新进魏紫、鹅黄、粉雪、袍红等诸多牡丹新品被移植于兴庆池东沉香亭前，高力士应道：

"何不传旨李白于兴庆池沉香亭见驾，以得新词？"玄宗然之。

李龟年领旨，手持金花笺，带黄门内侍四处找寻李白。找见李白之时，李白正醉卧于长安街头小店。李龟年亦不喊叫李白，口含冷水，直喷其面。李白惊醒，闻皇上有旨，酒意全无，唯恐贻误朝廷之事，急忙上马，随李龟年入兴庆池沉香亭见驾。

唐玄宗见李白至，言道："贵妃常惦李学士。今日乃贵妃诞辰吉日。恰洛阳东都新进诸多牡丹，棵大花硕，雍容华贵，为我天朝添色添香。着请李学士赋诗，朕将亲谱新曲，使之天下传颂。"

李白略一思索，放声歌道：

云想衣裳花想容，春风拂槛露华浓。
若非群玉山头见，会向瑶台月下逢。

一枝红艳露凝香，云雨巫山枉断肠。
借问汉宫谁得似？可怜飞燕倚新妆。

名花倾国两相欢，长得君王带笑看。
解释春风无限恨，沉香亭北倚阑干。

诗中牡丹、美人、君王三位一体，牡丹与美人相映，君王与美人偎依，笑看牡丹。花于栏外，人倚栏杆，优雅风流，美不胜收。杨贵妃闻李白赋诗赞许，心花怒放，乃浅浅一笑，如风荡梨花。玄宗见贵妃绽笑，大喜不已。

于宫中日久，李白又睹玄宗扬道抑佛，尊老子为"圣祖大道玄元皇帝"，倾长安之民，耗天下之财，大兴土木，筑百尺太清宫，立宫礼仪之隆，惊天动地。李白遂不顾玄宗之怒，作《论老子道德疏》，言尊老子于心而不在表。

却不知皇上尊道乃起自唐高祖登基伊始。道家老子因姓李名耳，而被尊为李氏先祖。高祖曾诏告天下，尊道教为第一教，佛教居其后。

将至新年，玄宗于宫城含元殿大宴群臣。席间多酒，玄宗指向安禄山道：“将军贺年，贺礼为何？”那安禄山竟是面憨内巧之人，随口应道：“一颗忠心，外加奚里、新罗两处江山。”皇上大笑，走下龙榻，一手执安禄山，一手执李白，高声笑道：“此乃朕文武之将，如同左右手矣！”

与安禄山相提并论，李白大羞，遂不顾皇上颜面，恃醉意而退。玄宗视之，对高力士道：“乃穷酸之相，非廊庙之器。”

玄宗大怒之下，下诏翰林学士李白，无事不得再奏，更不得面君。李白接诏，惆怅塞胸。于是，长安街头寻常酒肆，常见李白买醉之态。

知李白者，玉真也。李白自出仕翰林学士进入宫中之后，却日日与玉真相避不见。李白孤身居长安，亦思玉真。奈宫墙如山，早阻断李白之思。试想李白才华盖世，若与玉真公主相携，岂不被后人唾他攀龙附凤，将贻笑于天下？若能功成名就，后人皆知李白荫福而至，非李白之能；若不立不世之功，又恐玷辱金枝玉叶。看来此桩姻缘，天不愿也！李白虽念玉真，却不知该如何是好，亦只有日日相避，期于来生。

春天又至长安，梨白桃红，芳草萋萋。京华楼上，一派热闹。李白眸子炯炯，神采飞扬，与张旭、崔宗之、李琎、焦遂诸人饮酒长歌。

一日，李白正于酒肆畅饮，吴筠与一黄衣宦官入内，宣旨李白入勤政殿面圣。李白大醉，拒不遵旨。众人皆惊，力簇李白而去。

原来，居于西域一支胡族上书朝廷，通篇皆为胡文，满朝衮衮诸公，竟无人识。字如蝌蚪，疑为天文。李白生于西域，其母又是胡人；他本人天姿聪颖，通晓诸多文字，故蒙吴筠再荐，引见于皇上。

相去日久，玄宗对李白的怒气已消，又见俊逸轩昂之李白，竟不由惊喜，再下龙榻，携李白入殿，并令内侍置上茶食，亲为之调羹，以示恩宠。

李白看过胡文，将其掷于殿前，面对使者，以胡文对之。那使者闻言，片刻面红耳赤，应声诺诺。李白转过身来，禀于唐玄宗：那西域之胡族羽翼渐成，其首萧思虎可汗拟自立藩国，并着唐朝携礼朝贺，言语不恭，妄自尊大。玄宗闻之大怒，李林甫连忙奏道：“皇上勿忧！此蕞尔小国，可着一上将，提兵数千，一举平之。”

杨国忠亦附言道：“安禄山将军拥兵十万，可降旨于他，必建功于社稷。”

李白奏道：“大国国体，岂如儿戏？今此小国未言开战，只以国书通牒，我自当先以国书回之，以大国威严慑之，若不战而屈人之兵，岂不为上策？”玄宗闻言准奏，降旨李白，速回国书。

李白大笑，佯醉而至龙案，铺开金花笺，手持麒麟笔，却迟迟不落。见李白醉状，飘飘如仙，玄宗笑道：“谪仙何也？”

李白道：“让胡人见天朝之威也！我既为仙，亦扶大唐。”

玄宗会意，笑而上前扶笺。见竹笔微冻，乃命宫女以口呵之。又目视相辅杨国忠为李白调用。杨国忠急忙趋步上前，亲为李白磨墨。李白又道：“恐长靴已沾黄尘，玷污龙榻。”遂将双脚放在龙榻之下高力士面前。高力士目视玄宗，见玄宗颔首含笑，遂屈身为李白脱去长靴。李白大笑，受此热捧，果是豪气顿生！笔走龙蛇，纸腾烟云，片刻已拟好诏文。其文分别以胡文与汉文书之：言大唐盛世，兵足粮广，大军若至，胡域俱焚。文字声势浩荡，若千军万马，惊风雨，泣鬼神。李白将拟好诏书，呈玄宗御览之后，玄宗大喜过望，亲印绶章，交付西域来使。

“不想天上仙人亦助大唐。自当禀告我主，收非分之心，侍于天朝。”来使满脸惶恐，望一眼仙气逼人之李白，诺诺而退。

玄宗大笑。

不久，朝廷接藩国萧思虎可汗回书，言语极恭，甘为附属。一纸诏文，胜百万雄兵。唐玄宗又知李白之能，遂捐弃前嫌，厚赐李白。

浐河之岸，一座高楼势若参天，雄伟壮观。原来此处竟是唐玄宗专为安禄山所建的银安殿！皇上亲自诏谕工部，“务求奢华壮观，不必节俭”。

李白闻之，顿觉一阵胸闷，便赴吴筠家中喝酒。见李白至，京兆尹吴筠笑道："是哪缕暖风将谪仙人吹来？如今是百姓皆诵太白诗，皇上亦珍绝妙词。"李白摇头苦笑，进入屋内坐下，方道："难道皇上真不知安贼狼子野心？"

吴筠道："可知抑或不可知！为其奢华造殿，无非想圈养手握重兵之安禄山，为其可知；皇上又将荣义郡主许与安禄山长子庆宗，为不可知。"

李白道："安贼穷兵黩武，已使大唐两位公主遇害，皇上不究其责，反嘉其功。再者，大唐子民无数，难道唯有胡人善战？"

吴筠闻言，思索片刻，方道："皇上已不是昔日励精图治、从善如流、法儒并用之皇上！由其齐天大才殚精竭虑所开创的一代大太平、大富强、大气象、大辉煌、大文化之开元之盛，恐将黯然而终矣！大唐子民无数，宰相只有一人。李林甫以术驭人、以势制人，口蜜腹剑，狡黠过人。此人为相，大唐祸不远矣！皇上身边内人宫女，皆为其心腹；宫廷之内，遍布眼线，皇上所思，他皆先知。以胡治胡，亦是宰相主意。也许只有李林甫之奸诈，方能驾驭大唐各方节度使。"

见李白听得仔细入神，吴筠禁不住一吐为快："再言高力士，以昔日去龙武功臣之功，亦被封为冠军大将军。连太子、公主见之，亦呼其二兄，其余王孙达贵俱呼之阿翁，成何体统？还有那右相杨国忠，更是飞扬跋扈。今春，其家奴与一公主争道，竟将程驸马打成重伤。公主哭诉于皇上，虽杀杨家家奴，却亦削去驸马之职。可见杨家权势之盛。还有那斗鸡童、千牛卫……此等之人，不屑细说。"

李白闻听此言，眼前不断晃动着李林甫、安禄山、杨国忠、高力士等人嘴脸。他沉思片刻，又问道："此些人等，莫非勾连一起？"

吴筠笑道："笑话！他们是彼此倾轧，争相邀宠。李林甫先与杨国忠联手，遏制太子势力；今日二人又为相位，明争暗夺。李林甫与安禄山勾连，对付杨国忠；杨国忠则联手高力士，遏制李林甫；安禄山又趁李、杨矛盾之时，再夺大唐兵权。"

李白再问吴筠道："然于今日朝廷之上，太白何为？"

吴筠深思多时，方道："当今皇上乃风流天子，亦是风流才子。琴棋书画、诗文辞赋，无有不通。当皇上为才子之时，焉能不喜太白？可视太白为知己，为布衣兄弟。当皇上为皇上之时，太白不过梨园填词之人。皇上对你溺爱而又疏离，实因你太像皇上，无论才华与个性。皇上虽知太白之能，却不知如何对你，心中难免疑惑、矛盾。若授你高官之职，必损太白诗才。自古以来，王公将相多如牛毛，而谪仙唯太白也！若不用你，又惜你名垂宇宙而枯槁千年！若我为皇上，亦不知如何待你。"

吴筠一番言辞，宛如冷风，直透李白骨缝。见李白不语，吴筠又笑道："太白暂受皇上恩宠，何不借此之机，前去拜望李林甫、杨国忠，也许另有收获。"

李白闻言，茅塞顿开，草草与吴筠一起用过酒食，遂告辞，策马前往李林甫丞相府。

穿过几条大街，李白驻马丞相府前。备好名札，却不知如何投送。只好立于府前，闲看雄伟壮观、红墙碧瓦、银柱金顶之府景。正值沐休之日，宰相府前，车水马龙，人来人往。李白正不知所以，忽听一个声音自一顶暖轿传来："昨夜大梦，一朵仙云落于庭前，今日果有谪仙人于此。"

李白闻声望去，却见丞相之女李腾空笑吟吟走下轿来。"多年过去，腾空虽不提昔日太白剑阁相助之恩，皆因存于心上。太白今日前来，莫非为看秀竹不成？真乃不巧，我已着秀竹远去王屋山听经。"

李白面窘，讪笑道："太白欲拜望丞相，正不知如何进入相府。"

李腾空道："太白就随我来。"

李白进入相府，顿觉别有洞天。二人快至大殿时，迎面就见一员三品将官，大步而出。那将官长得虎背熊腰，威风凛凛；面目苍郁，目光幽冷，远见李腾空笑道："郡主可好？刚刚拜望丞相，见其神色尚好。"

李腾空笑道："刘大将军又送来何等宝物？"

拜谒李林甫

“此宝物专为郡主而备，乃是无瑕之和田玉。”那将官道，“谁不知郡主乃丞相掌上明珠。”

那将官见李白神情俊逸，玉树临风，气度不凡，飘飘然有神仙之态，不由拱手道：“此位莫非李翰林？末将乃突厥将军裨将刘骆谷。”

李白闻之，心中暗惊，此人莫非就是巫教副主“人鬼将军”？只好试探道：“莫非世人所称‘人鬼将军’者？”

“不敢，此称呼乃世人抬爱刘某罢了，不可当真。”刘骆谷目光狡黠一闪，又道，“末将得知李翰林乃前朝陈右拾遗之诗文传人，我与陈右拾遗颇有些渊源，若有时日，还望李翰林能与末将共话。”刘骆谷言毕，施礼而去。

李腾空望其背影，对李白道：“此人深不可测。原是中原士人，不知为何远去突厥，竟得突厥将军深信，由其代领胡人萨宝大祭司，长居京师。我父数次派人追查此人底细，皆不可得。我总觉得此人背后必有文章。”二人说着，已抵大殿。

李林甫见女儿和李白前来，惊喜道：“是何风将谪仙人吹来？”

李白连忙施礼道：“太白布衣入朝，每日待诏，不敢远去。今日专一拜谒丞相，以期拨冗。”

李林甫笑道：“我亦忠心报国，然事务繁杂，不当之处，还望学士在玉真公主面前，袒护一二。”

李白面窘，不知如何回复。正于此时，就听殿外一声浓重塞外口音道：“敢问丞相在否？”声音胆怯，如同小儿。话音未落，一颗黑首探进殿来，竟是大唐边关要将安禄山！李白顿时惊呆！

李林甫却装作视而不见，好久方转过身来，对安禄山笑道：“哎呀呀，大将军至此理应通报，好让我前去相迎。”

安禄山两股颤颤，连忙接道：“末将哪敢？我母乃突厥法师，常告末将，言丞相乃是天神，有一千神兵卫护。末将虽是黑虎转生，亦不敢对丞相存有异心。就好比丞相乃是苍鹰，末将乃是小兔一般。”

李林甫闻言，大笑道：“此话去骗皇上尚可，可骗不了我。”复又厉声道：“大将军无事，登府何为？”

安禄山急忙伏地叩道：“皇上将荣义郡主许与小儿庆宗，还望丞相从中作媒。”

李林甫笑道：“君子成人之美！我焉能不依？”复又正色道：“郡主金枝玉叶，可便宜了你家小儿！”

安禄山余光已瞥见李白，满心狐疑。不料李林甫又笑道：“安将军对李学士何以至此，心存狐疑？”

安禄山做梦亦想不到，李林甫目光如此敏锐！只好憨憨笑道：“又被丞相说中。末将昔日与李学士有些过节，故而不敢抬视。”

李林甫笑道：“有何过节？无非是你想杀李白而不敢杀，怕落下害贤之名，遗臭千年，只好派些家童暗算而已。若有我在，恐你永远杀不了李学士。哈哈哈！”

安禄山头上已是冷汗涔涔，叩首连道：“不敢造次！不敢造次！”

李白见此时天色已晚，亦自告退。快至大明宫时，李白心道：“索性再去杨国忠府上探路，又看如何。”

李白入杨国忠府，却是随意不少。杨国忠笑道：“从宰相府而出，再入相辅之家，太白好胆量！你我乃是故交，可知安禄山对丞相言及何事？”

李白不由大惊！他哪知长安城皆有权臣眼线？不过李白知道，他入杨府，必已为李林甫所知。见李白踌躇不言，杨国忠笑道：“安贼无日不想除去李学士，还需为他隐瞒什么？李学士既不愿告知我，明日我也必知安贼去李府何事。”言及此处，杨国忠让下人上了酒菜，与李白对饮把话。“太白高才，为贵妃所作诗文，深得其爱。李学士不是一直想知巫教之事……”

杨国忠故意卖个关子，看李白表情。李白不由道：“相爷乃皇亲国戚，焉能看巨鲸吞并大唐江山而不顾？太白布衣，屡屡冒死与巫教抗争，还望相爷教我。”

“我知太白之忠心。然时机未到，不敢造次。况安贼羽翼未丰，尚不敢与朝廷对垒。只是杨某潜忧，唯恐其日后难治。昨日我投石问路，让程智矫将巫教之事奏于皇上。不想皇上大怒，谓之影射诬陷边关要将，竟将程智矫交与安禄山处置。可叹程智矫侠士，忠勇赤胆，命丧安贼之手！”

李白闻言大惊道：“皇上莫非真不知巫教背后之主乃是安贼？莫非真不知巫教之阴谋？”

“皇上之心，不可妄测！我只知今日皇上心中，只有李林甫和安禄山。我如今亦只有见机行事。”杨国忠略思片刻，又道，“为查清巫教之主何人，卫府不知丧失多少儿郎，方查清楚。巫教之主乃是皇侄嗣岐王李珍！此人乃浣花剑法之传人，后又随武林前辈李良弼于昆仑习剑，武艺高强，匪夷所思，恐为大唐之武林第一人矣！眼下只有静观时局变化，以待时机。明日我带你上朝，看安贼如何？”

李白当晚便于杨府歇息，第二天清早即随杨国忠入朝面圣。

宦官三声静鞭响过，唐玄宗升殿。李林甫奏道：“昨夜李学士歇息杨府，不知何故？翰林学士不在文武之列，今日无故登朝，罪该担当五十廷棍。”

杨国忠急忙上前奏道：“李学士乃微臣故旧，昨夜酒醉，歇于微臣府上。皇上曾有诏，下旨李学士写下大唐升殿词，故而今日随微臣上朝。”

玄宗道：“传朕旨意，杨国忠私自留宿外官，罚俸三千。”

李林甫本欲再奏李白之过，见玄宗笑对李白，亦只好放李白一马，改口再奏道：“皇上圣明！安禄山忠于朝廷，微臣愿为其子与荣义郡主保媒。”

安禄山亦上前奏道：“皇上隆恩，微臣无以回报，唯有死而已。今值臣子大喜，臣子愿为皇上分忧，恳请皇上再封微臣牧马闲厩之职。”

文武百官闻听安禄山此言，皆掩口窃笑。玄宗亦笑道：“将军已是大唐要将，身兼三镇节度使，拥兵十万，乃我大唐一品大员，怎能看上小小之六品弼马温之职？”

安禄山却道：“微臣只愿为皇上养好马匹，让大唐江河气象一日千里。”

玄宗闻奏，亦不多思，颔首笑道：“传朕旨意，再任安禄山牧马闲厩之职。”文武百官皆笑。

唯有李白心中明白，大唐牧马闲厩官职虽小，却掌管大唐数十万马匹，一旦战事突起，怎能遏制？本欲上前奏于圣上，却被京兆尹吴筠暗中扯住。好友吏部侍郎崔宗之亦摇手示意李白。李白长叹一声，只好随着文武百官退出含元大殿……

退朝之后，由京兆尹吴筠相邀，李白、崔宗之、陆调（已转任京兆丞）、许乾辅于长安黄家桂花酒坊小酌。

不久，就见皇门内侍骑马寻李白而来。见李白又值酒醉之中，亦不顾吴筠诸人惊诧，将李白扶上马去，一路烟尘，直驰含元大殿。李白经冷风一吹，酒已醒来，忙问内侍何去？内侍回道：“皇上正于大殿相待学士，起草诏书。”

李白入殿叩拜玄宗。高力士宣道：“圣上有旨：近闻契丹不驯，攻占青石城，骚乱边关，驱我良民。朕欲出兵，予以惩处。着李学士以麒麟之笔，草诏檄文。再着永王李璘为帅、陇右节度使哥舒翰为副帅、忻州防御使尉迟重瑞为先锋，引兵一万，不日开拔。”

李白闻旨，激动不已！不由豪气顿生，奋笔疾书，铺张扬厉，片刻檄文已成。玄宗过目，洋洋千言，文不加点；措辞激烈，声势慑人，不由对李白道：“卿家捷才，深合朕意。”

李白思念尉迟重瑞，连忙奏道：“微臣不才，然通晓番文，愿随永王出征，以诗记下大唐将士开疆拓土之壮举，以扬国威。”

唐玄宗略思片刻，颔首准奏。李白伏地谢恩。

李白回至翰林院寓所，于灯下细细擦拭龙泉剑，心中欣慰，宝剑将要出鞘！

一路风光，无心留息。一万军士逢山开路，遇水架桥，月余，已抵青石城外。

见援兵已至，先锋将尉迟重瑞出营相迎。见永王李璘及故旧李白，他忙伏身施礼。

“若援兵再来迟些，重瑞不得见永王和先生矣！”说罢浑身颤抖，泪花闪动。

李白下马，扶起尉迟重瑞。数年不见，尉迟重瑞已横须乍现，眉目苍郁。见其身上战袍撕裂，血迹未干，李白不由心酸。

翌日，李白、尉迟重瑞、哥舒翰随永王李璘引一万将士，出营列阵，两军对垒。只见敌营红帐向前转挪数步，萧思虎可汗于帐下高声道：“不若你我双方各出一士，以决胜负。我方若负，我自引兵退出青石城，撤回契丹境内，不再犯界；汝方若负，则偿我牛羊，还我子民。”言毕，自其身后，掠出一将：如黑煞神一般，立于阵前。

永王无奈，回视众将。尉迟重瑞道：“此乃萧思虎可汗侍卫，契丹胡人第一勇将，人称黑煞神之铁山奴！”

哥舒翰大叫道：“焉能不战？”手中金刀早起，施展春秋刀法，与铁山奴战作一处，鬼神皆惊！二人大战数十回合，胜负难分。见日将暮，双方鸣金，相约来日再战。

不想哥舒翰年事已高，今日大战已耗全力，回至营帐，竟已病倒。永王李璘见状，不由心急。

李白道：“明日请永王为我观敌坐镇，可容李白阵前一试。”

先锋将尉迟重瑞深知李白之能，附言道：“李学士剑法卓绝，定能马到成功！”

翌日，两军对阵，李白提起真气，扬鞭催马冲至黑煞神铁山奴前，勒马而立。铁山奴亦不答话，板门大刀如山压下。李白持剑，飞身离马，展开太白剑法，围住铁山奴，剑气如雷似电。

铁山奴在马上，李白于马下，一个似猛虎出山，一个似蛟龙闹海，直杀得天昏地暗，日月无光。两阵军士，哪见过如此厮杀，顿时看呆了。

自午时战至黄昏，铁山奴胯下之马久战乏力，颓然倒地。铁山奴猝不及防，身体向前仆下，板门大刀脱手，应声飞出。李白见此，却顺势收剑，立于阵前。两阵军士，齐声喝彩。

萧思虎可汗见状，将手向后一挥，契丹军士掩下旌旗，缓缓向西退去。

李白止剑，抱手一揖，回身阵中……

返回长安之日，唐玄宗亲为永王李璘于玄武门设下盛宴，以洗征尘。至于李白阵前独斗铁山奴之事，亦变作永王李璘独斗契丹猛将铁山奴。李白亦不计较，遂畅饮大醉。

十二·赐金还山

青石城一战，李白舍身而出，仗剑逼退萧思虎可汗。回长安之后，原想必为朝廷重用，不料连永王李璘亦日渐疏远。原来长安传闻，有人图谋劝退皇上，拥立太子，致使整个长安风声鹤唳。驸马张垍嫉妒李白之才，暗将李白之诗《翰林读书言怀》摘出数句，又从李白昔日《行路难》《蜀道难》等诗之中，列出“犯上”诗句，密奏御史台。

李白已入长安两年，略知皇宫争斗之惨烈，故而隐忍不发。日日翻阅典籍，写些应诏之作，郁闷度日。一日，李白忽接人鬼将军刘骆谷之邀书。李白心中一直存有疑问：自入长安以来，身边总有巫教幽灵若隐若现，却不知何故不见其动，抑或有更大阴谋？

李白先转道吴筠家中，询问对策。李白将多年前与巫教结怨经历一一相告。吴筠闻言，不由惊道：“太白何以惹上此人？巫教之主嗣岐王李珍乃是当今皇上兄长岐王李范之幼子。此人琴棋书画皆能，尤其剑术卓越。

岐王去世，李珍嗣位，仍号岐王。岐王于王府只好游乐，结交江湖闲人，曾为当今皇上呵斥。天宝初年，岐王李珍不知何去，却于江湖之上，名声大噪。皇上震怒，命千牛卫缉拿。然其武艺之高，出神入化，反伤数十名大内高手，至今下落不明。传言其信奉袄教，乃袄教大道圣母之高足，任袄教之风雷使。巫教副主刘骆谷虽是三品武将，然其职任萨宝大祭司，备受安禄山信赖和胡人教众敬仰；加之此人大奸若忠，四处散财，亦有上好声名。”

见李白应邀而来，人鬼将军刘骆谷大笑道：“闻太白之名久矣！太白无意江湖，而入江湖，遂使江湖风浪顿起，令人佩服！”

李白接道：“太白不屑江湖，却无辜遭江湖恶浪突袭，失爱妻，丧良友，痛彻心肺！太白亦是数次死里逃生，命在旦夕！与巫教恩怨，非太白之过。”

刘骆谷笑道：“往事已矣，恩怨俱化流水！今日我与太白对饮把话，只为交心，别无他意。”言毕，高举酒樽为李白斟满美酒。

见李白迟疑，刘骆谷又道：“我乃陈子昂及怀一法师之师弟。数十年前，我师兄为朝廷所害，其惨死之状，至今常使我梦中惊醒！我那时气盛，为师兄报仇，亲刃县令段简，幸为岐王所救。岐王见我武艺不弱，荐于突厥将军。将军随后封我为裨将，代其长居京师。太白细思，今日之天下：皇上昏庸，奸臣当道；宦官猖獗，酷吏横行；黎民苦难，天怒人怨。我所言可谬？”

李白闻言不语，将手中残酒一饮而尽。刘骆谷继续道：“多少忠义志士竟报国无门，郁愤而死。像我兄长诗剑双绝之陈子昂，惨死奸佞之手，惜哉！太白若非玉真公主相护，早已无命矣！”

刘骆谷接着道：“岐王着我敬李学士一杯薄酒，若学士愿与巫教上下化干戈为玉帛，则高官任选，富贵至极。”

李白总算明白刘骆谷之意，不由霍然起身，高声喝道：“太白与巫教势不两立！”复拱手刘骆谷道：“今日多谢将军美意，就此告别。”李白言毕，将手中酒盏顺势掷下，扬长而去。

刘骆谷望其背影，羞怒不已。

雷雨连下三天，长安一片汪洋。

待雷雨方住，文武百官都从雨雾之中探出头来，急急上殿点卯。京兆丞陆调踉跄上殿，伏地号啕。原来，昨日长安偶感一震，乃关中地陷所致。关中百姓流离失所，急需朝廷救援。

唐玄宗惊闻此讯，面目沉重，开金口道："谁愿替朕前去关中，安抚百姓？"

李白见状，欠身奏道："关中大震，自然所致。古往今来，各代皆有，不足为怪。天灾不可畏，可畏人祸也！李白愿随京兆丞赴关中探视，传皇上问候，代皇上安抚。"

玄宗道："准奏。再以学士麒麟之笔，佐佑王化。"

玄宗乃令打开国库，拨十万斗粮食，由督粮官张良平携五百军士押运，随李白及陆调即日赴关中灾区赈灾。

关中一片瓦砾，到处是废墟，饥民成群。官府一溜摆开数十口大锅，陆调着军士为灾民分派粥食。

第一日，万民庆幸；第二日，已有怨声；第三日，灾民骚动……七日不过，上万饥民已将府衙团团围住。

李白急入关中府内，问陆调何故如此。陆调道："皇上拨粮十万斗，足可救饥民一月。奈督粮官张良平借口运粮骡马不足，沿途又有饥民抢掠，运至关中粮食不足三万斗！属下给粮官不得不日减粥食，以挨时日……"言毕，泪如雨下，号哭不已。

李白亦不多言，驱马急至督粮官张良平处。那张良平原是长安街头斗鸡之徒，却因其姊为太子爱妃，遂蒙荫而成督粮官。见李白至，张良平倨傲而言道："李学士是否为民请愿？饥民腹大，粮食无多矣！"

李白怒道：“闻皇上赐下十万斗粮食，至此只有三万斗。而关中市间忽有大批官粮，高价待沽，何故也？”

“定是劫匪掠得官粮，于市面出售。”张良平漠然道。

“押运官粮，竟被劫掠，督粮官岂不汗颜？岂不知罪？”李白强忍怒火。

“粮车逶迤数十里，又距关中数百里。一路劳困，暗夜窃贼难防。况兵士日夜兼程累乏，也有闭眼之时。”张良平悠然道。

李白大怒，正欲理论，却不想那督粮官高叫着送客。

李白忍下怒火，打马回关中府衙，恰逢一军吏正扬鞭抽打一倒地老者。原因是老者不慎，将粥汁溅至其衣角。那老者哭喊之声，早已激起民愤。此情此景，李白已忍无可忍，拔出腰间宝剑，一剑毙之。

陆调见状，大叫：“不好！”原来那军吏是督粮官帐下死士，府前放粮官赵定。李白立于关中府衙阶前，高声道：“我乃翰林学士李白，奉皇上旨意，代皇上抚慰尔等。放粮官赵定故意克扣粥米，我已杀之……”

督粮官张良平已闻讯而至，冲李白大喝道：“学士狂妄！竟敢擅杀朝廷命官，可将之从速拿下。”遂着军士持械，直向李白袭来。百姓见状，顿时乱成一团。

情势危急，李白亦不他顾，遂展开太白醉剑剑法，直逼督粮官张良平。那督粮官猝不及防，利剑正中面目，登时倒地气绝。见张良平亦被李白所杀，众军士愕然！百姓骚乱亦止。李白遂又道：“那放粮官受此官指使，我已奉旨将罪魁除去，尔等皆可宽心，李白自与京兆丞拼上性命，让尔等度过此厄。”言毕，众百姓跪地不起，哭声一片。

陆调长叹一声，遂着军士收拾府前残局，使衙役、军士发放粮食，自与李白入府中相商后事。

“那张良平罪该万死，亦应上报皇上定罪。擅杀之，已触唐律。其姊又系太子爱妃，可如何是好？”陆调道，“学士为百姓致使自己身陷绝境，陆调自与学士共生死。我这就起书，上奏皇上实情，派人星夜送至长安。

言督粮官张良平擅扣灾民救命之粮，激起饥民及军士哗变，不得已杀之。若有罪，罪在下官，不在学士。”

李白喟然叹道：“大丈夫死且不惧，何患太子妃？我亦上书皇上，言明真相，吾皇圣明，定能明辨。”

那太子妃闻爱弟死于李白之手，昏厥于地。太子亦痛彻心肺，暗恨李白，遂直入含元殿面禀父皇唐玄宗，条陈李白擅杀朝廷命官、触犯唐律之事，恳请父皇严惩不贷。玄宗已先于太子上殿前半个时辰，分别接到陆调及李白奏折。玄宗本对太子谋位登基之长安流言心存疑虑，又早闻其下僚不驯，时有煽风点火、推波助澜之事，暗忖今借李白之手，示警于太子，未尝不可。乃暗喜李白之忠心，又不得不惩治李白，以维唐律。遂下诏，着李白即日回京治罪。

李白刚入长安，便被好友京兆尹吴筠请至府上。唐玄宗素知吴筠与李白交厚，念李白天书拒蛮之功，亦有宽恕李白之心，遂将此案交京兆尹吴筠处置。

对吴筠而言，此案却是烫手山芋。皇上有意宽恕李白，而太子妃却一味紧逼。加之，太子极爱张妃，又闻永王与李白交厚，其亦有杀李白之意。吴筠见李白憔悴如斯，不由长叹一声道：“为官之难，今日更知。”遂将玄宗、太子妃之意，详告李白。李白面长安皇宫方向，伏地暗道：“皇上圣明。”又想从此要结怨太子，亦心中怅然不止。

吴筠细听李白言说关中赈灾、杀督粮官张良平之事；书记官又取来京兆丞陆调之说；加之暗得皇上旨意，吴筠对此当堂判决：罚李白年俸，以作督粮官张良平丧葬之用，对李白则未加定罪。太子妃闻之，大哭而去。太子闻此案就此了结，亦大怒，质问京兆尹吴筠何以不依唐律处置。不想吴筠大笑不语。翌日，京兆尹吴筠挂冠而去。

后吴筠潜心修道，深得机理，成为一代大家，备受后世推崇。

李白再次受挫，竟忧愤成疾，数日不朝。

一个秋日黄昏，彩霞满天，凉风习习。玉真公主轻车简从，再次叩响李白门扉。见李白形容枯槁，不由泪流。

“先生之病，不知可好？”玉真轻言道，“若病在肌体，我可着太医开出良方，以草药煎服；若病在心中，可用玉真之泪为引，先生自于花间温一壶好酒，慢斟浅饮。”

李白见玉真泪光闪烁，其情殷殷，忙探起身来，又被玉真轻抚躺下，“先生可知，牵一发而动全身。杀督粮官张良平无错，错在不上禀天朝，违了唐律，错在乱了纲常。我知先生不喜纲常，奈纷纷乱世，无律不成方圆，无序不成社稷。皇上已赦先生之罪，先生应生感恩之念。吴筠辞官而去南山，乃因其早厌官场，寻道访仙久矣，非先生之故。先生亦可宽心。”

玉真之语，如拂面清风，涓涓细流，使李白闻之怡然。垂思良久，李白乃道：“皇上亦是一代圣君！奈朝中奸佞妄塞言路，人祸不绝。皇上圣明，竟不知也。不知何故？”

“君临天下，视山川、草木皆为己有，无暇顾之。况人有多面，面君而立，诸人定是赤胆忠心；离君而去，即难免私利。利欲熏心，便无法度。只是人如蝼蚁之众多，熙熙攘攘，来往不绝，皇上纵有千目，亦有不识之处。况奸佞之人反观先生，又是如何？”

李白苦笑道：“狂傲之人！大才无用之人！笔底万文，胸无一策。譬之今日，在皇上那里，恐亦言李白是不法之人。”

玉真微笑道：“先生言之有理。你看这尘世，有鲜花、绿叶，亦有污泥、脏水。有时花木繁盛，不仅是阳光雨露之功，还需要污泥、脏水滋养；你看那亭亭荷花，就是明例。”玉真又道：“先生之世界，纤尘不染，清亮无比，只应天上有。若如先生所愿，世上则哪有痛苦别离？则哪有感人悲歌？则哪有千古英烈？”

李白闻玉真之言，如饮琼浆，心中之郁愤稍解，便觉轻松许多。遂起身笑道：“公主，吾为你温酒，共饮秋菊。”

玉真笑而不语。

李白立身窗前，心情豁然开朗，忽有归去之思，随口吟道："不向东山久，蔷薇几度花。白云还自散，明月落谁家。"玉真公主已听出李白诗中之意，不由浅笑道："流光如水，岁月催老。太白虽如谢安一样，辞东山入朝，却喟叹无谢安一样，起而安天下，顿觉辜负白云明月。此诗乃太白归去来兮辞也！"李白闻听，惊看玉真一眼，亦笑道："公主读懂太白之心，真知音也！"

玉真接道："数日前读太白诗：余欲罗浮隐，犹怀明主恩。踌躇紫宫恋，孤负沧洲言。已知太白处于还山与恋阙之中，唯今日去意已决。"

"终然无心云，海上同飞翻。相期乃不浅，幽桂有芳根。"李白又强笑道，"今日美景，我请公主小酌。"

玉真与李白对饮几杯，不由脸红、心热，爱之火焰再次燃起。

"先生，玉真拟辞去公主封号，出宫而去，三月还俗。然后入寻常百姓之家，为持帚主妇，煮食烫酒，相夫教子。先生可否与我相携？"

"太白有心，亦不敢奢。"李白言辞意决，断无悔念。

"我出宫去，百年不回。"玉真垂泪道。

李白闻言，只好佯醉道："我亦还归东山……"

见日将暮，玉真起身，着李白相送。李白亦知今日玉真此去，再不可回，遂收拾装束，亲送玉真回宫。

秋日洋洋，花香鸟鸣。贵妃于怡宁殿想起李白，总有一种似曾相识、欲言还休之感，竟挥之不去，忽觉李白是知音！一个是千古风流之才子，一个是倾国绝代之佳人。杨玉环先嫁玄宗之子寿王李瑁，蒙高力士举荐而为贵妃。虽则备受宠爱，然心中时有所憾。

又至重阳，无奈、寂寞、孤独之李白，于宫河之岸、酒肆之中，自斟自酌，浅吟低唱，不觉大醉。

正吟咏之间，有黄门内侍径于酒肆之中，着召李白入宫。李白亦不起身，傲然说道：我今日酒醉，入宫多有不便！

说毕，见内侍不去，李白翻身又道：“我醉欲眠卿且去！”不料一内侍悄声禀道：“贵妃有请。”

闻贵妃召见，李白面前顿现贵妃杨玉环皓月之面，明媚之眸，冰雪之肌，杨柳之姿，亦顿现昔日桃红之影。李白遂起身整衣冠，以水净面，由内侍相扶，随内侍直入后宫。

见李白至，贵妃以手示意，这一扬手间，其纤手之形，忽使李白想起多年前那场大梦：不正是紫衣仙子太真自天庭玉门伸出之手？不禁失声道：“太真？”杨贵妃惊叫一声，不由问道：“学士怎知玉环之道号？”

“吾不明原委。只于多年前一场梦中，听过此名。”遂将那场梦，告知贵妃。

“怪哉！吾于儿时亦有一梦，与汝梦相同。其境如昨，不能忘却。难怪与汝有熟识之感，原来曾于梦中相会。”

“梦太短，若是长梦不醒便好。”李白笑道，“吾观贵妃美轮美奂之《霓裳羽衣曲》，贵妃唱至‘酒仙不在天，飘落在人间。咳唾吐天风，挥洒舞群山。荡舟银河渡，骑鲸白云边’时，是否还有两句‘再会是何日，待诏天宝年’？”

贵妃惊奇道：“李学士何以得知？”

“亦于梦中知矣。”李白道。

贵妃接道：“昔日梦境尚有何事未及？”

李白略思片刻，又道：“只是尚未有力士金刚之紫金锤打来。”

“吾不怕什么紫金锤，只怕梦醒……”贵妃喃喃，“你我皆来自天庭，歌者、舞者不过为讨一人之欢心，焉不哀伤？世无知音，歌者为谁歌？舞者为谁舞？”

贵妃吹气若兰，妙不可言。李白半梦半醒，魂上九霄旋觉不妥，然其大醉之中，又闻贵妃如此感伤，皆为天下大孤独之人，李白感同身受，只好顺其自然……

猛听有人咳嗽，李白醉中，浑然不觉。贵妃早已看见，却不惊慌，伪作一振翅欲飞之形，自李白身旁，缓缓挪离。贵妃遂将玉纱轻轻一揽，向那人道："力士请坐，吾新编《踏浪浴衣舞》舞姿中看否？"

高力士愤然道："舞姿固美，只是流于轻浮！"

"若力士以为轻浮，玉环可弃此舞。"

二人语意双关，话中有话。

"贵妃尝闻皇上之怒乎？"高力士道。

"妾于深宫，孤陋寡闻。"

"皇上之怒，山崩地裂，伏尸遍野，血流成河。"高力士道。

"力士可知贵妃之怒乎？"

"未尝闻也。"

"贵妃之怒，哭诉皇上，伏尸一人，血流十步。"高力士一时语塞。杨贵妃接着道，"皇上无我，茶食不思，难解孤寂。"

高力士心中暗忖今日之事，若告知皇上，只有死路。皇上宠幸贵妃，纵使迁怒贵妃，将来若想起贵妃来，亦杀力士。心念如此，不由伏地。

"老奴双目昏花，夜不观色。此舞固美，微觉轻浮，贵妃不可再练。老奴自当忠心侍奉贵妃，决无二心。"

"吾记下了。"贵妃应道。高力士诺诺退下，李白亦被一顶小轿送回翰林院。

时光荏苒，转眼又是春天，李白日日醉卧长安街头，狂放颠倒。好事之人，再将李白嗜酒如命、狂放颠倒之举，奏于皇上。唐玄宗闻之，长叹一声，遂着驸马张垍携李白上殿面君。

含元殿上，玄宗注视李白良久，竟有万千感觉。

"臣李白知罪！"李白俯身微启。

"罪于何处？"玄宗道。

“臣原是山野狂人，疏懒成性，贪杯如命，本不堪用，蒙皇上厚赐，有负圣恩。若能使李白重归泉林，必感恩不尽！”

想李白千古大才，上书削藩、天书拒蛮、关中救灾、石堡平叛，有功于大唐；只因不谙世事，不知礼度，更不知如何为官，虽忠心报国，却饱受苦难，玄宗亦不由感叹。

“着诏翰林学士李白，赐金还山。各地官吏见旨，俱供其美酒馔食，锦衣良马。”

李白接诏，俯身长揖：“深荷皇恩，李白于山林遗贤之中，必颂皇上尧舜之德、陶唐之音。”

别了，长安！李白再次来到灞河桥上，作别杨柳，作别灞河。

从何处来，到何处去？李白严厉拷问自己。无法忘记长安，无法忘记秀竹、尉迟、吴筠、贺知章、唐玄宗、杨贵妃，还有李林甫、高力士、杨国忠……还有自己想爱又不敢爱之玉真……无法忘记长安偌大宫城、舞台亭榭……无法忘记，干脆就走得更远，更远，远得不知道长安为何地，李白为何人！夕阳、古道、西风，李白到何处去？

“南登灞陵岸，回首望长安”。昔日贼乱长安，王粲远赴荆州如此，今日李白更是一步三回首！从此之后，李白于天涯海角，将无时不思长安！长安乃李白终生无法化解之情结。

李白辞别长安，一路向东而去。且走且游，且歌且饮。只是天下之大，李白不知该往何处去！

被大唐皇帝赐金还山之李白，离开洛阳和他来洛阳时一样，很快为洛阳人所周知。此时，在洛阳一条不知名的小巷，一个安静的角落，一个同样可以与日月争光之人，在期盼着能与李白相见。千年过去，历史将此次二人相见，称为两曜相会。

洛水河畔，天津桥头，董姓酒家。洛阳达官贵人置酒，为李白送行。

满座之人皆洛阳名士。数巡酒后，李白起身敬酒，顺序却让人惊诧！李白径直走向叨陪末座未被介绍之人：那人面容清瘦，衣着朴素，然神情庄毅，尤其目光之中，竟透着感人至深之大悲悯！有人趁机上前介绍，此人杜二，亦好诗文。杜二不卑不亢，起身施礼道："我乃杜甫，字子美，晋时杜预之后，今朝杜审言之孙。久慕李学士之名，今日得见，如在梦中。"

李白笑道："我于长安之时，子美诗痴之名已传遍京师。人人皆知子美写诗用功，仔细认真。从不轻易下笔，下笔则必精确，令人百般推敲，亦难更改一字。子美博览群书，天姿聪颖，早已锦绣满怀，正所谓'读书破万卷，下笔如有神'！今日相会，堪慰平生！"李白言毕，与杜甫连饮三杯。

杜甫心中顿时一股暖流涌过，对李白忽有惺惺相惜之感！接道："学士抬爱！天下能作出《将进酒》《行路难》《蜀道难》之诗者，唯谪仙人也！"

李白大笑，对诸人道："若太白为天空，子美乃大地也！太白与子美皆为日月！今日相会，洛阳之天空，日月同辉！"诸人不笑，唯李白、杜甫大笑。酒席散时，李白盛邀杜甫明日再至驿馆一谈。

翌日，杜甫郑重造访李白。李白若老友一般，与杜甫于驿馆备下香茶，促膝畅言。李白再道："太白原以大丈夫应提三尺剑，立不世功，诗文余事耳！今日读子美之诗，乃知文章亦千古之事也！"

李白、杜甫二人言诗，不觉已是正午。李白着人送来上好酒菜，与杜甫欢饮，继续畅谈。李白言其于长安之时，与贺知章、李琎、崔宗之、苏晋、张旭、焦遂、李适之，日日欢饮，恣意人生，令杜甫心向往之。李白、杜甫把酒临风，谈诗论赋，谈古说今，其乐融融。日暮将别，杜甫忽道："等我片刻！"只见杜甫手持竹笔，笔走龙蛇，纸腾烟云，已成诗一首。李白一看，竟是《饮中八仙歌》：

知章骑马似乘船，眼花落井水底眠。

汝阳三斗始朝天，道逢曲车口流涎，

恨不移封向酒泉。左相日兴费万钱，
饮如长鲸吸百川，衔杯乐圣称避贤。
宗之潇洒美少年，举觞白眼望青天，
皎如玉树临风前。苏晋长斋绣佛前，
醉中往往爱逃禅。李白一斗诗百篇，
长安市上酒家眠，天子呼来不上船，
自称臣是酒中仙。张旭三杯草圣传，
脱帽露顶王公前，挥毫落纸如云烟。
焦遂五斗方卓然，高谈雄辩惊四筵。

李白不由赞道："虽非亲眼目睹，人物形象却跃然纸上。贤弟勾勒人物之功力，入木三分。可惜可惜！"杜甫奇道："有何惜哉？"

李白笑说："惜杜二未至，然则就是饮中九仙矣！"两人相视大笑而别，相约秋后，梁园相聚。

巍峨泰山之巅，紫极宫道场宏大。接连七日，李白辟谷，只饮清水，以示洁净。"大道为父，神明为母，虚无为师，自然为友……"当披发仗剑、踏罡步斗之天师为其授下道箓之时，李白顿觉自己已超然物外，了却尘缘，飞身成仙。

李白受过道箓，方成道中之人。李白曾随道十余载，亦曾熟读道家典籍，亦曾辟谷炼丹，但迟迟未能取得道箓，实因自己对得道成仙、白日飞升有怀疑。李白曾四处寻仙，即使是白云子、张果老亦未能解开李白心中之疑——其二人无非道学高深，洞悉人世，其亦难有上天入地之法术。李白终身所求乃人生之壮丽，而非人生之不朽！

李白受过道箓，便急急赶赴东鲁家中。见到儿女平阳、伯禽，愧疚而泣，欢喜而泣。李白回至东鲁不久，大病三月不起。

白日，李白与儿女闲话；夜里，则重复着步入仙境之梦。连绵不断之梦境，亦渐渐清晰。那是天台、天姥神山，峰峦如簇，祥云缭绕；苍龙白虎，若隐若现。忽然石门大开，仙人身着霓裳，列队而出。仙乐袅袅，龙吟虎啸……李白身生双翼，于月下飞过镜湖……

梦境美轮美奂，令李白神思皆往。他急忙叫醒伯禽，就着月光记下《梦游天姥吟留别》。诗的结尾写道：

> 世间行乐亦如此，古来万事东流水。
>
> 别君去兮何时还？且放白鹿青崖间，须行即骑访名山。
>
> 安能摧眉折腰事权贵，使我不得开心颜！

李白南柯一梦，乃成千年不朽之诗作！然千年之后人，万千之士人兀自大梦不醒，焉不令人感慨！

李白安顿好儿女，于秋天如约来到梁园饭颗山酒肆，正欲于店外树荫下歇息，就见前方一人身着布衣，头戴斗笠，正对着汴河之水苦吟——正是杜甫。李白心中大喜，又觉好笑，便轻轻过去，猛拍杜甫肩膀，杜甫回首惊道："适才刚有妙句，恰被惊去！"

"难怪人称'诗痴'！佳句三年得，一吟双泪流。真是饭颗山头逢杜甫，头戴笠子日卓午。借问别来太瘦生，只为从前作诗苦。"李白笑道，"莫把作诗当作科考！以诗文挣得虚名，乃余事耳！"

"虚名虽不于心，然'至君尧舜上，再使风俗淳'乃是宿愿。惜有心无力，报国无门！"杜甫长叹道。二人大笑入内。

店中一人，年约四旬，面容俊朗，神态端正。见李白施礼道："桃红可好？"李白细视良久，惊喜道："高适何以至此？"

此人正是杜甫好友高适！高适多年前和母亲刺杀安禄山未果，于李白、孟浩然对诗联句之时离去，高适葬母之后，远投河北舅父。数年前，参加大唐科考，得中道举。宋州刺史张九皋因其大才，接济其度日，并屡向朝廷荐举，高适于此以待时机。知杜甫秋游梁园，欣然作陪。三人结伴同游梁园，缅怀古今，感慨万千。

一日，秋高气爽，三人携手，登上大梁吹台。李白、杜甫、高适流连忘返，于此轮流把盏，畅言欢饮。忽闻窗外琴声传来，如泣如诉，撩人心弦。高适与杜甫已醉，梦幻之中，诗兴大发。高适首先提笔，写下《古大梁行》。杜甫有感而发，乘着酒兴，挥毫而作《遣怀》诗一首。李白沉思片刻，挽起大笔，饱蘸乌墨，疾步走到梁园白壁之前，笔走龙蛇，白壁生云。李白写毕，饱蘸浓墨，题上题目——《梁园吟》，然后舒口长气，倚墙暂息。

杜甫由衷叹道："此诗若天矫游龙，飞腾云雾之中，不可捉摸，波澜起伏，陡转奇兀，愈唱愈高；似登泰山，通过十八盘，跃出南天门，踏上灵霄峰，高唱入云！伟哉！此诗必将千年传唱！"

不远处一僧人见状，手持抹布而来。抬头见刚粉不久之雪壁上，竟被写上黑字，僧人不由怒道："无德之人，何以乱写！"遂拿抹布就要擦去。

"且慢！"声音清脆而不失威严。僧人回看，乃是一姿容柔美、衣着华贵、举止之间从容不迫之大家小姐，后随一个丫环。此女正是适才窗外抚琴之人，让高适、杜甫、李白三人诗兴大发之女子！

僧人认得此女乃已故宰相宗楚客之孙女。宗小姐自幼受大家熏陶，琴棋书画样样精通，乃梁园有名的才女。她先被白壁上之书法所吸引。看完诗文，更是钦佩不已。宗小姐为诗文所震动，对僧人盈盈一拜，道："将此诗留下，必使梁园增色。"僧人却道："唯恐住持怪罪。"宗小姐道："小女愿出千金善钱，恳求保留此壁！"那僧人闻言喜道："多谢宗小姐，如此，焉有不允？我这就禀告住持，本院定当竭力维护这堵白壁。"

睢阳达官贵人、市井平民知名满天下之李白至此，并题诗梁园白壁，皆纷至沓来，仰首观瞻。宗家小姐千金买壁之事，亦在睢阳、宋州传为美谈。

睢阳防御使、清原令张巡乃李白故旧，闻听此讯，与睢阳太守许远一起亲至梁园，品读李白之诗，感慨不已。遂令梁园住持于此壁之上加盖亭阁，四围再置栅栏，妥善维护，以供后人观瞻。又急忙派出手下两员心腹爱将南霁云、雷万春，各带数人，于睢阳市井酒肆，找寻李白。

找到李白、杜甫、高适后，太守许远、防御使张巡欣喜出迎。张巡笑道："有故人自远方来，不亦乐乎？"许远亦道："大唐三杰，题诗梁园，使此地生辉，必遗之后世。"

李白亦笑道："心中常念将军。闻将军引兵随朔方节度使、左武卫大将军王忠嗣戍雁门，何时至睢阳？"

"我至睢阳，亦恐命数。"张巡道，"太白可记得早年与我及郭将军、尉迟将军一起，火烧巫教之穴香积寺之事？"

李白接道："焉能相忘？常见于梦中。"

张巡道："因巫教之故，杨丞相将我委派至睢阳。近闻消失数十年之岐王，又现江湖，与安禄山来往甚密。睢阳与安禄山所节制之地接邻，与河北道接壤。孟诸大泽之西北，常有巫教为祸。接朝廷之诏，近日，我欲率兵予以围剿。太白与巫教多年之纷争，亦该了断矣。"

李白道："太白之所愿也！今日更知巫教乃安贼之耳目！围剿巫教，恐不日安贼必反！"

高适闻听，亦切齿而起："吾与安贼有国难家仇！明日吾即赴边关，提马立刀，以待安贼！"

李白思及此处不日烽火将起，起身言道："梁园虽好，非久恋之家。"此言一出，竟传之千年。

"虽非久恋之家，我已将此生交付！"张巡道，"难得大唐三杰于此，诗情酒意，愿闻琴否？"

诸人闻听此言，皆住下酒盏。张巡示意，便闻窗外琴声响起。闻悠扬之琴声，顿感万物知春，和风骀荡。李白酒意酣畅，不由仗剑起舞，边舞边歌：

弃我去者，昨日之日不可留；

乱我心者，今日之日多烦忧。

长风万里送秋雁，对此可以酣高楼。

蓬莱文章建安骨，中间小谢又清发。

俱怀逸兴壮思飞，欲上青天揽明月。

抽刀断水水更流，举杯消愁愁更愁。

人生在世不称意，明朝散发弄扁舟。

此诗波澜迭起，瞬息万变，腾挪跌宕，一唱三叹！琴止，诗毕，剑住。诸人正欲喝彩，就听一声娇音：“谁言梁园虽好，非久恋之家？若知梁园之美，必愿化作春泥。”

闻声望去，不知何时，窗外弹琴之人已笑吟吟立于堂前。张巡笑道：“此乃‘千金买壁’之女，我大唐武皇时丞相宗楚客之孙女宗玉。我闻太白孤身，又闻宗玉待字闺中，再有‘千金买壁’之美谈，才子佳人，莫非天作之合？”宗玉闻言，含羞带笑而去。实际上，张巡闻宗小姐千金买壁之事，已有君子成人之美之意。张巡为此，暗于昨日造访宗家说合，宗小姐含羞应之。

李白却道：“太白年已半百，身为布衣，与宗小姐相偕，乃乌鸦与凤凰矣！”

许远笑道：“古之良缘，乃才子佳人、美人英雄也。太白才华若日月，宗玉婉淑若云锦，况又有梁园之遇，千秋佳话。‘梁园’与‘良缘’谐音，莫非天结良缘？”诸人闻之，皆拊掌称妙，又见宗玉有心于李白，纷纷向李白道喜。

随后张巡又安排李白与宗小姐见面，二人相谈甚欢。宗小姐敬佩李白文武大才，李白亦觉此女超凡脱俗。君有关雎之思，女有琴瑟之意，两人互生爱慕，终成眷属，于梁园传为才子佳人之美谈。李白由宗氏伴随，琴瑟和谐，走完余生，此乃后话。

才子佳人梁园传佳话

宗氏出身书香门第，与李白婚后，夫唱妇随，感情甚笃，有团聚之乐，无漂泊之苦。加之张巡、许远亦不时探望，李白忽有梁园真好、宜其居家之感。

十三·探秘幽州

宗夫人虽相门之女，却自幼好道，秉性孤高，甘心淡泊。见天下风云将起，李白与夫人相商，欲觅一幽栖之地。随后数月，李白便回山东安排家事。平阳、伯禽皆已成人，颇有李白之风，知书达理，进退有度，令人欣慰。平阳由其六叔原任城令做主，嫁与县上小吏。伯禽亦于盐场做事，轻松、平淡度日。

李白再回梁园之时，已是来年秋天。故友何昌浩之书，令李白震动。何昌浩昔日落魄广陵，穷困潦倒，数次为李白接济，而后投远亲安禄山之太卜丞严庄。因其文采，而授参赞军机判官。其信中俨然以主人之姿，盛邀李白前去幽州。

“不入虎穴，焉得虎子？”李白意入幽州安禄山之老巢，以探虚实。

此时张巡引领千军，已去孟诸大泽围剿巫教余孽。战事呈胶着之状！巫教之人，皆有施蛊荼毒之能，又于孟诸大泽西北，围建一城，名曰巫城。

此城正位于河北道与睢阳接壤处，如鲠在喉。

李白骑马穿行大泽，至日暮之时，已见沧河之岸边唐军营帐。又见西北山下，一座小城傲立。闻李白至，张巡远远迎来：“李学士至此，巫城必破。”

李白遂道：“可知何人把守巫城？”

“乌衣游神黄伦！此人颇有勇力。”南霁云道，“昨日与雷将军大战百回合，力不怯也！”

李白笑道：“此城可取！”遂俯耳张巡低语。

翌日，太阳升起，李白携南霁云、雷万春及数十兵士渡过沧河，立于巫城之下。

未待多时，就听一阵瘆人冥乐响起，巫城城门已开。乌衣游神黄伦手提斗大梅花铜锤，骑一匹卷毛青马，引数百人，越过吊桥，列开阵势。

李白勒马上前数步，对黄伦道：“将军何陷泥沼愈深矣！”

黄伦见李白至，大惊道：“太白何以至此？”

“专为将军而来！”李白笑道，“数年不见，各自苍老。江湖之上，漂泊可好？”

黄伦憨憨一笑，却道：“太白速去，黄伦与你神交已久，不愿与你兵刃相见。各为其主，身不由己。”

李白又道：“身为大唐子民，不知将军为了何主？”

“这这这，我为何主？”黄伦语塞，不由面窘。

李白再道：“大唐只有一主，乃当今皇上！余者皆为乱臣贼子。将军细思！”

黄伦垂首不语。正于此时，就听“嗖”的一声，一支狼牙利箭直射而来。李白飞身而起，绕过黄伦身后，将那箭截住。

黄伦认定那箭暗算自己，不由回首向巫城骂道：“阴阳子小儿，暗算于我，必取你性命！”实际上，阴阳子见李白出阵，以箭射李白。李白眼快，故意绕至黄伦背后接箭。黄伦背对巫城，哪明就里？巫教人坛副主秦虎见状，拨马回城，口中叫道："黄伦叛贼……"那乌衣游神黄伦乃霹雳之性，右手一锤飞出，早将秦虎击落马下。一不做，二不休，黄伦亦勒马转身，直向立于巫城城堞处的阴阳子而去。南霁云、雷万春早已击起战鼓，张巡引大军趁势攻入城内。一场大战，鬼神皆惊。巫教力薄，加之人坛之众不自觉已随黄伦反水，如何挡住大唐将士？不足一个时辰，巫城已落入唐军手中。巫教护法阴阳子胡元向巫城西北山中逃去……

张巡遂封乌衣游神黄伦裨将之职，所降巫教人坛之众数百人，亦随唐军。黄伦闻言，面向李白，俯伏于地，不由泣道："若非先生拔箭，黄伦必为野鬼！今受先生大恩，必终身事于大唐，跟随张将军，万死不辞！"黄伦日后，果然随张巡苦守睢阳，睢阳城陷，与张巡、南霁云、雷万春等三十六将士一起罹难。此乃后话。

于孟诸大泽巫城略作停留，李白取道太原，先与元演相见。元演之父乃太原府尹，亦是久经沙场之骁将，威而不猛，庄而可亲。见诗文传唱天下之翰林学士李白，竟是爱子好友，亦是欢喜不已，遂于府衙遍邀太原名士，为李白接风洗尘。

正于欢宴之时，却见有将校推着一名罪囚，向府衙而来。李白抬头一看，不由惊道："莫非郭子仪将军？"来者正是金枪将郭子仪。原来郭子仪数年前，就任汾州参将，却因酒后不满防御使调兵布阵，顶撞上司，只身离去，违反军纪。李白见状，躬身长揖，为郭子仪求情道："郭将军忠义刚直，武艺绝伦，异日必为大唐柱石！望将军视我薄面，法外开恩！"元演亦伏地为郭子仪求情。元演之父再听汾州来将细述经过，竟大笑道："险些损了大唐一员良将！"那郭子仪虽为参将，然其兵法韬略远在防御使之上。太原府尹又道："郭将军就于太原任职，我自当禀于皇上。"郭子仪谢恩，又与李白匆匆告辞，互有惺惺相惜之意。

元父又赠送李白一匹日行千里之五花马，还有价值千金之狐裘。李白连走数日，是夜，歇于附近山下村落中一户朴素老妇家。

翌日，李白留下数锭金银，辞别农妇，驱马继续向北。满目所见，疮痍遍布。正行之间，远见一骑奔来，擦肩而过。马上竟是一紫衣女子，一手持剑，臂带箭伤。未待李白回神，远处尘埃荡起，数声战马嘶鸣，亦狂奔而来。李白见状，知是追兵，亦不躲闪，勒马路中。

“何人胆敢拦路？”黑脸军校勒马李白面前，手抡鬼头大刀，径朝李白剁来。李白闪身，抽出龙泉剑，看见刀光已近，一剑击出，只听一声金石之音，兵器相交。那军校大叫一声，原来手臂已被龙泉剑剑气所伤。众军士见状，“哗”地散开，将李白团团围住。

李白俊目轻瞟，看这数十军士，竟不知死活，不禁心生怜悯。

“汝等退下，可得活命。”李白剑映日光，正泛着森森杀气。

早有二军士趁李白说话之际，持枪自李白背后刺来。李白亦不回头，回手一剑，龙泉剑已切掉枪头。二军士用力过猛，收势不住，从马上栽下，竟被枪身透胸而过，倒地毙命。众军士大骇！急急拨马便逃。

片刻，李白忽听背后有马蹄轻响，回头看，竟是那受伤女子。只见那女子向李白施上一礼，满含感恩，轻声道：“紫烟多谢先生救命之恩。”

李白笑道：“一柔弱女子竟使一群虎狼之士相逐，何故也？”

李白下马，走向紫烟，扶紫烟下马，拔出其臂上箭头，取出怀中金创之药，为其敷在伤口。

紫烟微微喘息，言道：“小女乃常山人氏，数日前，于太行山被一将军无理追逐。吾不忍此辱，杀伤其手下数名军士，故而被追至此。”

李白闻言，细视紫烟，艳丽之中，竟含巾帼之气。又记起那军校离时之言，遂扶起紫烟，一同上马，再回至昨日投宿村落。

推开农妇院门，农妇见紫烟受伤，慌忙安顿紫烟歇下，并生火熬食。

李白又着五两银与农妇道：“可选些好米粮，为此女疗伤。我等于此，勿告他人。”农妇应之。

原来紫烟之父乃范阳节度使安禄山帐下裨将，任常山防御副使，前年征讨羌戎，战死关外。紫烟自小不喜女红，却好刀枪，亦练得一身武功。冀州防御使史朝义看见，定要纳其为小妾。紫烟仗剑相向，方保得清白。

知是被翰林学士李白相救，紫烟动情道："不想学士至此，紫烟之福。偶读先生诗章，如映日月。不想先生武功亦不凡，宛如仙人，令紫烟羡之。"不由脸庞微红。

紫烟于村中疗伤期间，李白亦将自己如何进、出长安和皇上赐金还山等事，相告紫烟。不知不觉之中，二人心已渐近。

在农妇精心照料之下，不过数日，紫烟箭伤已愈。紫烟视西天万道霞光，如梦如幻，轻声道："先生可见那山下连理之树，紧紧相拥，共迎风雨。再看林中之鸟，成对结双，翱翔天空，羡煞人矣。"言毕，亦面若霞光。

"李白命硬，天生浪子。人生知己，多半凋落。紫烟如玉，亭亭如斯，李白怜之、护之，若女儿待之，不复有非分之念。"

"若先生不救紫烟，吾早成一把黄土。紫烟之命已归先生，随先生刀山火海，亦无所惧也。"遂伏身李白胸前，泪花闪闪。李白抱着紫烟，如注满水之杯子，爱惜有加，视之如女。

李白遂绕道常山，将义女紫烟托付好友常山太守颜杲卿照顾，独自于十月到达幽州。

何昌浩惊见李白，喜不自禁，乃引见至太卜丞严庄。李白闻声望去，就见山巅八棱寺塔塔门大开，一人拈须，于塔门傲然而立。看那长者，年约六旬，神情幽冷，目若冰锋。正是李白少时匡山师兄，现为安禄山孔目官、太卜丞之严庄。

严庄以主人身份，盛邀李白上座。安禄山掌书记高尚和三五个将官，围坐一席，轮流把盏，为李白接风洗尘。

严庄道："闻太白至幽州，王爷于京师大喜。急着我等返回幽州相待。足见太白之高才，为日月所共瞻。"

李白笑道："愚弟已是道中之人，诗文无非怡情而已，不足道哉！"

高尚接道："太白大笔如刀似枪，一张草诏曾退万师。况太白剑法、箭术亦是了得。今不辞劳苦而至塞垣，正是太白建功立业之时，功成名就倚马可待！"

李白已知此次幽州之行来之容易，去之却难。酒宴已罢，严庄携李白登塔。

严庄见李白故作醉态，接着道："太白来幽州数日，四处查看军营，已知幽州之底细。王爷之心，有目共睹。太白大才，必知异日天下之大势。"

李白笑道："还望师兄教我！"

"今日之大唐，皇上年迈昏庸，外戚内宦飞扬跋扈，天下贤士报国无门。太白若与愚兄为伍，异日才学大展，合力治国，天下焉能不现朗朗之日？"

李白沉思良久，方道："大唐数十年已无战火，方有盛世之治。角逐天下，必使烽火连天，血流成河。太白虽有大志，却决不以千万之性命，而为一人之欲；太白虽求出仕，却决不以黎民之苦，而易一官。"

严庄笑道："太白纵观历史，朝代更替，无不是尸骨累累。况天下非一人之天下，有德者居之。王侯将相宁有种乎？"

李白道："安禄山穷兵黩武，嗜杀不仁，不恤百姓，非有德之人。"

严庄闻言，面带愠色道："若非安将军念你大才，竭力维护，太白早已为巫教所害！太白若为王爷所用，美女任选，高官任做。否则，太白难离幽州！"言毕，严庄飘然下塔。

李白于古塔顶阁，略思片刻，正欲下塔，却不想塔梯竟被撤去，已无路矣！李白困于塔顶，插翅难飞！

严庄于塔下仰面再道："何时太白转意，王爷亲自来迎，届时为兄赔罪！"严庄言毕，乘马呼啸而去。

望着严庄与何昌浩离去之背影，李白长叹一声："幽州之地，果是龙潭虎穴！"

李白被困于黑虎塔顶，每日由胡兵以长杆将酒食送上。一日，突降大雪。却见二人冒雪，飞马而来。

来者乃李白故友礼部员外郎崔国辅之子崔度。当年李白于长安之时，崔度正值弱冠，聪明过人，一表人才。李白与其父交厚，授之以乐府与剑法。二人既是叔侄，又有师徒情义。崔度下马入内，何昌浩于塔外站立，听二人于塔内叙旧。李白欣喜道："贤侄何以至此？"

崔度道："蒙王爷错爱，现任营州平卢节度使幕府判官一职。"李白心道："严庄用心良苦，又寻来说客。"

崔度见旁侧无人，急道："先生速离此地。安禄山正于回范阳途中，若其归巢，先生必死。"见李白疑惑，崔度又道："安禄山凶残成性，身兼幽州、平卢、河东三镇节度使，晋封东平郡王。其属下兵力二十万，为大唐兵力半数之上。他依然暗地招兵买马，日日操练，打造兵器。又建瓮城，存储粮草。你道其是抵御外敌？"

李白虽早知安禄山之狼子野心，仍然惊道："莫非他想谋反？"

崔度道："已是箭在弦上！"

李白略思片刻，叹道："我被困于此，心急如焚！"

崔度道："晚辈今日前来，乃受太卜丞严庄差遣，来做说客。先生不若虚意应承，再以安顿家小为名，逃离幽州。"

李白略一思索，叹道："看来只有如此！逃离此处，速去禀于朝廷，戡乱于未萌！"

崔度神色黯然道："无用矣！皇上对其宠信已极，焉能相信我等之言？"

李白不由悲从中来，"皇上啊，你最宠信之人，乃是一条罪恶长鲸，他要吞去大唐江山，屠杀臣民，你兀自不醒来，救天下苍生！"

何昌浩于塔外听到李白哭声，急急奔来，对崔度喝道："焉能对先生无理？"

李白闻声止泪，却道："感慨师兄用心良苦，吾已回心转意。又恐妻小于家，必为官府不容。故而伤悲难遏！”

何昌浩顿时大喜，忙着兵士移来长梯，恭迎李白出塔。又回首对崔度道：“崔判官于太卜丞处立下大功，我自会禀告。”实际上其有意独得其功。

崔度面向李白施礼，不由黯然泣道：“路途多艰，万望先生保重。”李白遂以探亲之名，意欲返京，为何昌浩所允。

何昌浩扶李白上马，李白带着数十卫士，向幽州节度使幕府催马而去。

闻李白回心转意，安禄山孔目官、太卜丞严庄大喜。李白亦是日里游逛兵营，与兵士饮酒打猎。幽州街头，处处可见布店在赶制官服玉带，可知离安禄山反叛时日不远。

不觉时光如梭，已是鹅黄着柳之时。李白忽接家信，信中云：宗氏病重，恐无时日，盼其速归。李白视其笔迹，心知此信非宗氏所书，定是崔度所写！李白乃持信大哭，以此为名，向严庄、何昌浩辞行。二人亦不阻拦，为李白饯行时，只道李白安排好家事，便至幽州建功立业。

“天地一孤啸，匹马又西风！”李白离开幽州虎狼之地，旬日之后，已至常山。急入府衙，见好友常山太守颜杲卿，李白急将自己于幽州之所见，一一道出。李白着使颜杲卿连上奏折，以六百里加急羽书向朝廷急报，安禄山已有谋反之迹；又独自骑上快马，与颜杲卿作诗而别，径赴长安报信。

临行之时，李白与义女紫烟相见。紫烟知其赴京报信，唯恐路途之上凶多吉少，意欲跟随。李白道：“天下不久必起战火，常山乃安贼南下必经之地，你可于此等待。异日，我必至此杀贼。”紫烟然之，与李白挥泪而别。

李白骑马出常山城不远，就见一队军士护着一辆囚车而来。囚车中正是数年前艺惊长安之武状元郭子仪！李白急急翻身下马，大叫道：“莫非郭子仪将军？不在太原，何以至此？”

郭子仪抬头，也已认出李白，大声应道：“末将命运多舛、时运不济，月余前转任渤海防御使，不料又遭祸事！李学士何以至此？”

“太白刚自幽州而返，正欲前去长安。”那押送官闻之是昔日翰林学士李白，便送上顺水人情，着军士自囚车中放出郭子仪，于驿站歇下。

故友相见，一夜长谈。原来郭子仪三个月前，蒙太原尹元演父亲之举荐，已擢升河北道渤海防御使。不料月余之前，其帐下裨将李元召醉后不慎，导致河北道仓库大火，军粮损失殆尽。河北道归范阳节度使安禄山管辖，闻听此讯，不由分说，定下郭子仪死罪，派出军士押送郭子仪前往长安受刑。郭子仪做梦亦想不到裨将李元召乃安禄山身边之死士，仓库军粮大火，正是受安禄山所指使。安禄山深知郭子仪之能，欲借朝廷之手除去劲敌，为起兵反叛再去心患。

李白夜邀常山太守、好友颜杲卿至驿站，联名上书皇上，并且二人以性命担保，郭子仪报国忠君，异日定为唐朝守业之基石。颜杲卿又派心腹之人，星夜将奏折送至长安。

得李白及颜杲卿奏折，唐玄宗于含元殿召见郭子仪，见郭子仪仪表堂堂，先自喜欢；又问起郭子仪兵法战事，其对答如流，遂笑道：“若非李学士之书，险误将军矣。”乃赦郭子仪之罪，留京听用。安禄山闻之，后悔不迭。此乃后话。

李白恐郭子仪途中有失，拨马潜行，一路暗送郭子仪入京。旬日之后，郭子仪囚车已出安禄山所辖之地，至山西天镇慈玉寺。忽见几个黑影，于寺后林中潜行，直向寺院而来。李白伏身草丛，近看五个蒙面之人皆手持兵器，身法迅疾，武功不弱。其中一人低声道：“那囚车正停于寺中。待日暮夜深，押运军士歇息之后，便可动手。”

李白闻言，心中暗忖，定是安禄山遣来死士，欲于途中毙杀郭子仪。安禄山城府极深，自己坐镇范阳，若于范阳境内擅杀朝廷大将，恐皇上疑心，于起兵不利。出范阳境而杀之，亦可嫁祸他人，隐藏祸心。

李白遥视寺中，囚车停放于大雄宝殿之前。郭子仪身着镣枷，自囚车被放出，倚树而息。离日暮尚有一个时辰，李白暗自饱食歇息。待一更鼓响，李白已悄然入寺。

夜已更深，郭子仪倚树而眠，鼾声如雷。李白趁机自树上如鸟落下，推郭子仪醒来。郭子仪欲言，被李白制止。李白俯耳道：“今夜恐有刺客。我先去将军镣枷，将军小心，太白自有照应。”言毕，李白迅速于树丛匿身。

三更时分，五条黑影迅疾入寺，手持兵器直向树下郭子仪袭来。郭子仪微睁双目，待那刺客剑尖已近，忽状若恶虎，挺身而起，以枷击之，正中刺客天庭华盖。那刺客猝不及防，大叫一声，脑袋迸裂而亡。郭子仪遂拾其长剑，指向其余刺客。四刺客知郭子仪武艺高强，不敢怠慢，暗提真气，形成剑阵。

李白见四刺客长袍鼓动，遂若一只大鸟自树上飞下，手中龙泉剑，铮然有声。四刺客见状，亦不答话，其中二人抵住郭子仪，余二人分抵李白，一场好杀。只见剑光闪闪，枝叶乱飞，剑气飒飒，尘埃荡荡。李白三招已将面前刺客击毙，再一剑刺中另一刺客后心。

郭子仪武功高强，却与二刺客战成平手。若于平时，二刺客焉是敌手，恐早已毙命。奈郭子仪久困囚车，长途劳顿，亦显力乏。李白不由分说，剑似闪电而出，一刺客又眼见不活；另一刺客见状，大叫一声，反手一剑自刎。

寺院方丈亦闻讯而至，见此惨景，口诵“阿弥陀佛”不绝，一边着李白与郭子仪客房用茶，一边着手下小僧拖刺客之尸，于后山焚化。

原来那方丈竟是吴筠之好友铁身佛钟瑶。

钟瑶道：“郭将军受此劫难，定有大任于斯。安禄山祸心已现，不日就要起兵作乱，若见皇上，定当奏明。太白侠士之举，救下郭将军，亦救下大唐江山。然则，天下黎民战乱之苦难免矣！”

李白道：“久闻圣僧之名，亦知圣僧乃一代武林宗师，既逢乱世，何不出山相佐大唐，保佑黎民？”

“善哉！善哉！”钟瑶含笑不答。

天已大亮。铁身佛钟瑶着弟子二人护送郭子仪囚车，西入长安。见二人内力深厚，武功不弱，李白遂与郭子仪挥泪而别。

李白再入长安，适逢端午佳节，长安月下之角落，一家驿馆亮着孤灯。桌上一坛剩酒，李白独坐窗前，怅惘万分：“众人皆乐我独忧，众人皆醉我独醒！今四处拜望，皆朱门不开。又闻皇上赐婚，众官朝贺，安禄山已回幽州，天下大难将至，如之奈何？”

李白沉思良久，忽然主意顿生，急于灯下，伏身写下奏折。趁着夜色，李白向相府潜去。杨国忠府上，亦是热闹，灯火参天，乐声不绝。李白寻一便处，将奏折捆绑于箭上，用尽全力，引弓向相府大殿射去。随后又以此法，将箭书射入太子宫中……

李白为将幽州的军情向玄宗呈报，日夜兼程，再入长安，却难入宫门，令他惆怅万分，不由悲泣。

李白为自己而憾哭！李白为大唐而悲歌！李白再出长安，遂黯然东归，回至梁园家中。

见李白归来，宗氏惊喜，嘘寒问暖，如在梦中。李白将幽州之行细细说与夫人，又以书信告知巡边定陵之张巡。唯一让李白高兴之事，乃故人方湾来访。

再见李白，恍若隔世，二人相对唏嘘。方湾泣道：“自多年前，武昌黄鹤楼下一别，常于梦中与先生相见。今当实告，我原名魏万，乃开国宰相魏征之后人。因家祖附逆太平公主被皇上所杀，我只好随父隐名埋姓于江陵渔村。时光如水，世事烟云。十年前，朝廷大赦，我随家人返回原籍，山西朝圣山。”

魏万又道：“我于山中，日日惦念先生。常读先生之诗，惊叹诗中瑰丽壮观、豁达浪漫之境，心驰神往。又想先生已是年高，恐无照应，故而

■ 黯然东归

轻装简从，四处打听先生踪迹，一路寻来。事有不巧，物有偶然。我至梁园，你却去东鲁；待我急急赶往东鲁，你又乘舟南下。”魏万禁不住一声叹息，“先生莫非真乃仙人乎？直如此无缘！我遂南寻吴越，你又折身至幽州。我冒死幽州一行，你却再入长安。虽追随先生不遇，然一路之上，目穷极远，开阔胸襟。今日得见先生，焉不感慨？”

魏万与李白谈起诗章，感慨道：“大唐诗赋兴焉，世人皆以诗词歌赋谋仕，唯先生视诗文为余事耳。”

李白道：“今天下纷乱，心怀冰炭，焉有逸情为诗？”

“古语云：国不幸则诗家兴！以诗为志，正当其时。”魏万道，“我朝名士擅诗赋者，皆用其心，诗文成册。虽则良莠不齐，然可存世传之。先生日月大才，诗文惊天地、泣鬼神，前无古人，后无来者，焉不将诗文辞赋整集，着诗上天，遗于后人？”

李白闻言思之：“吾今日虽以诗文立志，然太白数年漂泊，浪迹天涯，壮志未酬，徒有长叹。故而，平日所吟所歌，亦不过直抒胸臆、即兴而作，信手拈来，聊以自慰。迄今亦无得意之作！况往日诗章，随作随弃，多是脱口而出，亦无竹笔记下。故诗文十去八九，而今留诗，亦不过十之存一。又况今日之天下，即将风云突起，刀光剑影，岂有闲暇为诗哉？”

魏万接道，“先生志存高远，视诗文为余事，然先生不以为诗，欲使天下何人为诗？将复古道，舍我其谁？先生理当尽力，力顶大唐文坛不衰！我虽才疏学浅，却愿为先生尽心代劳，未知尊意如何？”

李白闻其言之有理，乃笑道：“魏君爱文好古，此等美意，焉能不从？吾当尽奉旧作。来日，再以诗为剑，纵横天下，亦为快哉！”

魏万欣喜，遂替李白编纂诗文。历经十年，方才成册，题为《李翰林集》，并亲为之作序，即《李翰林集序》。其中所言，皆为其与李白交游之时所知李白旧事，如今均成史料。

送别魏万，李白与夫人相商：安禄山不日必反，梁园地处兵家必争之地，

“梁园虽好，非久恋之家”。只好再寻幽栖之地，以便安家。

恰故旧之交宣城太守来信相邀，李白取道曹南，南下宣城。

飘零多年，方于梁园得到片刻安宁，又将再为自己寻觅归处！李白思及此处，顿感自己若生于扰攘不息之战国，若孔子之惶惶不可终日……

李白于宣城之时，皖南名士皆与其交往。一日，李白应好友高霁、韦权舆之邀，言青阳一山，虽不见于经传，然其风光秀丽，钟灵毓秀。高霁言道：“我等于青阳数年，日日望见此山。世人多以其九座山峰并肩而立，若九朵莲花竞开，故称之为九子山。今太白若日月莅临，实乃此山扬名立世之际。”

李白拈须笑道：“此情此景，焉敢不从命？此山之名，‘九子’不具雅意。依吾之见，此山名不见经传，无妨为之正名，名正言顺，方能立传。吾观此山，奇美异秀，不逊于华夏名山。更兼其九峰对耸，如莲花竞开，今更名为‘九华山’若何？”

李白话音刚落，高、韦二人齐声叫好，连声道：“九华之名，雅俗共赏，形神皆备。今乃此山吉日，若此际会，焉能不赋诵？我等以诗联句，以抒胸臆。”

李白兴致已起，脱口咏出首联：“妙有分二气，灵山开九华。”

“层标遏迟日，半壁明朝霞。”高霁接道。

韦权舆亦接道：“积雪曜阴壑，飞流喷阳崖。”

李白略一思索，再续尾联：“青荧玉树色，缥缈羽人家。”

见日将暮，三人方尽兴而归。

山因人名，九华山自李白命名之后，达官贵人、布衣士子，从此纷至沓来，络绎不绝。后修道者亦闻得青阳有此名山，遂于山中建观讲道，传教授徒。后有新罗王子于此出家成佛，乃地藏菩萨，受世人供奉，香火极盛。未几何时，九华山名扬天下，为中国四大佛教名山之一。

李白又闻宣城敬亭山有一寺。李白虽于元丹丘处，早知玉真公主于此修行，但有千言万语，却不知从何说起。近之情更怯，不敢问来人。只好独坐敬亭山，不由垂首吟道：

众鸟高飞尽，孤云独去闲。
相看两不厌，只有敬亭山。

于宣城之时，李白常去“纪家小店”。此店主人乃其故旧。去岁，李白离开幽州之时，行至太行，箭射猛虎，救下纪叟。此店便是自幽州探亲归来之纪叟所开。纪叟感恩，专为李白酿一坛老酒，酒味醇厚，名曰老春。知此地偏僻，生意清淡，李白遂道：“酒香亦怕巷子深！我与你题诗可好？”李白奋笔疾书，宛如龙腾。诗云：

天若不爱酒，酒星不在天。
地若不爱酒，地应无酒泉。
天地既爱酒，爱酒不愧天。
已闻清比圣，复道浊如贤。
贤圣既已饮，何必求神仙？
三杯通大道，一斗合自然。
但得酒中趣，勿为醒者传。

诗尾署名酒仙翁太白某年某月。

自李白离去之后，纪叟将其诗裱起，端正挂于中堂，并更小店之名为“太白酒家”。宣城人闻有李白诗作真迹于纪叟酒肆挂着，争相观看；更有甚者，不远千里而来。纪家生意，日进斗金。

安徽泾县布衣汪伦，闻李白于皖南，喜不自禁，遂修书一封，极表仰慕之情。李白醉眼接汪伦书信大笑。原来书信极其简短，只有两句：

先生好饮乎，此地有万家酒店；

先生好游乎，此地有十里桃花。

有酒有花，李白乐而往之。二人见面甚洽，竟无陌生之感。李白于汪伦家中一住数日。李白偶思汪伦之书，乃道：“先生日前书信，云此地有十里桃花，万家酒店。今至贵庄，为何既不见桃花，亦不见酒店？”

汪伦不由大笑道：“先生多有不知，我信中所书并非虚言。此十里桃花，乃指离我家十里处有一渡口，名曰桃花渡。此万家酒店，乃酒家主人姓万，就是刚才你我饮酒小店之名。”李白闻之大笑。

李白离开汪伦家时，汪伦踏歌相送，直送李白至十里桃花渡口，方依依而别。李白感动备至，流传千古之诗《赠汪伦》脱口而出：

李白乘舟将欲行，忽闻岸上踏歌声。

桃花潭水深千尺，不及汪伦送我情。

一日，李白于广陵码头浏览，恰逢日本遣唐使阿倍仲麻吕——晁衡。东邻之日本，每年皆派遣唐使，人数众多。晁衡乃其中之佼佼者，曾于朝廷任职，通晓汉语，精通诗文。于长安之时，与李白、王维、王昌龄、贺知章等人，时常饮酒作赋，诗文互答，多有往来，交谊深厚。

二人相见大喜，执手畅谈。晁衡今至广陵，正欲乘船东去。二人闻船将行，方洒泪而别。然时隔未几，却闻不幸消息，晁衡所乘之船于海上因风浪沉没，船上之人皆罹难大海。李白闻之，不由错愕惊心，悲痛之余，《哭晁卿衡》之诗脱口而出：

日本晁卿辞帝都，征帆一片绕蓬壶。

明月不归沉碧海，白云愁色满苍梧。

唯李白不知，晁衡其时未死。然李白《哭晁卿衡》之诗，遂成中日交往之佳话。

李白回至梁园之时，已是秋天。北风已紧，大雁南飞。故友睢阳防御使张巡闻讯来访，见李白惊道："太白所言不虞，梁园虽好，非久恋之家。战事一触即发矣。"

张巡道："今日大势，朝廷已是难治。我于京师闻听，去岁端阳佳节，国相、太子于当夜获得箭书。箭书细述幽州之状，将安贼叛逆之心昭然，言辞凿凿，不得不信。我猜必是太白之所为。"李白大笑不语。

张巡道："数日前，安贼又上书皇上，要将自己所辖之地所有将官皆由番将充任，并力陈杨国忠十条必杀之罪。杨国忠大怒，尽除安贼长安家童，逐杀巫教余孽。连安禄山之子安庆宗亦被千牛卫围困于郡王府内。我思之，不出月余，烽火必起！太白应早作安排！"

李白沉思良久，方道："东鲁儿女已经成人，由我门生武鄂相携，赴浔阳长兄处避难。夫人与李腾空道姑交厚，可去庐山五老峰下修道。太白值此风云际会之时，焉能独善其身？我欲仗剑常山，助好友颜杲卿御敌。"

夫人宗氏闻言，泣道："你我琴瑟初谐，又将别离，焉能不悲伤？还望夫君早日与我庐山相会。"

十四·入幕平乱

骊山兴庆宫中，唐玄宗、杨贵妃正与杨氏姊妹围着炭火熊熊之瑞香兽炉，兴致勃勃观赏《霓裳羽衣曲》。

高力士于玄宗不知觉中，已经悄然入内；片刻之后，杨国忠亦急急赶来，手持加急羽书，满面焦灼之色。曲毕，高力士向玄宗怯怯递上加急羽书，玄宗接过一览，顿时惊呆！冷汗淋漓，半晌不语。诸人见事有变，惊慌不已。音乐已止，舞女亦蹑手蹑脚知趣而退。大殿静寂如斯，唯有窗外寒风呼啸，屋顶雪花沙沙飘落。玄宗良久回过神来，嗫嚅道："天下之人皆反，唯其不能！东平郡王乃大唐之栋梁，富贵已极，焉能得陇望蜀？朕待其若异姓之亲，焉能背信弃义？其又拜贵妃为母，焉能不忠不孝？"玄宗面目顿显苍老，洁白髭须微微颤动。略思片刻，怒掷手中羽书道："若其反叛，与禽兽何异？人天必共诛之！"

杨国忠俯伏流泪，叩首泣道："已反七日矣！"

原来安禄山趁唐朝抽兵忻州、内地防御空虚之机，于范阳誓师起兵，假借“奉密旨讨杨国忠”“讨国逆、平祸乱”之名，率二十万铁骑，发动叛乱。

天宝十四年（755 年）十一月，范阳兵变战鼓之声，惊破玄宗《霓裳羽衣曲》。叛乱七日，唐玄宗于临潼华清池得到消息之后，朝廷一片惊慌。当时唐军只有数十万，且常年不战，武备松弛。精锐之师，又移忻州。只有千里黄河可做屏障。玄宗乃令荣王李琬为帅、金吾大将军高仙芝为副帅，率数万兵士出潼关东征；又令永王李璘率兵两万，急赴黄河南岸御敌。

永王李璘兵马未到，安禄山十万铁骑，瞬间已渡黄河。永王徒有向天长叹，追尘莫及。遂着军马向东南江浙而去，固守大唐“钱米”之仓。而此时李白已接永王相邀之书，正向黄河南岸急行，不一日，已至黄河南岸桃花谷。

李白独自于桃花谷盘桓数日，偶遇安禄山帐下军士，亦暂避之。永王李璘已折向大唐“钱米之仓”东南之地，沿途征兵，民怨沸腾。李白茫然不知何往，只好随逃难百姓队伍而去。

正行之间，又惊闻长安势危，唐玄宗亦携众大臣往蜀地而逃。李白无可奈何，只得随着人流，逃往华山。贼兵无暇顾及此地，故此，李白稍得喘息。

闻河北诸地尽陷，千里萧条，李白异常悲愤，遂整行囊，孤身欲去河北常山相助颜杲卿，找寻义女紫烟。

十二月，平原太守颜真卿、常山太守颜杲卿起兵，讨伐安禄山，河北诸郡响应。颜杲卿殉国，被追赠“太子太保”，谥号“忠节”，葬于凤栖原。颜真卿情真意切撰《神道碑铭》，悲烈慷慨，气壮山河。此乃后话。

李白一路昼伏夜行，心中惦记义女紫烟，数日里，于百姓逃难队伍之中苦寻。一日，李白于一座小山之下，惊见一队溃散唐军与安禄山追兵厮杀，李白大喝一声，突入阵去，手中龙泉剑迎着敌将便刺，那敌将轻敌，以枪遮挡，就听“咔嚓”一声，敌将长枪已折，龙泉剑已刺透其胸膛。见主将已死，其余追兵斗志锐减，唐军奋力再战，冲开血路而去。

李白正欲拨马远去，就听唐军之中，有人叫道：“莫非太白？先生何以至此？”李白闻声望去，早见紫烟催马而来。“得见先生，莫非梦中？”

李白寻见紫烟，惊喜叫道：“太白立世，唯恐食言于人。昔与紫烟有言，焉能置之而不顾？”

二人遂打马出阵，向南而去……

四处战乱，风雨飘摇。李白忽然觉得命运竟如风中之萍、浪尖孤舟，不能自持。李白本欲携紫烟前往平原郡助颜真卿御敌，因路途皆为叛军所阻，只好转道睢阳……

睢阳战急。

张巡率部将南霁云、雷万春、黄伦等三千兵士，转战定陵、巫城、雍丘，再退居睢阳，与太守许远合力，以数千军民，抗敌数万，独守孤城年余。安禄山派手下猛将赤精儿尹子琦、叛将令狐潮统率五万大军，日夜攻打不息。

李白与紫烟沿小路打马急行，直向睢阳。三五日后，已离睢阳不远。正行之间，忽见山下一队军士簇拥一员红袍战将，徐徐前行。李白遥望，见那战将：身高九尺，腰大数围，满脸胡须，一团杀气。身后二军士高举旌旗，上书斗大“尹”字。

莫不是叛将尹子琦？李白二人遂潜身尾随，意欲刺杀。不料数日，竟无得手之机。又至夜幕低垂，寒露弯月，那尹子琦与众军士就于山前破败庙宇莲花寺，埋灶歇下。

莲花寺已遭战火，钟楼倒塌，殿宇崩摧，残垣断壁，杂草丛生。尹子琦于寺前下马，着军士生火熬食，自于堂前，斟酒徐饮。

更深露重，灯昏烛暗，众军士早已歇下。李白见天赐良机，遂自庙后飞身入院，直向赤精儿尹子琦袭去。那尹子琦听到声响，急持长枪于手。灯光下见李白孤身至此，哈哈大笑道：“匹夫不知死活也！”尹子琦霎时酒醒，摆下阵势，枪如蛇蟒，绕李白乱舞。

李白着紫烟早以蛊毒将众胡兵收拾停当，皆于香积厨中酣睡不醒。李白放手与尹子琦斗在一处。太白醉剑荡开，如风似电，剑花飘雪。见尹子琦脚步稍乱，李白大喝一声，一招“犀牛望月”，龙泉剑正中尹子琦后心，尹子琦闷声倒地。李白见一剑便毙此人，顿感惊诧！赤精儿尹子琦亦是武林之中成名高手，决不至于如此不堪一击！遂提问一小校，才知此人乃赤精儿尹子琦之弟尹子安。原来尹子琦与张巡恶战睢阳，恐唐兵救援，乃派出数支军队，俱打尹子琦之旗号，以扰来敌。

“苍天误我！”李白大叫道，“耗我数日，不知张巡可好？”

原来两日之前，睢阳已破。张巡与帐下南霁云、雷万春、黄伦等三十六员将士，俱受伤被缚，并被叛军尹子琦着军士斩于睢阳曹市。军民皆哀，撼天动地。

李白遂于吹台设奠遥祭好友张巡、许远，而后转道嵩山，暂避战乱。

远远地，李白见一老僧手持佛珠，沿山路缓步而来。

“太白，何以至嵩山？”

“为松风明月而至！”李白抬头，不由惊诧，来者乃是昔日山西慈玉寺方丈铁身佛钟瑶。

“大师怎知太白至嵩山？”

“天空如镜，自照太白之影；祥云朵朵，正是自然之耳也！焉不知太白去处？”钟瑶笑道。

原来，剑仙吴子隆见天下大乱，百姓流离，弘法受阻，遂相约武林道中好友，拟护寺弘法，以期天下早日太平。铁身佛钟瑶受命，着数位弟子于山下路口，相迎八方同道。众弟子见李白远道而来，禀于师父。闻李白至，诸人大喜过望，遂着铁身佛钟瑶下山相迎。

早有剑仙吴子隆、笛仙李谟、空月寺方丈慈航、嵩林寺方丈弘仁诸人，相候多时。见李白至，纷纷施礼。李白还礼之后，又将义女紫烟向诸人引见，再由小僧引紫烟歇息。

剑仙吴子隆道：“安禄山虎狼之师，已渡黄河。又闻其大军，昨日已入洛阳。诸位道友不能空恃文武之才，老于山林。”

李白起身道：“护寺弘法，救民水火，在于消除战乱。安禄山乃罪魁也！太白愿舍七尺身躯，赴虎狼之穴，与虎相搏。虎死，鸟兽散；吾死，青史垂！”

剑仙吴子隆与诸人就刺杀安禄山之事，筹划停当。饱食歇息之后，背负玄真剑，与李白诸人穿越嵩山，昼伏夜行，径向洛阳。

自胡羌之兵入城以来，洛阳已不复往日之繁华。洛河依旧，草木皆非。

安禄山行营置于洛阳城北魏宫之中，背依邙山，面向伊水。五步一兵，十步一将，防备森严，密不透风。安禄山帐下三人，武艺非凡，不可轻视。一是人鬼将军刘骆谷，擅使峨眉剑法，精妙无穷。一是阴阳子胡元，此人内功深厚，又怀幻人之术，武功出神入化。更有一人，乃是前朝一剑震七山的五湖散人之高足、雪域神雕岐王李珍，倚飞天剑，剑术高明，神出鬼没！

剑仙吴子隆闻之，顿足叹道：“数年之前，为救太白之伤，我去昆仑灵霄峰向五湖散人讨要雪山红莲，前辈曾言，若日后见其不肖之徒，可代其除之，不想今日将遇雪域神雕。五湖散人传我十式剑法，以制其劣徒剑技，我尚记口诀。只是年迈，未曾上心，亦未习练，如之奈何？”

剑仙吴子隆遂将五湖散人十式剑法口诀，告于李白。只是这十招剑法高妙无穷，一时难以习练。

“后日即是安禄山五十五岁寿诞，安贼欲将亲往洛阳城东白马寺，为己祈寿。出其行营，方是行刺之良机。”铁身佛钟瑶道。

三日之后，着紫烟留守清凉寺，吴子隆与李白诸人趁着夜色，已潜伏于白马寺大雄殿佛像之后，专候安禄山前来。

未几，已听不远处鼓锣喧天，想是安禄山已至白马寺中。纷乱脚步之声已近大雄宝殿。李白诸人正欲持剑自佛像后飞出，却听见一声惨叫，云逸方丈已中剑，伏于大雄宝殿前。情势太急，剑仙吴子隆已与李白、铁身佛钟瑶、空月寺方丈慈航诸人各持刀剑，飞身而出。

原来那阴阳子胡元内功深厚，听觉极敏，听大雄宝殿佛像之后，有音微响；又见云逸方丈表情不对，知其有变，遂以日月乾坤刺刺倒云逸，大踏步直向大雄宝殿咆哮而来。

早有一人飞出，正是剑仙吴子隆！剑刺相交，霹雳万钧。

李白力斗雪域神雕岐王李珍。雪域神雕岐王剑法奇特，李白仗平生之术，方与之势均。

再看剑仙吴子隆一人独战人鬼将军及其五大弟子，丝毫不惧。阴阳子胡元重伤倒地，忽然口吐火舌，直逼剑仙。吴子隆急欲飞身，却被人鬼将军弟子以剑绕住，躲闪不及，长髯已焦。剑仙吴子隆大怒，一式“雷霆万钧”，剑尖凝聚平生之功，一声惊雷，早将人鬼将军五名弟子，毙于剑下。

安禄山见状大骇，趋步上前。剑仙吴子隆见安禄山，遂弃下敌手，不顾死活，腾身而起，以剑直袭安禄山。

雪域神雕岐王见状，亦飞身而起，一把“冰雪刃”飞向李白；一把“冰雪刃”竟飞向剑仙吴子隆。

剑仙吴子隆方才施出平生之术，心无旁骛，以剑气刺瞎安禄山双目，却未躲过雪域神雕岐王之冰雪刃，亦踉跄数步，口吐鲜血，扑身倒地。

见安禄山受伤，众人亦无暇追赶李白三人。人鬼将军刘骆谷、雪域神雕岐王遂令手下军士大开杀戒，诛僧毁寺。直杀得血流成河，日月无光，众佛皆怒，天沸人怨，方才护送安禄山回洛阳城中行营。

剑仙吴子隆之死，又燃起李白心中忠君报国之火。李白知道，若为剑仙复仇，必先臻其剑术，遂与义女紫烟一起，赴函谷磨剑。

函谷关位于豫陕边界，李白两人于洛水之岸，结庐而居。一剑震七山之五湖散人所留十式剑法，招招精妙，暗藏玄机。只是李白苦思冥想，一直难解这十式剑法之要诀，不由心急，紫烟亦是如此。李白道：“我等已练剑数日，今日可稍歇。趁此风和日丽，去林中走走，如何？”说完跳起身来，拽紫烟直入林中。

正行之间，前面呼啦啦一阵响动，李白、紫烟闻声，走出林子。见一片草地之上，一条黑色大蟒盘身昂首，直向苍天，正和一只巨雕斗来斗去。

李白见状，大叫一声："剑法精要，俱在其理！苍天佑我，苍天佑我！"李白放声大笑，携紫烟急急穿出林子，回至庐前，于溪边比拟巨雕袭蟒之法，舞动龙泉剑，果然剑法入理，环环相扣，渐入臻境。

李白、紫烟出函谷，再向洛阳而去，寻机为剑仙吴子隆报仇。两人刚出谷口，远远便见数骑兵士急急迎面而来。旌旗猎猎，尘埃荡荡；刀剑闪闪，杀气腾腾。

李白两人躲避不及，已被众军士喝住："莫非是唐军探子？"

李白冷笑一声，视紫烟轻言道："试剑之人来也！"

那迎头将校正是昔日追杀紫烟之史朝义麾下裨将。叛军军士闻声，持械散开合拢，将李白、紫烟围住。李白、紫烟贴背持剑，冷眼相向。众军士亦不敢上前。

不一刻，大队人马已至。众将拥出一人，正是叛将史思明之子——风流银枪将史朝义。旁侧一人，竟是巫教仙护法了然道人许纪。见李白、紫烟，史朝义放声大笑道："如此大功，竟让我等撞见！还有昔日美人于此，莫非天意？"

紫烟紧握秀剑。李白冷目四射，口中默念一个剑诀。

风流银枪将史朝义亦是唐时名将，得授异人，武艺高强。若于昔日，他或许尚可抵住李白剑锋，只是今日之李白，已练成五湖散人所遗十式剑法，武功已臻化境。数十回合之后，史朝义已被李白迫于下风。

了然道人见状，金刚麈尾幽光一闪，奔袭李白。李白提足真气，将五湖散人所遗剑法，凝于太白醉剑之中，幻化出十招剑法。如此，三十六式太白醉剑，剑法已成。了然道人许纪哪知李白剑法已成，数十回合，就听一声惨叫，已被太白醉剑冰冷阴森之剑气生生夺命。一道冷光如电，瞬时吸入龙泉剑中！

见了然道人许纪毙命，史朝义大惊！躲闪不及，面部已被剑气划伤。李白趁众军士护卫主将之际，飞身而起，再以凌厉剑气，劈开人墙缝隙，和紫烟弃马，向山道一侧密林之中潜去。

李白、紫烟沿山中偏僻小径，昼伏夜行，旬日已至洛阳。两人乔扮之后，混入洛阳城中。本欲直入安禄山行营复仇，却闻听安禄山已率叛军西向，正日夜攻打潼关。

李白闻之，拟去潼关寻刺安禄山，遂与紫烟前去城东马市选马。正行之间，忽听有人低声叫道："莫不是恩人太白先生？"李白一惊，抬起头来，细视眼前人：着胡人内侍便服，面目白净，体格挺拔。那人俯身又道："先生可记得昔日陕南柞水关放排之人？"

来者竟是李朱。那李朱二十年前，蒙李白柞水关相助，放排东去，却不想放排至汉江九岩滩时，不慎撞礁。李朱不敢返回家中，遂投奔时于范阳之远亲严庄。严庄见李朱气力不弱，将其荐与安禄山。安禄山遂强去其势，以为内侍，改名猪儿。李朱在安禄山帐下，经常挨打受骂，真的是猪狗不如。

李朱今于他乡再遇故旧恩人，竟至泪下。李白亦知李朱乃忠厚之人，遂相问李朱近况，知其原委，方道："猪儿、猪儿，李朱未死！若异日猪儿醒来，李朱之身，顿成丰碑。"

"于此得遇先生，还望先生指点猪儿。"李朱伏地长揖道。

李白心中忽想起吴子隆之语："安禄山护身锦鳞宝甲坚韧无比，只有玄真剑方可破之。"况安禄山身边甲士如云，护卫森严，逼近安禄山，决非易事。李朱乃安禄山内侍，若此人携剑行刺，易如反掌！苍天在上，莫不是上天要安禄山贼子自绝？

李白扶起李朱，怆然道："我来日即赴潼关，于两军阵前，仗剑报国。我若殉难，还望李朱壮士为李白送别。"

李朱闻听，慨然道：“李朱愿为先生死！”

见李朱慨然应诺，李白动情道：“若此，太白为天下苍生，向李朱三拜。”李朱推托不过，李白遂扶李朱上座，伏地三揖，又附耳暗嘱，李朱然之，方与李白挥泪而别。

潼关乃长安之门户。大唐征北副帅高仙芝弃陕州之地，与安西节度使封常清合兵一处，据守潼关天险，以阻叛军西进。

安禄山亲率十万大军陈兵潼关，日日叫战，夜夜攻城。封常清与高仙芝虽然兵少将寡，然指挥有度，用兵得法，又依潼关天险，与叛军死战数月有余，仍可力保关隘不失。

李白与紫烟疾走数日，至潼关拜见高仙芝和封常清。

翌日，潼关关前，旌旗猎猎，战鼓声声。安禄山又亲督大军，再攻潼关。封常清深知李白之能，留大帅高仙芝率兵守关，自与李白携兵士五千，放下吊桥，于关前布阵。

李白连胜两阵，斩杀叛军大将数名。唐军众军士不由齐声呐喊，鼓声震天。正欲着军士前去冲锋掠阵，却见自安禄山帐前又出一将，正是雪域神雕岐王李珍！

仇人相见，分外眼红。两剑相交，电闪雷鸣。二人大战，尘埃四起，草屑横飞，天摇地动，两军失色。

二人大战多时，李白已将一剑震七山所遗十式剑法，凝于太白剑法之中，渐占先机。雪域神雕岐王李珍心中暗忖：定是师父着人害我！本欲以冰雪刃袭杀李白，奈两军阵前，偷使暗器，有损军威，更有损雪域神雕之声名。遂拿定主意，低声道：“后日之午，我与你于潼关之东，风陵渡口相决。”言毕，撤剑回身。李白闻言，亦不追赶。

封常清见状，急擂战鼓，五千军士一齐杀出。安禄山目不能视，只道兵败，连忙鸣金；封常清率唐军趁势掩杀，直杀得血流成河，天昏地暗，尘扬草飞……

二日之后，李白饱食轻装，与紫烟共赴风陵渡。黄河水映照着李白挺拔伟岸之身、忠君报国之心。见黄河滔滔东去，势不可遏，李白正欲发思古之幽情，却闻马蹄声响。雪域神雕岐王李珍近了。

距李白、紫烟十步处，李珍下马，拱手道：“我与先生前世无怨，后世无仇，何苦相逼？”

李白正色道：“助安贼，起乱兵，涂炭生灵，汝罪难罄；杀剑仙，欺汝师，背叛先祖，汝罪难恕。”

岐王又道：“当今皇上忠奸不分，耽于淫乐。是故我大军所到之处，顺风而降，民心天意也。”

李白闻之，不由大怒道：“无耻奸猾、背祖之徒！安禄山暴戾成性，杀人如麻，何道之有？快拿命来！”

雪域神雕岐王李珍却不慌不忙道：“汝剑法可是五湖散人所授？这老贼竟而不死，可恨！”原来雪域神雕岐王跟随五湖散人三十余载，学成绝世剑法，拟独步天下。恐受师父约束，李珍下山之时，突施冰雪刃，暗害师父。五湖散人内力深厚，倒地之处，又恰有一蓬雪山极品红莲，刚好解下此毒。

李珍一边低吟，趁李白尚未出剑，忽地一剑刺出。李白猝不及防，左臂已渗出血来。“好恶贼！”李白大叫一声，自背后抽出龙泉剑，飞身直扑雪域神雕岐王。

李白龙泉剑如电如闪，追得雪域神雕步步后退。李白将五湖散人十式剑法，凝于太白醉剑剑法之中，如风扫残叶，雨打浮萍，剑剑不离岐王要害。雪域神雕此时只有招架之功，却无还手之力。李白瞅准时机，凝平生之力，一剑刺出，剑尖自岐王前胸透胸而过。

李白见岐王毙命，转过身去，忽听紫烟一声惊呼：“先生小心！”雪域神雕岐王集生命最后之力，将一把冰雪刃向李白击出。李白闻声，却已来不及了，电光石火之间，就见紫烟高高跃起，为李白挡住岐王最后一击。数枚冰雪刃已划入紫烟腹中。李白见状，宛如饿虎，龙泉剑霹雳直下，雪域神雕岐王已成肉泥。

夜深了，李白起身，于渡口处，拆下一废弃木船，以龙泉剑为斧，将木船做成棺木；又取下方石，以剑尖于上刻下“义女紫烟之墓”，于渡口高处，安葬下义女紫烟。

黎明，李白方骑马回潼关。抬眼一看，瞬时昏厥——那百尺竿头之上悬挂着的，正是安西节度使封常清、征东副帅高仙芝之首级。原来是皇上听信监军宦官谗言，疑封常清等人早有叛心。二将因此含冤而亡……

李白起身，向潼关而去。李白并不入关，却在潼关之东一高处破庙歇下，旋即生起一堆篝火。火焰熊熊，如同千万只小手，向潼关四周遥招。

未过片刻，李朱骑马寻来。李朱见李白病了，身体弱如一片黄叶，不由泪流。原来李白早与李朱相约，若见潼关之东关帝庙之火，即有急事。李朱道：“先生，何以至此？”

李白长叹一声：“安禄山诛我良友，杀我至爱，恨不能食其肉、碎其骨。奈我病深，不能手刃。”

李朱道：“潼关受挫，安禄山脾气更加暴躁。昨日国相严庄，亦被拷打四十军棍，差点送命，目下正于府内歇息。猪儿无辜，却也遭连累。先生看我，疤痕未平，又添新伤，早晚要死于那胡儿之手。”言毕，大哭。

“如此逆行无道，却未得天谴，憾矣！憾矣！”李白垂首，沮丧至极。

“先生莫急！昨晚我忽蒙太子安庆绪相召，言其父欲将皇位禅让挚友史思明，抑或传于幼弟安庆恩，太子大怒。又知国相昨日受辱，遂访严府。我侍于其侧，闻太子欲害其父。恐那胡儿无日矣。”

李白闻之，遂将剑仙吴子隆所遗玄真剑交付李朱，嘱道：“李朱壮士，剖那胡儿锦鳞宝甲，唯有此剑。此剑上承禅宗六祖，中承剑仙，至汝处只历三人。望壮士以天下苍生为念！”

“吾誓杀胡儿，以报先生知遇之恩！”李朱拽出一支长箭，折为两断，

“我负先生，可如此箭！”

李白见之，肃然起敬：“李朱若立此功，青史垂名矣！时间不多，壮士即刻下山，免得胡儿生疑。”

李朱三拜李白后，含泪而去。

潼关天险，因金吾大将军高仙芝、安西节度使封常清被杀，群龙无首。唐玄宗遂征召于家养病之老帅哥舒翰，前去潼关领兵。哥舒翰至潼关，自军中得知高仙芝、封常清之死真相，感伤不已，心有戚戚。杨国忠与哥舒翰素来不睦，见哥舒翰于潼关按兵不动；长安又传言哥舒翰上书，欲使朝廷先杀杨国忠，再行进兵讨逆。杨国忠不安，遂屡奏哥舒翰按兵不动、有通敌之嫌。玄宗坐卧不住，频遣中使前往，命哥舒翰出战。哥舒翰不得已，引兵出关，不料中敌伏兵，大败溃逃，十万将士殒命。哥舒翰亦因力竭被杖杀。安禄山部将崔乾佑率兵攻开潼关，致使长安门户大开。叛军不歇马，直捣长安。唐玄宗仓皇西去，此时已至陕西马嵬坡。

安禄山引军入长安，闻唐玄宗已携杨国忠及贵妃西去蜀州，遂纵军烧杀抢掠数日，并杀皇亲数十人，祭奠其子安庆宗。又将大唐宫中珍宝及三千宫女、梨园子弟送往老巢范阳。载人载物之车，逶迤百里。途中，宫人哀号不绝，响彻云天。

安庆绪闻其父因目疾欲禅让皇位于幼子庆恩，并使挚友史思明监国，史思明又恐太子为乱，竟有杀其之心。安庆绪买通安禄山禁军领将曹普，又与国相严庄及内侍李朱相议。

“事急矣！皇上已昏庸无度，视亲生子为草芥，欲与史思明喂刀，太子可急谋良策。”曹普道。

安庆绪闻之，持手中剑立斫殿前香案，慨然道：“苍天在上，非庆绪大逆，乃父王相逼，不得不为。”

李朱见状，起身道：“今夜我先撤去主子的青龙剑，夜间趁其熟睡，方可行事。”

“我知父王衣不解甲。其锦鳞宝甲，寻常之剑难以破之。我已于上官道人处取来屠龙之剑，可助猪儿成功。”

李朱俯身跪地，接下安庆绪所授屠龙剑。是夜风轻，月光如水。安禄山与史思明诸将相饮，大醉而回，李朱连忙搀扶住。只听安禄山道：“李白那厮时常诅咒老夫，明日即着国师，于长安掘地三尺，定要寻到那厮。”

安禄山口中喃喃，已被李朱服侍榻上，不一时已听其鼾声如雷。二更鼓响，安庆绪、严庄、曹普由李朱内应，悄悄潜至安禄山殿内。李朱与诸人相见后，遂携玄真剑直入安禄山寝殿，挥剑直刺安禄山巨腹。那锦鳞宝甲果是宝物！玄真剑已出，却只剖开宝甲，入至肌肤只有寸许。安禄山竟一跃而起，虽目不能视，却凭直觉急取床头之剑，奈其青龙剑早被李朱弃去。寻剑不着，安禄山大呼：“必是家贼害我！必是家贼害我！贼人严庄……”

李朱一剑剖开宝甲，再接连数剑，直刺安禄山肚腑。安禄山大叫数声，血流满榻，气绝身亡。待安禄山死去，安庆绪携诸人转入内宫，将安禄山深葬于其榻下。又着严庄起诏，告世人周知，安禄山病危，已传位于太子。翌日，安庆绪于紫阳殿登基，号大燕文帝。史思明知安庆绪已占先机，遂率手下数万军士，离长安沿古道，再回范阳。

李白闻长安之变，心中狂喜，遂负龙泉剑直向东南名山，大笑而去。

李白一路迤逦，且走且饮且吟。待秋风飒爽之时，李白方至庐山与夫人相会，隐于庐山屏风叠。

且说叛军攻入长安，唐玄宗急忙携贵妃、皇子及众妃嫔，由护卫宫廷之禁军相护，离长安，遁蜀州，一路烟尘。

行至陕西马嵬驿时，将士累乏，鼓噪喧闹，怨气难平。闻言安禄山“消君侧”“除奸佞”，皇上若杀国相杨国忠，即可退兵；又闻安禄山率大军攻入长安，只求与杨贵妃一聚。由此认定天下之祸，杨氏兄妹难脱其咎！

禁军龙武大将军陈玄礼乃封常清故友，与杨国忠素来不睦。闻封常清无辜被杀，心中愤恨异常，趁机于军中鼓动。众军士遂将杨国忠斩作几段，割其首级，悬于西门。

唐玄宗心里明白，亦无可奈何。陈玄礼再奏道："杨国忠谋反被诛，然贵妃乃其妹也，安能再宜供奉？望陛下能割恩正法！"众军士闻言，一齐附之："望陛下割恩正法！"

玄宗双目含泪，沉吟不语，转入驿舍……

贵妃杨玉环却出奇的平静，轻移莲步，面向高力士道："妾昔蒙力士抬爱，独占花魁。今日别去，愿求一绫白纱，于佛堂庭中梨树之下升天。"遂略整云鬓，匍匐礼佛。

贵妃忽觉身轻如燕，魂魄俱飞，如化作清风，径向高处……

不一时，身落云中玉门，由仙鹤相引，而至天庭。

庭院梨花正白，如雪似海。花间一人，临风独坐。

贵妃止身细视，竟是李白。

"长庚星主，何以至此？"贵妃惊诧问道。

"我于庐山屏风叠偶一大梦，知有太真相邀，欣然而来。"李白道，"太真何以至此？"

"自尘世来。"贵妃于花荫下青玉桌边坐下，轻叹一声。

"皇上集三千佳丽之爱于太真一身，宠幸无比，太真荣耀至极，竟弃尘世，何也？"李白不解。

贵妃言道："富贵至极，乃是灾祸。马嵬驿前，六军不发，不舍贱躯，天下难平。"贵妃不由泪水轻溅，"尘世间是非不分，混淆黑白。历来江山社稷动荡安危，皆将祸水引向女子，不公矣！"

贵妃哽咽难语。李白亦暗自垂泪："太白明了。太真已入天庭，归位丽星，尘缘已断，水浊已清。可静持操守，品莲花之味。太真有福矣。"李白又道："我坠尘世，命运多舛，孤独无依，雨打残萍。奈贱躯乃父母所赐，黎民所养，非我独有也。亦想早日弃世，却身不由己。又想自己未有一德以利尘世，未有一事以利百姓，却又难为……是故心中常常刀戈相向，纠纷难解……”

此时，李白醉卧庐山屏风叠明溪岸边宽石之上，与贵妃做着同样的梦。

杨贵妃于马嵬坡香消玉殒，唐玄宗逃往西蜀之后，无日不思贵妃，竟而厌倦皇位。未几，玄宗于奔蜀途中，采纳宰相房绾等人的劝谏，颁下“制置”之诏：以太子亨任天下兵马元帅，领朔方、河东、河北诸道兵马，收复长安、洛阳；以永王李璘担任山南东路、岭南、黔中、江南西路四道节度使，经略长江流域。然诏书尚未到达，李亨已被将士拥戴，即位于安西灵武，是为肃宗，改元至德，遥尊唐玄宗为太上皇。唐玄宗遂成无所事事之太上皇，日日思念贵妃，对着夕阳哀叹。

马嵬坡贵妃殒命的消息传来，李白日夜痛哭。细想数日前之大梦，才知是贵妃与自己辞别。几日之间，李白头上好像披上一层霜雪。“白发三千丈，缘愁似个长。不知明镜里，何处得秋霜？”

至德元年九月，李白接到故人荆州判官王英来信，信中道李璘出镇江夏，招募将士，筹集物资，以李台卿、韦子春等人为谋主，以季广琛、浑惟明等人为大将，正欲出师东巡。

在庐山修道炼丹的李白在隐忍，在等待。

已至岁末，突然昔日友人韦子春上山来访。韦子春多年前于浔阳别李白，不久入长安应试，得中道举。安史之乱，韦子春辞官归故里。后应友人李台卿之邀，入永王李璘幕府任司马之职。此次奉永王之命前来，力邀李白出山。

李白愈谈愈兴奋，他要随韦子春下山讨逆，他在等待中虚度了太多时光！正于此时，宗氏夫人端上酒菜，趁机耳语李白道：“夫君常以‘诗万首，酒千觞，几曾著眼看侯王’自许，焉能不忘情于十丈红尘？”李白闻言，迟疑片刻，方改口道：“愚兄麋鹿之性，自乐闲旷，焉能再入尘世？”

韦子春接道：“吾兄素怀经国济世之志，又负惊天之剑术，于此天下风云际会之时，正是鲲鹏展翅之日。救民于水火，当仁不让。还望吾兄以苍生为念，即日下山。”

“为苍生之念”一语，恰中李白之心！李白正欲起身，宗氏上前推说诸等事务尚需料理，容缓数日。李白方依依送别韦子春。

宗氏乃大家出身，深知李白虽有擎天文才，却不知韬略兵法；虽负绝世剑法，却不知行兵列阵。更是心性纯净如婴，不知诡计阴谋。李白却道：“社稷苍生于水深火热之中，吾避居深山，心实难安。”宗氏道：“幽州之行乃前车之鉴。虎口逃生，尚不于心？”李白却道：“幽州之行怎能与此次相提并论？‘制置’之诏乃朝廷方略。永王出师，乃奉皇诏。皇上与永王嫡亲兄弟，焉有祸事？”宗氏仍道：“天下风云四起，祸福难测。我心难安……”

刚过年关，韦子春又上山来，并带来五百金，一套新衣，还有永王所倚幕府判官李台卿亲笔。他在信中将李白喻作谢安：“谢公不出，奈苍生何！”李白一看，心中大动，暗道：“安能再以等待！”当他准备行囊之时，宗氏又道：“焉能如此性急？何不学诸葛高卧？”李白憨笑，亦觉夫人言之有理。只好以偶感风寒为由，请求韦子春宽限几日，又担心韦子春不再上山，悄声与韦子春道：“吾心已随君去矣！”

数日之后，韦子春于风和日丽之时，又上山来，手持永王亲笔书信，还带健卒四人，肩舆一乘。韦子春笑道：“三顾庐山，若之三顾茅庐！”又指着肩舆道，“永王本欲亲至，然军旅倥偬，特委我等前来相迎。”

李白遂不顾宗氏一再劝阻，换上新衣，坐上肩舆，情不自禁飘然道：“王命三征去未还，明朝离别出吴关。白玉高楼看不见，相思须上望夫山。”李白又作：“出门妻子强牵衣，问我西行几日归。归时倘佩黄金印，莫学苏秦不下机。”

李白下山之时，恰逢永王大军至浔阳。永王于楼船之上，携一班文武官员，大摆筵席，为李白接风。李白应诏入永王幕府，随军东下。一路上诗情汹涌，接连写下《永王东巡歌十首》献于永王。诗文情真意切，声威并壮，于大唐将士中广为传唱，若之号角。

然李白却不知日后会因此招来灾祸。玄宗第九子李璘，爵封永王，居于南昌。安史之乱，永王奉命引军黄河，阻敌未果，趁机招贤纳士，广筑粮仓，厉兵秣马，以期来日与太子争皇位。

永王率兵，与李白不日即至山南道之信州，遂于城外安营扎寨。

信州原由安禄山五千叛军固守。安禄山死，信州叛军降唐军，归征东大帅李光弼节度。因关中战事吃紧，信州戒备森严。守将田承光乃昔日安禄山死士，亦是李白故人。然今非昔日，田承光使虎头枪，携流星锤，久历沙场，武艺精进，绰号“流星将”。又有幽州四鬼唯一的幸存者老大张山相佐，阵势浩大。闻永王李璘兵至，遂擂响战鼓，打开城门，放下吊桥，引三千军士，于城外列阵。

阵前一将，却作僧人打扮，正是昔日香积寺之恶僧远玉。

永王李璘亦列阵城下，只身迎战恶僧远玉。李璘暂避其锋，左闪右挡，一招不发。远玉见李璘躲闪，想是力怯，遂懈下心来，急要建功。李璘见其门户大开，一式“猛虎出林”，长枪已透远玉胸膛。

流星将田承光见此，大声喝道：“今日之事有趣！末将已降唐军，焉有永王再征？”催马直向永王李璘。李璘扯回长枪，与流星将田承光战在一处。尘埃滚滚，一场好杀。数十回合后，流星将拖枪便走，见李璘来追，俯身马鞍，忽擎怀中流星锤，直向李璘面目袭来！

流星锤下，不知枉死多少英雄！李白见状大叫：“永王小心！”永王李璘闻声，飞身而起，流星锤正中马首。李璘立足未稳，田承光已拨马持枪，回身便刺。李白催马急出，以龙泉剑格开铁枪。李璘趁机回阵。

田承光道：“可是诗文剑术俱佳之学士还活着？汝可知永王之心？平叛是假，谋逆争位是真。我不杀你，必有人杀你！哈哈哈！”

未待李白应答，早听有人一声大呼：“我主退下，待我报仇！”话音未落，便见一叛将，骤马而出，举开山大斧直向李白袭来，正是幽州四鬼之张山！流星将田承光大笑，拨马回阵。仇人相见，分外眼红。李白亦不答话，守好门户。见张山力大斧沉，暂避其锋。龙泉剑时如雷霆万钧，时如风扫残叶。张山躲闪不及，大叫一声，龙泉剑已透胸而过。

永王李璘见状，摇动手中大枪，军如洪水，涌入信州。田承光见永王势大，弃城而去。

永王李璘携李白同入信州府衙，李白见永王双眉紧锁，疑惑不解，遂道："大胜之日，可尽欢颜，永王何故忧戚满面？"

永王李璘长叹一声，乃道："太子已知我兵马渡江，以抗旨之罪，命数路大军，前来阻挡。李璘报国无门矣！"不由垂泪。

"何以至此？"李白口中相询，耳边却响起田承光之语："今日之事有趣！末将已降唐军，焉有永王再征？"

"太子即位，吾未朝贺。父皇尚在，太子未承皇命，擅以自立，吾心难平！"

李白闻之大惊。原来永王李璘假以讨逆之名，实出争夺皇位之心。见事已急，李白道："永王自误也！"

"太子已经登基，天下皆知。讨叛军，永王可顺民意，若再起皇位之争，人神皆怨。"永王李璘不语。李白长叹一声，已有相辞之意，本欲随永王军马渡江，痛击叛军，建功立业，再展抱负，不想今日陷入旋涡，身不由己。

数日之后，永王闻当今皇上兴兵问罪，急引大军，再回江南老巢。李白无奈，随永王一起，返回金陵。

十五·捉月归天

永王扯着北上平乱之旗号，草檄天下，心中只想趁乱打劫，争夺九五之尊。李白渐渐发现，他满腔热情歌颂之“贤王”，并非以前心目中招贤纳士、勤政爱民之人。李白正欲苦劝永王回心，却已大祸降临。

原来永王所作所为，早被兄长唐肃宗所控。肃宗急令淮南节度使高适带兵征讨永王。高适当年与李白、杜甫共登吹台，游历梁宋。后蒙宋州刺史张九皋反复举荐，任哥舒翰幕府掌书记，旋任雁门刺史，屡立战功，迁至节度使。此时，肃宗所派三路征讨大军，已从西南、西北、正北三方，将金陵团团围住。

李白心中懊悔！原以为永王东巡是“天子遥分龙虎旗”，奉旨行事。李白无意间竟已坠入玄宗和肃宗父子之间、李亨和李璘兄弟之间争权夺利之旋涡。

内战于金陵之地展开。两支唐军对垒，高适挥刀而出，高声叫道：“永王李璘，不守疆土，存心谋逆，与杂胡儿同类！尔等军士，皆大唐子民，可弃刀枪，迷途知返，不失忠君之心，亦可护佑家人。”言语激昂，已使永王军心浮动。永王李璘见状，正欲进兵，忽见一人，白马素衣，俊逸飘然，竟至两军之前。

正是李白！

李白面向永王阵中，高声叫道：“兄弟相煎，人沸天怨。放下刀枪，迷途知返。”又面向高适高声道：“胡儿未灭，吾心不甘，若待异日，必横马阵前。”遂抽出龙泉长剑，弃之于地上。永王李璘见状，心中大怒，竟向李白突施冷箭。李白猝不及防，忽听高适大喝一声：“休放冷箭！”李白闻声躲过。

高适遂将李白交付军士，缚住李白双手，押向军中。又金刀一举，突向永王李璘阵中。永王军士皆无战心，多半已降。永王李璘一败涂地，只有数随从相拥，逃奔鄱阳，为江西采访使皇甫侁大军所杀。高适大军不日即得胜回师。

高适于浔阳府衙，再遇李白。大痛之后，李白如在梦中。

高适令军士去李白之缚，目视李白，良久不语。见李白神思恍惚，高适轻言道：“学士知罪否？”

李白本欲明辩，忽想起桃红来。桃红钟情李白，高适钟爱桃红。与孟夫子戏诗作答，轻慢高适；高适割袍断义，愤然而去……再现脑海，不由长叹一声：“李白服罪！”

“学士追随永王，证据确凿。唐律在上，高适不能因私而纵故旧，可着长安，学士面向皇上陈情，自有圣裁。”

高适知李白性情，亦不着兵士加刑，以“附逆作乱”之罪，暂置李白于浔阳狱中。

李白于狱中，更加思念夫人宗氏，悔不该当初不听她劝告，遭此横祸。数日之后，夫人宗氏前来探监，夫妻相见，抱头痛哭。

宗夫人四处奔走，恰江南宣慰使崔涣乃忠直之人，御史中丞宋若思乃李白故友宋之悌之子。宋若思以李白“怀经济之才，抗巢、由之节”向朝廷上书。朝廷接表，杳无音信。

崔涣与宋若思遂为李白推覆清雪，将其释放出狱。其依据乃是肃宗闻永王李璘之死大悲，怒道：“侁既生得吾弟，何不送至蜀中，焉敢擅杀！”并罢去皇甫侁官职，终身不用。可见永王李璘并非叛逆。永王李璘既非叛逆，李白安能以“附逆作乱”论罪？故而，二人不仅释放李白，宋若思还将李白留于幕府，出任幕僚。

回至家中，李白身心俱累，又是一场大病。忽闻朝廷仍要对永王事件所关联之人量刑问罪，李白以诗再向宰相张镐求助，诗云：“本家陇西人，先为汉边将。攻略盖天地，名飞青云上……”

两月之后，宋若思、崔涣再向朝廷保释、举荐李白。谁知肃宗降下旨来，却是：长流夜郎！此道圣旨使宋若思、崔涣瞠目结舌，更使李白五雷轰顶！

李白终于想起定是太子妃、今日之皇后不见谅自己昔日杀弟之怨。心念至此，李白反倒静下心来，静静等待升天之时。

宗氏再来看他，李白随手捧出一卷诗文，交与夫人，苦笑道：“此诗尚可为我解困。”夫人展开细读《上皇西巡南京歌十首》，恰逢巡视狱吏来看，顿觉诗文华丽，字字珠玑。既颂上皇英明，又颂皇上圣武，皓如日月，照彻乾坤。便将李白诗文呈送朝廷，并附上奏折，为李白开脱。

唯宗夫人见此十首诗文，虽是一片颂扬之辞，然颂扬西巡之盛，颂扬蜀中之美……唯独不颂扬太上皇如何忧国忧民、以天下社稷为念。她忽然领悟：“莫不是暗讽上皇不以社稷苍生为念？”不禁大惊，为李白捏了把汗。李白却笑道：“上皇读之，必不懂装懂，抑或懂装不懂。”李白作此诗不久，朝廷传旨，遣兵士押送李白，千里入京，面见太上皇。

李白踏上长安之路，数日间已鬓发皆白，皓皓如雪。

不过数日，李白一行已至洛阳郊外。前方尘埃滚滚，旌旗猎猎。大军逼近，李白睁开双目，看那将令旗悬着斗大的“郭”字，正是郭子仪将军。郭子仪远见李白，翻身下马，大惊道：“李学士何以至此？”

李白笑道：“乃天势逆转，太白再回此道。”

郭子仪道：“学士之心，纯净如同婴儿。只道是永王起兵夹攻叛军，却不知永王亦有角逐天下之意。”

李白道：“命运之绳，缚下李白，终是难堪。吾已抱去世之心，然大丈夫立世，当出污泥而不染，吾非惜生，唯愿面向天朝，还以清白耳。”

郭子仪含笑摇首道：“太白率直。虽太白之心天下皆知，然高适将军虽为故人，尚不为你辩，何故也？况戴罪之人，人微言轻，又如何让天下人为你辩解？”

李白道：“然则李白混于浊世，无水清之日？”

“浊者自浊，清者自清。是非伦理，自有公道。吾即刻修书，再奏皇上，郭子仪愿以全族百口性命，为太白鸣屈。”

李白被押至长安之时，已至夏初。翌日，李白接诏，流放夜郎；又接太上皇诏，着李白于太极殿面圣。两人相见，竟有惺惺相惜、故友之感。

玄宗道：“战乱已起，百姓涂炭，吾心之难，又与谁语？”

李白道：“闻天朝大军渡过黄河，正以秋风扫落叶之势，席卷幽燕，皇上可宽心。”

玄宗道：“朕与汝皆至耳顺之年，后事自有后人处之。朕今日只与学士相语往事，以抚追思。”

见李白不语，玄宗又道：“朕于宫中，读你《上皇西巡南京歌十首》，骂朕不以苍生为念，朕哭之笑之，百味于心。然朕知学士有诸事不解，可与朕语。”

李白遂道：“昔蒙皇上恩重，授翰林学士之职。太白千里赴京，沿途已闻胡儿厉兵秣马，上书削藩，实为江山之计。为何皇上不释诸藩之兵权？”

玄宗轻言道：“虎患已成，急则使虎伤人。各节度使串通一气，如同蛛网，朕被束住手脚，本欲徐徐图之，奈天不予朕，遂成大乱。”

李白又道：“胡儿气盛，皇上应去其锋，何以任其所为？”

“胡儿外拙而内秀，又颇有心机。大乱之前，胡人安禄山带兵有度，用军有方，征服四夷，开疆拓土，为大唐立下不世之功。朕恩赐于他，亦无不妥，人心难测，此乃天意。”玄宗叹道。

李白又道：“马嵬坡前，缢死爱妃，又是何故？”

玄宗闻之，已泪流满面：“大唐江山，与一女相比，孰轻孰重？朕身心俱碎，亦为贵妃。”

玄宗又道：“李学士恃才傲物，以谪仙居，不足取矣。尔乃大才，天下共知，可潜心历练。流放夜郎，非天朝弃大才不用。学士于我后朝可立不世功业。”李白闻之，俯首施礼，与玄宗相别，感慨万千。

一日李白正与狱卒闲话，忽被狱卒带出监外，由二宫人领路，直向皇宫外紫霞观。李白被一道姑引至观内厢阁，道姑施礼而退。

临窗而坐一紫衣道姑，面向窗外，银丝如雪，正手抚经卷。

“玉真？玉真。玉真！”李白见这熟识的背影，口中轻喃。那道姑正是玉真。李白面前榻上所置馔食、室内兰花、哀婉琴声，正向他倾诉玉真之柔情。

原来玉真公主与李白多年前相别，竟自心死，看破红尘，潜心修道敬亭山，法名持盈。官军收复长安之后，太上皇连派使者，着玉真回长安静修。

李白原以为时间之水，定可使玉真忘却自己，不想玉真公主竟至如此，相伴青灯，不由泪流。

玉真公主闻李白至，回转身来，表情平静，如一池清水，轻声言道：“先生可好？”李白竟如见慈母，泪流不语。

“时光如水，去者不追。昔日少年，今已皓首。”玉真轻叹一声，“玉真无一日不思先生。先生可好？”李白宛如小儿，放声大哭。

此时玉真公主方知，恃才傲物之李白，亦曾爱过自己。玉真曾走进李白内心深处最软弱、最湿润之地。她知道那个浪子李白是多么敏感、脆弱、孤独与无奈。漂泊已久，饱受屈辱辛酸、流落之苦的李白回来矣，回至玉真面前。玉真款款起身，竟不自主执李白之手，临窗而坐。李白不再流泪，凝眸窗下宫河、垂柳，长叹一声：

大鹏飞兮振八裔，中天摧兮力不济。

余风激兮万世，游扶桑兮挂左袂。

后人得之传此，仲尼亡兮谁出涕？

玉真遂起身轻言道：“吾常为太白出涕！潜修数十年，竟修不去对你之思念。闻先生之言，知先生宏图难展，历经磨难，亦为先生感到遗憾。然则，人生尘世，如意者十之无八九，命运使然。先生可宽心思之。授学士，赐金牌游历天下，已是福禄；结桃红、携夫人世外逍遥，已是情缘；生乱世、倚长剑，平叛拒蛮，抒英雄之气；生花笔、妙文章，千古传颂，展旷古之才……太白啊，平生何憾？”

玉真之言，如同甘霖，润入李白心田，李白不由细视玉真，垂首道：“让玉真见识太白小器，甚为汗颜。尘世茫茫，忽觉涉之不深；世事纷纷，亦觉不得其解。汝看那忠臣良子，却做亡人；叛逆之军，正做虎狼；赤心肝胆，身陷牢狱；心怀鬼胎，正做伪皇……呜呼！吾心思难平，如鲠在喉。”

“日被云遮，自有云开；山被雾挡，自有雾散；忠烈之士，史书可载；妄佞之子，亦有评说。长河亘古，人生漫漫。人之生命可化为有生之命和无生之命，无生之命其命更长。先生大才，不应只视有生之命。譬之，先生之诗乃先生之魂，先生之诗传之后世，千秋万代先生之魂不散，谓之永生；有生之命苦短，只是大生命之源。譬之，山中之溪，有生之命只是泉涌之处；

无生之命，接有生之命之源，一路跌宕东去，汇入大海。妄佞之人，有生之命亦如泉涌，却入荒漠抑或暗道，难有无生之命。而先生之生命，气象万千，已成大海之景。”

李白闻玉真生命之论，不由惊讶，遂道：“太白仍心有余碍，顿觉生命疲惫、孤独和乏累。”

“先生可放下自己和他人，放下自己功名利禄之心。为天下黎民之所思，皆由心生，由悲悯、仁爱之心而生，则怡矣！为功名利禄之心而生，则疲矣！先生再放下他人，他人之心，非汝可妄揣之。譬之，忠良之将，虽死则成仁，勿用先生为之慨然；妄佞之人，虽富贵至极，然则夜不成寐，食不知味，又何如草民恬淡一生？先生定要将千万之心之感，共纳一心之中，其心必堵，何言快哉？玉真无知，只知悲悯与仁爱。”李白再闻玉真之言，有听天外来音之感。

日将暮，夕阳如金，洒满庭院，李白辞行。玉真道：“皇上已接郭子仪将军所奏，先生可无忧矣。只是先生恃才傲物，以谪仙居，不足取矣。欲将先生流放夜郎，再经历练。先生若去，可珍惜贵体，玉真随后再去敬亭山修仙，还期与先生再见。”竟不由泪垂，反身入内。

太上皇额外开恩，竟着人以暖轿送李白至庐山屏风叠草舍，与夫人宗氏告别。见李白乘着暖轿而回，夫人欢喜万分，笑道：“中夜天中望，忆君思见君。明朝拂衣去，永与海鸥群。从此之后，你我总算能够琴诗相携，得游四海。”

李白苦笑道：“待太白夜郎归来。”

宗氏闻言惊诧：“难道太上皇未赦夫君之罪？”

李白又是苦笑道：“太上皇果然智慧过人。言我上诗十首，皆嘲讽于他不恤黎民、不以社稷为念。正诗反唱，竟被读懂。故特赐我乘暖轿而归，与夫人告别；再着公差使我披荆而去，流放夜郎。亦回敬我一首正诗反唱！

那太上皇又道：天下之大，偏要流放太白夜郎，实因太白得志便猖狂，夜郎自大也！他托我去看那夜郎，与天下相比，是大是小。”

李白于庐山草舍歇息一日，便自浔阳起程，奔赴那个“自大”之夜郎国。

李白扁舟向西溯水而行数日，于白马渡登岸，入南邓。正行之间，忽见一队队百姓扶老携幼，逶迤北去，其言哀哀，其容戚戚。下马问之，得知叛军与征东大元帅李光弼大军于南邓战急。

李白亦不他顾，径往南邓。那两名公差哪能挡住？只好与李白道：“诛杀叛军，乃臣子本分。知先生剑术高明，我俩将剑付于你，五日之后，白马渡口相见，可好？”李白大笑道：“我乃何人？焉能脱罪而去，致使唐律所缉，累及声名？待我诛杀叛匪，即去渡口。”遂与公差作别。

离南邓不远，李白转过山后，就见前面烟尘滚滚，杀声震天。驱马向前，原来是一支叛军正围着数人厮杀。被围之人衣衫不整，满脸污灰，已战至力怯。李白见状，抽出背负的龙泉剑，剑花如雪，直向叛军。叛军猝不及防，已有数名丧于龙泉剑下。

一骑马叛军试图喝住李白：“我乃燕朝征西将军麾下史来，汝乃何人？”李白接道：“乃故旧之人李太白也！”未及数十回合，李白一剑飞出，正中史来咽喉。

叛军兵士虽众，见主将已死，又见李白剑法高强，遂生怯意。那数人见状，精神一振，兵械加力，向叛军一阵猛击，叛军随之而退。

待叛军退去，一青年向李白挺胸抱拳道：“我乃征东大元帅帐下侍卫长韦应物，闻先生之名久矣！”

李白大笑道：“原来是太上皇之侍卫韦郎！何以至李光弼元帅帐下？又为何于此厮杀？”

“太上皇自蜀地回京，居于太极宫。太上皇侍卫俱被今日相辅李辅国撤换，晚辈遂投李元帅帐下。李元帅统兵，正与燕朝国师阴阳子大战于南邓。因那国师武艺高强，元帅着我等去寻他好友相助，不想被叛军追至，故而厮杀。”

李白又道：“此去南邓还有多远？”

“前面八十里便是。”韦应物道。

“可否相告大元帅，故人李白拜访。”韦应物遂引李白赴南邓。

闻李白至，征东元帅李光弼出城相迎，就南邓战事相告李白。

“此支叛军乃是孤军，以国师阴阳子及弟子雪山狐阴云率军五万，围困南邓。大唐将士几次突杀，怎奈贼军势大，不能全胜。加之那阴阳子师徒武艺甚高，难以力敌。”

李白朗笑道：“且借元帅宝弓，看我一射。”

李光弼将身佩宝弓递与李白。这只铁弓，拉开也须三百斤力。李白虚拽几下，搭上一支长箭，直向叛军阵中正在叫阵的将官射去。那将官应声坠马。

李白哈哈大笑，手持龙泉剑，随李光弼元帅率五千甲兵，开城迎敌。

鼓响三通，敌军阵中早有一将出马叫阵。李光弼对李白道：“此将虽是叛军国师阴阳子之徒，然其武功亦不在其师之下，已连折我军数员大将，还望小心。”

李白仗剑直奔雪山狐。二人大战数十回合，雪山狐分神，已被李白一剑刺中右臂，鲜血渗出，正欲回马，却不想李白又出一剑，刺中马首。那大宛马负痛跃起，已将雪山狐阴云颠下马来。李白飞身落下，一剑刺中阴云咽喉，再一剑削其首级。

两阵军士见之，个个惊呼，李光弼亲擂战鼓，催军向前。

国师阴阳子胡元催马出阵。李白见状，再出长剑，催马助阵。李光弼突射长箭，正中阴阳子胡元后心。李白顺势一剑，割下阴阳子首级。李光弼见阴阳子毙命，狂擂战鼓，催军出战。两军相接，一场好杀，直杀得天摇地动，山崩石裂，天昏地暗。

李白平生未见如此残杀，竟自骇然，垂泪道：“军士皆父母所生，俱有妻小。罪在祸乱之首，兵士何辜？苍天有眼，可着狂风，止下杀戮。”

不由心中暗自祈祷。李白不辞而别李光弼元帅，催马南去白马渡口。两公差早已等急，见李白亦不多话，便继续赶路。

李白于江陵之时，唯一的安慰和感动来自杜甫。时杜甫因葛衣谒圣，赤心感天，被授左拾遗之职。闻李白长放夜郎，作诗遥寄。诗云：

不见李生久，佯狂真可哀！
世人皆欲杀，吾意独怜才。
敏捷诗千首，飘零酒一杯。
匡山读书处，头白好归来！

“世人皆欲杀，吾意独怜才”之句，足可见证杜甫之深情厚谊！

千里峡江，竟走了两个月。直至来年开春，李白方到夔州白帝城。再往前去，就要南下黔中道之古夜郎。

杜甫于离乱之中写诗感念，于诗中将李白与屈原并提，深信李白之无辜。也许苍天感应二位日月大才的郁闷、呐喊，李白很快就接到大赦之书！

李白哪知此事乃大将军郭子仪之故！

郭子仪于乱世之中，出生入死平乱回京，方亲书上奏朝廷，情愿以自己官职和全族性命，担保李白无辜。皇上闻奏，顺水推舟，准其所请；更兼因天下大旱，唐肃宗大赦天下，发布《以春令减降囚徒敕》，声明流罪以下，一切赦免。

时间已是乾元二年，李白大难不死，劫后余生，如拨云见日，若雪后乍晴。白帝城风光如画。李白忽见一老者在二军士护送之下，孤独而来。来者竟是权倾一时之昔日大将军、宦官高力士！

原来，郭子仪率大军收复两京之后，唐玄宗被尊为太上皇，自蜀州迎回。途经马嵬坡，情伤至深，大憾不已。正如贵妃所言，唐玄宗日日思念贵妃，遂归怒于昔日力劝皇上缢死贵妃之高力士。肃宗即位，又恐高力士党羽太多，再起内乱，遂借唐玄宗欲往汉水梧桐树下相会贵妃之事，寻了个罪名，将高力士流放巫州。此时高力士正值流放途中。

高力士在此与李白相见，都有恍若来世之感。

“将军何以至此？”李白道。

未听言声，先见泪流。高力士长叹一声，遂将流放之事相告。高力士又道：“已至暮年，再思数十年前与大学士相嬉相争，不觉哑笑。我高力士忠心侍唐，至此亦无悔矣。只是若有来世，定当重新做人。宦官再大，亦不是大丈夫。”

李白道：“我曾深恨将军。今至此处，竟怨恨全消。只是李白有诸多不解，还望详告。”

高力士收泪道：“学士对戴罪之人，口口声声呼之将军，已抬爱老奴至极，焉有不告？”

李白道：“往事已矣，来者可追。将军已历三帝，曾风光至极。李白恃才，却艰难坎坷，历经磨难。还望指点。”

高力士道：“月满则亏，水满则溢。老奴有今日下场，亦在情理之中。太白才华冠盖古今，事事不顺，亦在情理之中。世态混浊，人心难测，大学士却苦守仁心与良知，竟不知世上之人皆自私自利之徒，所谓水与油，不能相融也！若至今日，大学士还就此不解，今生难解矣！不过，大学士无论何朝何代，都将享有富贵与名声，毕竟可为当朝用来装点门面。不像老奴，苦于心智，劳于体力，亦难自保……”

言毕，高力士向李白施一大礼，随军士蹒跚而去。

李白闻言，一声苦笑。不想人生到头来，无论普行善事，抑或作恶多端，都走在流浪途中，又都将走向死亡之大门……

夜幕低垂，月出江面，就听一声叹息，李白回头望去，顿时大吃一惊！背后之人，竟是人鬼将军刘骆谷！

“昔日陈子昂师弟要杀今日陈子昂之诗书传人，焉不令人感叹！”刘骆谷道，“上天使你我于此相逢，可谓冤家路窄！”言毕，已缓缓抽出人鬼花剑。那剑离鞘之时，幽光似电。

李白道：“将军不暗袭太白，足见人性尚存。当我剑刺巫教教主岐王之时，太白一直在等待，知道这一天会来，只是有些迟缓。”

“社稷江山与太白相比，太白无非草芥！昔日为江山而战，无暇顾及。”刘骆谷应道。

“哈哈哈……安贼、岐王皆死，大唐已复有江山，将军无望矣！故而寻太白而来！”李白笑道，“诸事纷纷，已到了结之时。”

“你我皆已耳顺之年，江山社稷与我等何干？”刘骆谷道，“我只与你了断！”

言毕，长剑一抖，疾如闪电，奔李白而来。见来势凶猛，李白不敢托大，遂拔出龙泉剑，剑身铮然而鸣。两剑交加，霹雳火闪！人鬼将军果然剑法卓绝，尽使峨眉剑法之精要。遇此敌手，顿使李白豪气万丈，胆意陡生。荡开太白醉剑三十六式剑法，招招精妙：

太白醉剑最后之时，只见剑花飘飘，雪光漫卷，不见人影；风声鹤唳，风起云涌，不闻剑声……

当李白使出最后一招之时，就听人鬼将军刘骆谷喟然一叹：“太白醉剑高妙无穷，乃至绝唱！我今日能睹太白醉剑三十六式，死有何憾？”手中长剑，叮当落地。

李白惊诧住剑。刘骆谷峨眉剑法已至臻境，出神入化，可与太白醉剑媲美，焉何言败？刘骆谷又道：“人鬼将军死于谪仙剑下，莫非天意？”说罢引颈待毙。

李白疑惑道：“将军与太白高下未分，何以言败？”

人鬼将军刘骆谷道：“太白醉剑施出最后一招之时，我心中忽现澄明虚空，顿觉社稷江湖与你我何干？又想陈拾遗于九泉之下，为你我之相搏，必跺足不已！”

一语惊醒梦中人！李白龙泉剑亦铮然落地。在其剑落的一瞬，李白顿觉轻松。

刘骆谷亦道：“我弃下剑，终于迷途知返！从此，隐于山林，宁静淡泊，不与人争，不与鬼斗，一心向仙，焉不恣意？”言毕，向李白施一大礼，飘然而去。

李白望其背影，心中随之顿现澄明虚空。“我弃剑于地，何以瞬时轻松？原来是我只有手中之剑，无心中之剑！以仁爱示人之孔丘，以大道育人之老庄，手中哪有龙泉之剑？只有一颗悲悯仁爱之心，却如日月，映照古今！苍天啊！请宽恕我，太白无知，今日方悟！皇上啊！感恩于你，太白狂妄，你将我流放夜郎，怎知自大夜郎与泱泱大国、天空大海比之，不过一粟！”李白于江边月下垂思，“太白仗手中之剑，与安贼、巫教诸人生死相搏；太白仗心中之剑，与皇上、宰相诸人斗角，今日看来，皆不足为敌。原来太白之大敌，乃是自己！数十年来，一直仗剑与另一个太白相斗，而陷入旋涡，生死难堪！”

李白不再迟延，掉转船头向东，沿着浩荡江水，顺流而下。而李白此时心情，也如漫天杨花，轻快无比。于顺风船上，李白望两岸青山，放声高歌：

朝辞白帝彩云间，千里江陵一日还。
两岸猿声啼不住，轻舟已过万重山。

“千里江陵一日还”只是诗意，而归乡之路，却耗时半年。

荻花飞扬之时，李白方回至风貌颇似蜀地的宣城。李白晨兴理荒芜，整理旧院落；再去豫章接宗夫人。途中听闻党项乘大唐与史思明叛军交战之机，入侵边塞。李白亲见母亲送子、妻子送夫奔赴战场，生离死别之凄景，惊天泣地。天下何时复现太平，百姓安居乐业？李白接宗夫人于宣城数日，遂送夫人重上庐山。宗夫人一心向道，于庐山与李腾空同修道业。

李白不止一次登临“相看两不厌”之敬亭山。敬亭山风景依旧，玉真公主却已于山中仙逝，李白感伤不已。殷红杜鹃花，声声“不如归去，不如归去”之子规啼，使他思乡。然食言月圆，何以得归？然故乡万里迢迢，何以得归？

李白暂栖于金陵，亦是睹物思情，且饮且吟。暮春一日，李白于街头偶遇从甥高镇。高镇早年进士及第，却未过制科，尚无官职，正欲从军。李白动情，遂问战事。高镇言道：“今贼势复炽，睢阳再陷。李光弼出镇临淮，欲收复睢阳，阻止贼军南下。”

李白闻听，不由热酒入肠，豪气陡生。睢阳乃是李白多年客居之地，与宗氏相携之后，更是家园。以诗送别高镇之后，李白夜夜看剑。后欲赴徐州唐军行营，行至当涂、泊舟采石江边之时，竟然大病不起。

或许天怜英才！此时大唐篆书大家李阳冰因不善阿谀奉承，刚被贬至当涂任县令。此人亦乃大家，擅书辞章，尤潜心小篆，自成一家。有唐三百年，以篆见称者，唯阳冰独步。李白病卧江边孤舟，无奈投石问路，诗《献从叔当涂宰阳冰》。接诗之后，李阳冰急忙亲自带人将李白接至府上，精心为之调养。

已至深秋，李白日渐憔悴，自觉时日无多，遂枕上授简，将其诗稿托付李阳冰。李阳冰为其诗稿整理，并作序——《草堂集序》。恰于此时，李白接由门生武鄂转来之杜甫来信，信中有诗。诗云：

出门搔白首，若负平生志。
冠盖满京华，斯人独憔悴！
孰云网恢恢，将老身反累！
千秋万岁名，寂寞身后事。

花間一壺酒
獨酌無相親
舉杯邀明月
對影成三人
月既不解飲
影徒隨我身
暫伴月將影
行樂須及春
我歌月徘徊
我舞影零亂
醒時同交歡
醉後各分散
永結無情遊
相期邈雲漢

月下独酌

“子美定是以为我已死于流放途中。此诗肝胆相照，撼人心魄。”李白反复念着“冠盖满京华，斯人独憔悴”“千秋万岁名，寂寞身后事”诸句，流泪感叹：“非子美至性，不能有此至文；非子美至文，亦不能写此至性。”

是夜，月明如昼，照彻寰宇。李白自梦中醒来，见明月高悬，月光缱绻，乃悄悄起身，一手提壶，一手执杯，一路向江边蹒跚走去，或自言自语，或举杯向月，边饮边歌：

花间一壶酒，独酌无相亲。
举杯邀明月，对影成三人。
月既不解饮，影徒随我身。
暂伴月将影，行乐须及春。
我歌月徘徊，我舞影零乱。
醒时同交欢，醉后各分散。
永结无情游，相期邈云汉。

月光皓皓，江水滔滔，多少往事，齐涌心头。他想起西域驼铃，想起蜀地匡山，想起父母及月圆，想起秦娥、桃红、宗玉、秀竹、紫烟、平阳、伯禽；他想起安陆、东鲁、梁园；想起三入长安，想起皇上、贵妃、玉真……想起醉中八仙、竹溪六逸、剑仙、笛仙、剑圣、书圣，还有孟浩然、杜甫……往事历历在目，一齐展现眼前。李白边饮边吟，不觉大醉……恍惚之中，青云直上，彩霞满天，烟霭岚岚。李白赤足信步银河金滩，细沙松软，舒爽至极，忽见嫦娥驾着弯弯金舟，手持拂尘，向自己而来。

李白见之，忙施礼道：“多日之前，仙子赐我美酒，着以妙笔，今唇遗甘香，诗思不竭，李白满怀感念。不知仙子匆匆，意欲何往？”

“嫦娥日日沿银河漂流，持拂尘为蒙尘之星拂拭。几日前，我路过长

■ 梦会仙子

庚星位，见其日渐明亮，不知太白何日归于星位？”

“尘缘已了，定有时日。”李白道，“仙子拂拭，群星闪耀；织女编锦，彩霞满天。皆为人间扮美，功莫大焉！”

“花中仙子太真已归星位，见长庚星渐亮，知太白归位之日不久矣。”嫦娥言毕，轻舟如风，徐徐而去……

忽然，江中风浪突起，惊醒李白。此时李白病中大醉，神思恍惚，见那月亮——一生钟爱、无数次吟诵之白玉盘，怎落入江中？又见月亮随着波涛，忽明忽暗，像是被水弄污。李白不由心中大痛，便蹒跚着下水捉月。他要捞起月亮，把它洗干净，揣在心上！当江水渐渐漫过，他亦毫无知觉。片刻，李白已融入江水和月光之中……

翌日，当涂县令得新皇诏书，征李白为左拾遗，着赴京城。当涂县令李阳冰奉诏，即至采石江边渡口。远见一群渔民，正议论纷纷。有人道：“我等昨夜闻大学士狂歌入水，歌声依稀可辨：大鹏飞兮振八裔，中天摧兮力不济。余风激兮万世，游扶桑兮挂左袂。后人得之传此，仲尼亡兮谁出涕！”

又有人接道：“我看见大学士骑鲸而去，浪花飞溅，仙乐不绝。”

又有人道：“我分明听见鼓乐之声，看见月光铺就金光大道，那波涛化作登天之阶，大学士遂大笑而出，坠入江中……”

有长者道：“大学士本是谪仙，看来是回归星位矣！”

李阳冰闻之，心中暗叫：不好！太白酒后坠江！乃密令下人，沿江打捞，未果。后当地渔人愈传愈奇，言是夜月明，有仙自天上言：“长庚星归位。”遂浪涛而起，数鲸齐跃，李白骑鲸，仙乐齐奏，由仙鹤引飞，直向世外飞去……

当涂县令李阳冰悲伤之余，着以当地渔民之说，上奏代宗。代宗亦差使者，遍访当地渔人，皆同一说辞。遂以李白为仙，着诏李阳冰于采石江边立祠，供以香火。

李白归天之后，初葬采石，后移青山。杜甫为之题写碑铭。李阳冰将李白诗稿认真整理成册，并作序言以记此事，是为后人所见《草堂集序》，亦是研究李白的重要资料。